Wer hätte je gedacht, dass aus einer kleinen Pantomimin in Konstantinopel einmal eine Kaiserin werden würde?

Narses, Schreiber am kaiserlichen Hof, hat eines Nachts einen seltsamen Traum: Er soll eine gewisse Theodora begleiten und beschützen, die auf perlenbesetzten Pfaden wandelt. Doch seine kleine Freundin Theodora, Tänzerin am Hippodrom, der er das Lesen und Schreiben beibringt, hat so gar nichts von einer zukünftigen Herrscherin. Theodora ist zwar ehrgeizig, jung und schön – aber ihre niedere Abstammung würde sie niemals verleugnen können. Doch Narses irrt. Genauso wie alle anderen, die das junge Mädchen unterschätzen. Ausgestattet mit einem eisernen Willen und ebenso viel Charme kämpft sich Theodora die gesellschaftlichen Stufen hinauf. Sie lernt mit Senatoren zu plaudern, verbessert ihre Bildung, schärft ihre Beobachtungsgabe und erkennt, was gute Freunde wert sind. Im Jahre 527 besteigt Theodora – mittlerweile zur Patrizierin ernannt – an der Seite von Kaiser Justinian den byzantinischen Thron. Sie erweist sich als ebenbürtige Regentin und nimmt Einfluss auf die Gesetzgebung, vor allem, was die Rechte der Frauen betrifft. Auch die Armen können auf sie zählen, denn sie hat ihre Herkunft nicht vergessen. Mitreißend und farbig schildert Odile Weulersse den märchenhaften Aufstieg eines Mädchens aus dem einfachen Volk.

Odile Weulersse, 1938 geboren, studierte Politische Wissenschaften und Geschichte und wurde Dozentin an der Sorbonne. Sie lehrte dort u. a. auch Filmwissenschaften und verfasste Drehbücher für Film und Fernsehen. Seit 1982 ist sie als erfolgreiche Autorin von Jugend- und historischen Romanen bekannt geworden. Sie lebt in Paris.

Unsere Adresse im Internet: www.fischerverlage.de

Odile Weulersse

Purpur und Staub

Theodora, Kaiserin von Byzanz

Roman

Aus dem Französischen von
Dorothee Asendorf

Fischer Taschenbuch Verlag

Für Georges

Veröffentlicht im Fischer Taschenbuch Verlag,
einem Unternehmen der S. Fischer Verlag GmbH,
Frankfurt am Main, Januar 2005

Lizenzausgabe mit freundlicher Genehmigung
des Herbig Verlags, München
Die französische Originalausgabe erschien 2001
unter dem Titel ›Théodora, Courtisane et Impératrice‹
© der französichen Originalausgabe: 2001 by Flammarion
© der deutschen Ausgabe 2003 by
F. A. Herbig Verlagsbuchhandlung GmbH, München
Druck und Bindung: Nørhaven Paperback A/S, Viborg
Printed in Denmark
ISBN 3-596-16268-8

Konstantinopel

Goldenes Horn

Marmarameer

Norden

1 Gothensäule
2 Senat
3 Sankt Irene
4 Sankt Sophien
5 Milion
6 Theokotos von Chalkoprateia
7 Kaiserliche Basilika und Zisterne
8 Zeuxippos-Bäder
9 »Haus« von Justinian
10 Sankt Sergius und Bacchus
11 Hippodrom
12 Mese – Hauptstraße
13 Senat
14 Konstantins-Forum
15 Theodosius-Forum
16 Amastrianon
17 Rinder-Forum
18 Sankt Polyeuktos
19 Valens-Aquädukt
20 Kirche der Heiligen Apostel
21 Zisterne
22 Theokotos von Blachernes
23 Zisterne
24 Mars-Statue
25 Zisterne
26 Arkadius-Forum
27 Konstantins-Mauer
28 Theodosius-Mauer
29 Goldenes Tor
30 Sankt Johannes von Stoudiou

Die wichtigsten Personen in alphabetischer Reihenfolge

Anastasia	Theodoras jüngere Schwester
Antonina	Theodoras Freundin und Vertraute
Belisar	Kriegsheld und Antoninas zweiter Mann
Chrysimallo	Pantomimin und Theodoras Jugendfreundin
Euphemia	Kaiserin an der Seite von Justin
Eudoxia	Tochter von Theodora und Libanius
Hekebolos	Gouverneur von Afrika
Indaro	Pantomimin und Theodoras Jugendfreundin
Isadora die Lahme	Seherin und Traumdeuterin
Johannes von Kappadokien	Finanzpräfekt und erbitterter Feind Theodoras
Justin	Präfekt der Prätorianergarde, später 16. Kaiser Ostroms
Justinian	Neffe von Kaiser Justin, nach dessen Tod 17. Kaiser Ostroms
Komito	Theodoras ältere Schwester
Libanius	römischer Senator und Theodoras erster offizieller Liebhaber
Melone	Bettler und Theodoras Informant
Narses	Eunuch, Schreiber, später Hofkämmerer und Theodoras bester Freund
Photius	Antoninas Sohn aus erster Ehe
Pothos	Kaufmann und Theodoras zweiter offizieller Liebhaber
Theodora	Pantomimin, später Kaiserin an der Seite von Justininan
Theodosius	Antoninas Liebhaber
Thimoteus	Patriarch von Alexandria, Theodoras geistiger Lehrer
Trihonianus	Minister unter Kaiser Justin
Uranius	berühmter Wagenlenker und Theodoras erste Liebe

Kapitel eins

Es war Mitternacht, als Narses seinen Schlafplatz in der Bibliothek verließ und auf das Augusteum hinaustrat. Gegenüber erhob sich der mächtige Palast. Mit seinen dicken Mauern, dem schweren Bronzetor und den schwer bewaffneten Wachen mit ihren goldenen Schilden wirkte er wie eine uneinnehmbare Festung. Narses starrte auf die kaiserliche Residenz und vor Sehnsucht verkrampfte sich sein Herz. Tausende lebten dort und dienten dem Kaiser, führten ein paradiesisches Leben, nur er schien davon ausgeschlossen. Seit beinahe dreißig Jahren war er nun in Konstantinopel, kopierte Tag für Tag alte Schriften und wusste noch immer nicht, welcher Fluch auf ihm lastete, warum es ihm einfach nicht gelingen wollte, die andere Seite des Bronzetors zu erreichen.

In dieser Nacht hatte ihn ein Traum heimgesucht, hatte seinen Ehrgeiz angefacht und wilde Hoffnungen in ihm geweckt. Das war kein Traum wie so viele andere gewesen, kein wirres Überbleibsel des Tages, das im Traum ausgekehrt wird, sondern eine genaue, schlüssige Mitteilung, ja ein Fingerzeig der Vorsehung, dem man zu folgen hatte.

Natürlich kannte Narses wie die meisten Einwohner Konstantinopels den Traum, den Gott damals Kaiser Konstantin geschickt und in ihm das Kreuz Christi mit der Inschrift »In diesem Zeichen wirst du siegen« offenbart hatte. Der Kaiser hatte daraufhin das heilige Kreuz auf seine Standarte sticken lassen, den Sieg errungen und die katholische Religion im gesamten Römischen Reich eingeführt. So wagte es auch Narses, an einen göttlichen Ursprung der nächtlichen Botschaft zu glauben.

Um einen klaren Kopf zu bekommen, ging er die steilen Gässchen zum Marmarameer hinunter. Dort lief er am Ufer entlang, genoss den lauen Frühlingswind, zog dann die Sandalen aus, schürzte seine Tunika und ging barfuß durch die Wellen, ein sinnliches Vergnügen, das er sich leider viel zu selten gönnte. Endlich beruhigten sich seine durcheinander wirbelnden Gedanken. Er würde Isadora die Lahme aufsuchen, die als Seherin einen guten Ruf genoss. Oftmals erhielten missgestaltete Menschen – wohl zum Ausgleich für ihre körperlichen Mängel – von Gott die Gabe, Träume zu deuten. Während die Sterne verblassten und der Morgen heraufdämmerte, schritt er den Hang zum Augusteum hoch.

Dort, zwischen dem Triumphbogen mit dem Goldenen Meilenstein und dem hohen Tor zum Hippodrom, herrschte bereits heftiges Gedränge, denn heute begannen die Wagenrennen. Man schrieb den elften Mai und damit den Festtag der Ernennung Konstantinopels als neue Ewige Stadt nach Rom, eine Stadt, die man nach ihrem ehrwürdigen Gründer benannt hatte. Und heute, im Jahre fünfhundertdreizehn, dem zweiundzwanzigsten der Regierung Kaiser Anastasius', standen nach altem Brauch die Wagenrennen auf dem Eröffnungsprogramm. Narses stellte fest, dass ihm die zeitliche Übereinstimmung seines Traums mit dem heutigen Datum Mai einen weiteren Grund lieferte, an eine Himmelsbotschaft zu glauben. Er machte einen Bogen um die brodelnde Menge und ging die *mese*, die Mittelstraße der Stadt, hinunter. Isadora die Lahme wohnte in der Nähe vom Goldenen Tor. Während seines einstündigen Marsches ging dem Eunuchen vieles durch den Kopf, erneut suchte er nach dem Grund, warum gerade er noch keine Stellung in den Kaiserpalästen bekommen hatte. In der Bibliothek war er angesehen, man schätzte seine Klugheit und Treue, doch der Zutritt zur anderen Seite des Augusteums blieb ihm verwehrt. Dabei hatte man ihm ein glanzvolles Leben versprochen und er verzichtete auf Freuden, um die er andere beneidete. Schmerzliche Bilder aus Kindertagen stiegen in ihm auf: Die gerissenen Händler aus Konstantinopel, sein baufälliges Elternhaus im byzantinischen Armenien, drei glänzende goldene Solidi, der hoffnungsvolle Blick seines Vaters … Drei Goldmünzen für einen Sohn, dem eine herrliche Zukunft winkte, wenn er sich beschneiden ließ. Doch der älteste Sohn starb bei der Operation, genauso wie drei weitere Söhne. Die Trauer der Eltern war unermesslich. Dann war nur noch Narses, der Kleine, übrig, der sich weinend im grünen Getreide versteckte. Bei ihm gelang die Beschneidung und man brachte ihn nach Konstantinopel, wo jedoch die versprochene Ausbildung auf sich warten ließ und die verheißungsvolle Zukunft in immer weitere Ferne rückte.

Jetzt erreichte er das Goldene Tor, ein herrliches Bauwerk mit dreifachem Durchlass. Von hier aus war es nicht schwierig, die Behausung der Traumdeuterin zu finden, denn ihre Heilkräuter, die um eine warme Quelle herum wuchsen, dufteten bei Tagesanbruch betörend.

Isadora war von üppiger Gestalt, mehr breit als hoch, litt an einer schiefen Schulter und hinkte. Zum Ausgleich hatte sie sich überall mit Geschmeide behängt: Halsbänder, Armbänder und Ketten aus vergoldetem Edelmetall mit farbigen Steinen zeugten von Wohlstand. Sie ließ sich ihre Dienste stets teuer bezahlen.

»Da bist du ja endlich! Deinetwegen verpasse ich noch das erste Rennen«, sagte sie mit ihrer hellen Kleinmädchenstimme, die so gar nicht zu ihrem mächtigen Körper passte.

»Gott sei mit dir«, entgegnete Narses verwirrt. »Du hast mich erwartet?«

»Eine Krähe hat mir heute Nacht deinen Besuch angekündigt. Komm herein, na komm schon.«

Narses betrat ein niedriges, aber geräumiges Zimmer, das mit seidenen Wandbehängen und farbenprächtigen Polstern verschwenderisch ausgestattet war. In der Luft hing durchdringender Weihrauchduft. Isadora setzte sich an einen Tisch mit geometrischen Intarsien und aramäischen Schriftzeichen, die dem Eunuchen unbekannt waren.

»Was willst du denn von mir wissen?«, fragte sie Narses.

»Die Bedeutung meines Traumes.«

»Habe ich es mir doch gedacht! Beeile dich, ich bin spät dran.«

»Es war letzte Nacht«, begann Narses und wollte zu einer längeren Rede ansetzen.

Isadora winkte ab: »Verschone mich bitte mit überflüssigen Erklärungen.«

»In meinem Traum erschien mir ein kleiner Affe, der richtete sich vor mir auf, schlug das Kreuz und wuchs dann in die Höhe, bis er so groß war wie das Goldene Tor. Von da oben herab blickte er mich sanft an und verkündete: ›Heute wirst du der begegnen, die unter dem Schutz der heiligen Vorsehung steht.‹«

Isadora hatte ihm aufmerksam zugehört. Jetzt holte sie einige Getreidekörner aus einem kleinen Napf und warf sie mit einer geübten Handbewegung auf den Tisch.

»Mein Gott«, murmelte sie und riss die Augen auf.

Prüfend betrachtete sie das fein geschnittene, schmale Gesicht ihres Gegenübers, seine braunen Haare, die bis unter die Ohren reichten, seine grauen, lebhaften Augen. Um sicherzugehen, warf sie die Körner ein zweites Mal auf den Tisch. Das Ergebnis blieb unverändert und Isadora schloss für einen Moment die Augen.

»Was siehst du?«, fragte Narses unruhig.

»Die Körner fallen immer wieder in Form einer Pyramide«, sagte sie ausweichend. Sie stand auf und setzte geheimnisvoll hinzu: »Du wirst sie beschützen und ihr gehorchen, denn sie wird auf perlenbestreuten Pfaden wandeln.«

»Wen? Wen soll ich beschützen?«

Isadora schüttelte den Kopf über so viel Unverstand: »Selig sind, die da geistig arm sind.« Sie legte einen Schleier über den Kopf und fügte hinzu: »Sie ist ein Gottesgeschenk.«

»Dann heißt sie also Theodora?«

»Dein Hirn arbeitet ja doch flinker, als ich dachte«, sagte sie und streckte Narses die Hand hin, in die er ein paar bronzene Follis fallen ließ. »Gehab dich wohl. Ich sehe mir jetzt die Wagenrennen an!« Sie schnippte mit den Fingern und schon erschienen vier Sklaven und hoben ihre Sänfte hoch.

»Und vergiss nie, dass ich deine untertänigste Dienerin bin«, sagte sie, während sie Platz nahm.

Narses blieb einen Augenblick wie betäubt stehen. Zwischen Hoffen und Bangen hin- und hergerissen, fürchtete er, vor lauter Freude den Kopf zu verlieren, doch die jahrelange Disziplin setzte sich durch. Eine Herrin? Nun, warum nicht? Sie würde aus einer erlauchten Familie stammen und einen ergebenen und fähigen Vertrauten suchen, der die Aufgaben übernahm, die Reichtum und Macht ihr auferlegten. Womöglich eine Edelfrau, die nur das Leben in den Frauengemächern kannte und plötzlich durch Heirat, Witwentum oder Erbe weitreichende Entscheidungen treffen musste, für die sie einen taktvollen Berater benötigte.

Hoch gestimmt trat Narses kurze Zeit später durch das gewaltige Tor des Hippodroms, denn wie alle Einwohner der Stadt suchte auch er die Entspannung bei den Wagenrennen.

Das zweite Rennen lief schon. Der Kaiser – umgeben von seinen hohen Würdenträgern – sah sich das Spektakel oben in der *katishma*, der Kaiserloge, an. Die unzugängliche Tribüne ragte über der Menschenmenge empor, die heute so groß war, dass die vierzigtausend Plätze bei weitem nicht ausreichten. Narses hatte keine Lust, im Wandelgang zu stehen, und daher schlüpfte er, klein wie er war, auf den vierten Rang neben die dunkelblauen Schärpen, die Anhänger seiner Lieblingspartei. Der Marmor war angenehm kühl unter dem Zeltdach, das die Rennbahn schützte. Die Wagen der Blauen, Grünen, Roten und Weißen galoppierten über die blumenbestreute Sandpiste, dass die Achsen knirschten. Die Fahrer feuerten die Pferde an und die Zuschauer tobten.

12

Olympius, der Fahrer der Grünen, gewann das vierte und letzte Rennen des Morgens und löste damit einen unbeschreiblichen Jubel aus. Narses hielt es für ungut, dass die Marställe für die Rennen so viel Platz in der Stadt einnahmen. Die Zirkusparteien besaßen über zehntausend aktive Anhänger. Anstatt sich an rein sportliche Betätigungen zu halten, hatten sie mittlerweile nicht nur die Marställe, die Rennen und die Lustbarkeiten im Hippodrom übernommen, sondern stellten auch die Jubelrufer für den Kaiser während seiner Umzüge. Zusätzlich verteidigten sie bei Gefahr die Stadt. Für Narses bedeuteten die oft gewalttätigen Streitigkeiten zwischen Grünen und Blauen eine stetige Störung friedlicher Bürger.

Nach den Wagenrennen tanzte ein Bär aus Sibirien zu schallenden Trompetenklängen. Dann wurde auf einer großen Plattform unter der kaiserlichen Tribüne eine Pantomime angekündigt. Dabei wurde immer viel gelacht, denn die Schauspieler stellten allseits bekannte Situationen aus dem täglichen Leben in der Stadt recht überspitzt dar, und auch Narses musste meist herzlich lachen.

Ein junges Mädchen betrat die Estrade, klein, aber anmutig, mit knospenden Brüsten und einer schlichten Tunika angetan. Es wiegte sich in den Hüften, bückte sich und entblößte dabei seine Kehrseite. Nun stieg ein Mann auf die Bretter und verbarg sein Gesicht in den weiten, weißen Ärmeln seines Gewandes. Diese Geste verriet den Eunuchen und die Kleine lachte hellauf, näherte sich ihm und begann, seine Hüfte zu liebkosen und ihm ihren Mund zu bieten. Erbost stieß der Mann sie zurück, doch das junge Mädchen ließ nicht locker. Es streichelte ihn, wand sich lüstern, bot sich ihm an, während er immer abweisender wurde und sich vergebens bemühte, der aufreizenden Verführerin zu entkommen. Die Zuschauer, die sich im Allgemeinen gern über Entmannte lustig machten und sie verachteten, bedachten ihn mit den wohlbekannten Schimpfwörtern: »Schlappschwanz! Nichtsnutz! Ungeheuer! Taugenichts! Parasit!«

Narses zuckte bei diesen Äußerungen zusammen und war erleichtert, als der Oberkämmerer, der neben dem Kaiser stand, aufgebracht seinen goldverzierten Stab schwenkte. Die Zuschauer verstummten sofort, denn die Rache eines mächtigen Eunuchen konnte unvorstellbar grausam sein.

Die junge Pantomimin verbeugte sich sehr ehrerbietig vor dem Kaiser, dann vor der Partei der Blauen und zuletzt mit gespielter Verachtung vor den Parteianhängern mit der hellgrünen Schärpe.

»Theodora! Hoch lebe Theodora!«, rief es in der Menge.

Narses hörte den Namen und seine Hoffnungen fielen wie ein Häufchen Asche in sich zusammen. Die verkündete, die ersehnte, die erhoffte Herrin war nichts weiter als eine erbärmliche Pantomimin! Empörung und Wut mischten sich mit maßloser Enttäuschung. War er denn immer noch so vertrauensselig, so leichtgläubig und dumm? Würde er denn ewig auf unerfüllbare Erfolge hoffen? Es schien, als machte sich die Vorsehung selbst über ihn lustig. So langsam hegte er ernsthafte Zweifel an der göttlichen Herkunft seines Traumes – eher wohl eine Vorspiegelung des Teufels! Denn zuweilen machte sich Satan die Nacht zunutze, um Menschen auf den Pfad der Sünde zu locken.

Vielleicht war der Name Theodora auch nur ein Zufall. Etwas ruhiger musterte er nun ihr Gesicht: Pechschwarze

Haare, sehr große, dunkle Augen, ein kindliches Lächeln, mit dem sie die Ränge großzügig bedachte – sie besaß eine Anziehungskraft, die alle Zuschauer in ihren Bann schlug.

Obwohl Narses zwischen Enttäuschung und Hoffnung schwankte, beschloss er, sie nach den Wagenrennen anzusprechen.

Und so wartete er geduldig, während Olympius an der besiegten Partei vorbeirollte, vom Herrscher den Lorbeerkranz erhielt und die lautstarken Glückwünsche seiner Partei entgegennahm.

»Gott schenkt den Sieg!«

»Heil dir, Olympius!«

»Gelobt sei Gott, dreifach gelobt!«

»Sieg den Grünen!«

»Siegreiche Muttergottes!«

»Sieg den Grünen!«

»Alle Macht dem Kreuz!«

»Sieg den Grünen!«

Silberorgeln stimmten ein frommes Lied an, während sich der alte Kaiser Anastasius mühsam erhob. Er freute sich über den Sieg seiner Lieblingspartei und begab sich in den Speisesaal der Tribüne, gestützt von Justin, dem Präfekten der kaiserlichen Leibwache. Während die Diener das Mahl herbeitrugen, eilten die Zuschauer von den marmornen Rängen herunter, jeder wollte von den Trockenfischen, dem Trockenfleisch, den Wassermelonen und den gedünsteten Erbsen abbekommen, die der göttliche Herrscher seinem Volk zu diesem Anlass spendete.

Der Eunuch versuchte erst gar nicht, die junge Schauspielerin in diesem Tumult zu finden, sondern trat auf den Platz hinaus. Vor dem gewaltigen Portikus tanzten Wagenlenker, Stallburschen und Schauspielerinnen zum Klang der Trompeten. Da entdeckte Narses das junge Mädchen in einer Gruppe von Bewunderinnen, die um Uranius herumstand, den Wagenlenker der Blauen mit Helm und blauem, kurzem Umhang.

»Was mir an Theodora am liebsten ist? Wollt ihr das wirklich wissen?«, fragte er grinsend. »Ihr Hinterteil.«

Die Umstehenden lachten entzückt. Die junge Pantomimin trat anmutig näher, drehte sich um, hob die kurze Tunika, bückte sich, damit alle ihre Kehrseite bewundern konnten, und Uranius packte sie und drückte einen Kuss darauf. Theodora lachte vergnügt und blickte sich triumphierend um. In diesem Augenblick näherte sich eine Frau um die dreißig mit schmalem Gesicht, energischem Kiefer und hochmütigem Blick. Antonina, so hieß sie, schob die Mädchen brüsk beiseite und sagte: »Uranius, komm mit mir.«

Sie besaß eine unerwartet sinnliche Stimme und vermochte selbst dem gewöhnlichsten Wort die ganze Süße eines Sommerabends zu verleihen.

Uranius blickte Theodora fragend an und die schüttelte energisch den Kopf: »Bleib hier! Geh nicht mit der Alten!«

Die aufreizende Stimme ließ jedoch nicht locker: »Ich muss mit dir über das Essen bei Justin, dem Prätorianerpräfekten, reden. Er gehört zu den wenigen Patriziern im Palast, die die Blauen unterstützen.«

»Will er meine Büste in Auftrag geben?«, fragte Uranius hoffnungsvoll.

Antonina lächelte spöttisch. »Versuchen wir doch, sie ihm abzuringen.«

»Ich will, dass meine Büste im Wandelgang des Hippodroms steht«, beharrte der Wagenlenker, dem sichtlich sehr
daran gelegen war, verewigt zu werden.

»Abwarten«, sagte sie kurz und blickte den jungen Mann
scharf an. »Und jetzt beeil dich.«

Uranius warf Theodora einen entschuldigenden Blick zu
und sagte leise: »Ich bin bald wieder zurück.«

Damit folgte er Antonina.

Der Kreis löste sich auf und Theodora stand allein da. Sie
senkte einen Augenblick nachdenklich den Kopf und tat, als
müsste sie eine Schnalle an ihrer Sandale richten. Narses ließ
sie nicht aus den Augen, bis sie aufblickte und spöttisch fragte: »Möchtest du auch meinen Hintern küssen?«

»Nein, nein«, wehrte Narses ab.

»Du schaust mich an, als hättest du mich noch nie gesehen.«

»So ist es.«

»Und das, obwohl ich nicht zu übersehen bin,« sagte sie
keck. »Als ich klein war, habe ich immer den Schemel meiner Schwester Komito auf dem Kopf von Theater zu Theater getragen, falls sie müde wurde. Sie spielt zurzeit in *Die
Messe des Eunuchen*. Da wird viel gelacht.«

»Witze auf Kosten von Eunuchen finde ich überhaupt
nicht komisch.«

Sie musterte Narses von Kopf bis Fuß, und der wurde
unter ihrem forschenden Blick noch kleiner, noch zerbrech-
licher, noch brauner, noch älter – er mochte doppelt so alt
sein wie das ungefähr sechzehnjährige junge Mädchen. Jetzt
fragte sie etwas freundlicher: »Gehörst du in die Kaiserpaläste? Bist du Kammerherr?«

»Ich bin Kopist und arbeite im Archiv.«

»Im Archiv!« Schon wieder warf sie ihm einen durchdringenden Blick zu. »Ich weiß ja nicht, wo das ist, aber in deinem Alter zeugt das nicht gerade von Erfolg«, meinte sie herablassend.

Die Bemerkung traf ins Schwarze. Narses wurde blass und verstummte.

Theodora wandte sich an einen fliegenden Händler, der Fische anbot. »Sei gegrüßt, mein Freund. Sag, du sprichst doch mit vielen Menschen und kennst dich aus, weißt du, wo das Archiv ist?«

Der Mann runzelte nachdenklich die Stirn. »Ich glaube, in der Bibliothek. Dort liegen alte Papyri und Pergamente, die vor langer Zeit geschrieben worden sind. Wenn man sie verstehen will, muss man lesen können. Nichts für dich, mein schönes Kind.«

»Warum denn nicht? Ich könnte mir doch eine Tunika daraus machen, die dann während der Aufführung zerreißt.«

»Schweig«, seufzte der Händler, »du bringst mich noch um den Schlaf. Da hast du einen gesalzenen Fisch, weil du so schöne Augen hast, Süße.«

»Gott behüte dich«, antwortete Theodora. Dann drehte sie sich zu dem Eunuchen um, der noch immer reglos dastand.

»Du bist ja immer noch da! Sag, wie heißt du?«

»Narses.«

»Ich heiße Theodora. Ich bin ein Gottesgeschenk.«

Der Name erinnerte den Eunuchen an seinen Irrtum, und er wandte sich zum Gehen, doch da fragte sie halb aus Spaß und halb aus Eitelkeit bei der Aussicht, diesen arglosen Menschen als ihren Diener vorführen zu können: »Tust du mir einen Gefallen? Begleite mich doch heute Nachmittag zu einer Verabredung. An Festtagen muss ich aufpassen, die Römer führen sich dann immer so wüst auf, das kann manchmal gefährlich werden.«

Narses schüttelte fassungslos den Kopf angesichts dieser Bitte, doch die Pantomimin störte sich nicht daran.

»Wir treffen uns um vier Uhr auf dem Augusteum beim Standbild der Helena. Sei pünktlich.«

Als der Hammer vor der lang gestreckten Basilika Hagia Sophia die vierte Nachmittagsstunde schlug, kam das Volk aufs Augusteum geströmt, das Konstantin nach seiner Mutter Helena Augusta benannt hatte. Nach den Wagenrennen genossen alle die laue Frühlingsluft, Zuschauer, Wasserträger, fliegende Händler, alles spazierte zwischen den Büsten der Kaiser herum, die auf ihren Porphyrsockeln thronten. Lauthals priesen die einen den Sieg der Grünen, während andere die Niederlage der Blauen beklagten. Narses stand am Fuß der Helena-Statue und musterte die Gesichter, die von Schleiern oder farbenprächtigen Schultertüchern eingerahmt waren, doch vergeblich hielt er Ausschau nach den rätselhaften, dunklen Augen. Nach einer Weile schalt er sich einen Narren. Ich bin doch dumm, sagte er sich, warum sollte ich weiter auf diese Pantomimin warten, auf deren Vorschlag ich ohnedies nie hätte eingehen sollen? Hat mich denn die Verheißung einer Theodora, die eines Tages auf perlenbestreuten Pfaden wandelt, völlig um den Verstand gebracht?

Er war so in Gedanken versunken, dass er zusammenfuhr,

als plötzlich jemand neben ihm sagte: »Du bist der erste Eunuch, der mir dient.«

»Ich diene dir nicht.«

»Aber du wartest schließlich auf mich, oder?«

Sie sah reizend aus mit dem Umhang und der schönen Fibel aus Karneol und ihre Augen funkelten wie die Sterne, aber Narses wollte seine gute Laune noch nicht wieder finden.

Jetzt sagte sie: »Niemand in meiner Familie wollte glauben, dass mich ein Eunuch zum Stelldichein mit dem Bäcker begleitet. Alle wollten mitkommen und dich kennen lernen. Ich habe ihnen erzählt, dass du sehr schüchtern bist.«

Als sie die mürrische Miene ihres Gegenübers sah, erkannte sie, dass sie einen Fehler gemacht hatte, und so versuchte sie es anders.

»Da arbeitest du also«, sagte sie und zeigte auf die Bibliothek in der Nähe der Hagia Sophia. »Ich stelle mir das schlimm vor, wenn man den ganzen Tag eingesperrt ist.«

»Deine Arbeit ist sicherlich angenehmer«, erwiderte er barsch.

»Schauspielerin zu sein ist auch nicht einfach. Ich muss regelmäßig bei Tagesanbruch zur Gymnastik ins Hippodrom. Und dann muss ich jederzeit und jedem gefallen.«

»Aber das macht dir doch Spaß«, meinte Narses etwas boshaft.

»Das stimmt schon«, gab Theodora zu. »Aber es gibt Berufe, in denen man leichter gefällt. Leider kann ich weder Laute, noch Harfe, noch Flöte spielen, und meine Mutter und meine große Schwester Komito finden, dass ich nicht einmal eine gute Schauspielerin bin.« Sie blickte zu den kaiserlichen Palästen hinüber. »Bei bestimmten Anlässen wünschen die Kaiser dort Aufführungen mit Pantomimen. Ach, ich wäre so gern einmal dabei!«

»Gehen wir«, sagte er, weil er das Gespräch beenden wollte. »Ich bringe dich zu deiner Verabredung.«

Theodora, die mit frechen Bemerkungen einen hellen Kopf verbarg, war die Verärgerung des Eunuchen nicht entgangen, und weil sie das jetzt entstandene Schweigen brechen wollte, kommentierte sie fröhlich alles, was sie sah. Dazu bot die Hauptstraße viel Anlass, denn es wimmelte von Reitern, Wagen und Spielern in Säulenvorhallen. Auf dem Rinderforum schlugen sie eine schmale Gasse ein, die bereits in der Abenddämmerung lag. An einer Kreuzung tauchten drei Männer mit hellgrünen Schärpen auf. Sie wollten gerade die Straße überqueren, als einer von ihnen rief: »Theodora! Wenn das nicht Theodora ist!«

Die drei kamen näher.

»Warum hast du uns vorhin im Hippodrom eigentlich nicht gegrüßt?«, wollte der Älteste wissen.

»Weil ich keine guten Erinnerungen an euch habe«, gab Theodora schnippisch zurück.

»Man muss doch auch vergessen können!«

»Niemals!«

»Dann werden wir dich höfliches Grüßen lehren. Na los!«

Theodora rührte sich nicht, sondern sah die Männer wütend an. »Da hast du meine Antwort: nie und nimmer!«

Überraschend flink packte der junge Mann die Hände des Mädchens, während ihr der zweite Begleiter den Umhang herabriss.

Theodora versuchte sich loszureißen und schrie erbost: »Diebe! Memmen! Verräter! Ausgeburten der Hölle!«

Bei der Erwähnung der Hölle zog der dritte Mann eine kurze Klinge aus dem Gürtel und hielt sie ihr an die Kehle. »Nimm das zurück, oder ich zerschneide dir dein hübsches Gesicht.«

Doch plötzlich stürzte sich Narses auf den Unhold, packte sein Handgelenk und drückte zu, bis das Messer zu Boden fiel. Das hob er auf und schwenkte es drohend. Die drei Grünen wichen einen Schritt zurück.

»Ich werde mich beim Stadtpräfekten beklagen«, rief Theodora.

»Beklage dich, so viel du willst. Der Präfekt unterstützt die Grünen, der Kaiser übrigens auch, uns kann keiner etwas anhaben. Die Gerechtigkeit hat Besseres zu tun, die interessiert sich nicht für ein Mädchen, das kein ehrbarer Mann heiraten würde. Wir finden dich noch, falls du keine Manieren lernst.«

Nachdem sich die Schurken verzogen hatten, hob Narses den staubbedeckten Umhang auf und legte ihn ihr wieder um die Schultern.

Theodora zitterte vor Wut und Scham. Leise sagte sie: »Ich hasse sie! Ich werde sie mein Leben lang hassen! Und eines Tages räche ich mich.« Und zu ihrem Begleiter sagte sie anerkennend: »Ich dachte immer, dass Eunuchen fadendünne Muskeln hätten.«

Narses zuckte mit den Schultern: »Da hast du dich geirrt.«

»Mit einer zerrissenen Tunika kann ich nicht mehr zum Bäcker. Lass uns lieber am Goldenen Horn spazieren gehen.«

»Wer ist dieser Bäcker überhaupt?«

»Er ist ein reicher Hoflieferant. Das geht ganz einfach:

Viele davon gibt es nicht, sie werden vom Palast ausgesucht. Der hier kümmert sich um die Bestellungen der Beamten. Nicht gerade lustig, muss aber sein.«

Narses verspürte einen Anflug von Rührung für das junge Mädchen. Es musste ebenfalls unangenehme Situationen hinnehmen und ließ dennoch die Hoffnung nicht sinken. Das Mädchen war dabei so zuversichtlich, so unbeschwert und augenscheinlich heiter, dass er sich dagegen alt und abgestumpft vorkam.

Sie gingen nebeneinander zum Goldenen Horn hinab, der langen und schmalen Bucht, die sich nordwestlich von Konstantinopel erstreckte. Beide schwiegen vor sich hin. Narses war ja nicht mehr jung, lebte allein, weil es nicht anders ging, war durch Erfahrung vorsichtig geworden, und da ging sie nun an seiner Seite und wirkte auf ihn wie eine belebende Brise. Dennoch hätte er gern ein Dankeschön dafür gehört, dass er ihr Gesicht gerettet hatte.

An den Ufern der Bucht dümpelten die Schiffe sacht in den menschenleeren Häfen, und nur einige wenige Spaziergänger ließen sich in den Säulenvorhallen blicken.

»Und du?«, brach sie das Schweigen, »bist du in deinem Archiv nicht oft sehr einsam?«

»Ich vertraue auf die Jungfrau Maria.«

»Klar doch«, erwiderte sie und lachte, »die bekommt ja auch Kinder ohne männlichen Samen. Aber was erhoffst du für dich? Jeder ist doch auf der Suche nach etwas.«

»Ich möchte nicht unbedingt reich werden, wenn du das meinst. Ich möchte viel lieber in den Kaiserpalästen arbeiten. Als ich fünf war, wurde es mir versprochen, aber man hat nicht Wort gehalten.«

»Und ich, ich würde gern …«

»… Erfolg haben wie Antonina«, ergänzte Narses mit boshaftem Unterton, weswegen er sich denn auch gleich wieder schämte.

Theodora dachte nach, dann sagte sie ruhig: »Du weißt anscheinend auf alles eine Antwort, hm? Ich gehe jetzt nach Hause.«

Die Wachen verschlossen die Stadttore und sie gingen wieder hügelan zum Hippodrom.

Da fasste Theodora Narses am Ärmel. »Ich wüsste gern, wer du wirklich bist«, platzte sie heraus.

»Das wüsste ich auch gern«, sagte dieser trocken.

Da mussten beide schallend lachen und genossen dann das folgende, friedliche Schweigen. Jeder war sich bewusst, dass sie ihre Begegnung eigentlich einem Versehen verdankten. Die Würfel des Schicksals waren gefallen – nur die Bedeutung dieser Begegnung lag noch im Dunkeln.

Das Viertel der Zirkusangestellten war bei dem kürzlichen Aufstand gegen Kaiser Anastasius von einer Feuersbrunst zerstört worden. Schludrig errichtete Mauern, baufällige Notunterkünfte aus Holz standen zwischen Ruinen und einzelnen Häusern, die verschont geblieben waren. Ein Haus zeichnete sich aus durch einen plumpen, von Flammen geschwärzten Bär aus Ton.

»Hier wohne ich«, sagte sie und wies auf den Bären. »Aber ich bin noch nicht müde. Gehen wir noch ein Stück?«

Narses nickte und sie wandten sich wieder zurück zum Augusteum.

»Warum habt ihr denn einen Bären über der Tür?«, wollte Narses wissen.

»Mein Vater Akakius war Bärenwärter«, erklärte Theodora, »er starb, als meine beiden Schwestern und ich noch ganz klein waren. Meine Mutter musste niedrigste Arbeit tun, stundenlang Wolle spinnen und von Zeit zu Zeit auch ihren Körper verkaufen. Dieses Los will ich nicht!« Bei diesen Worten stampfte sie mit dem Fuß auf. »Manchmal verachte ich sie, weil sie sich damit zufrieden gibt.«

Narses schluckte eine Bemerkung über die Kluft, die Ehrgeiz von seiner Verwirklichung trennte, hinunter, schließlich wollte er kein Spielverderber sein.

Auf dem Augusteum waren die Fackeln bereits gelöscht. Die beiden setzten sich auf eine Marmorbank gegenüber den Kaiserpalästen und hingen ihren Gedanken nach. Im matten Schein der Mondsichel konnten sie nur die Umrisse des gewaltigen Baus erkennen: die Kuppeln des ersten Palastes, dann die Befestigungsmauern des kaiserlichen Privatpalastes. Für Narses glich der Palast einer nahen, aber unerreichbaren Frau. Theodora stellte sich innerhalb der dicken, düsteren Mauern Gewalt und verschwommene, prachtvolle Lustbarkeiten vor.

Sie fröstelte. »Mir ist ein bisschen kalt«, sagte sie und stand auf.

Narses stand ebenfalls auf, doch sie lehnte ab: »Du musst mich nicht mehr begleiten. Wenn ich spät in der Nacht allein spazieren gehe, kann ich mir einreden, die ganze Stadt gehöre mir.«

Kapitel zwei

Am nächsten Morgen wurde Theodora von vertrauten Geräuschen im Nachbarzimmer geweckt. Morgenlicht lugte durch die Fensterläden und Komitos Bett war leer.

Hoffentlich macht er ihr dieses Mal einen Heiratsantrag! Wie kann man sich mit den Männern nur so dumm anstellen, dachte Theodora.

Sie wünschte ihrer großen Schwester von ganzem Herzen Glück, freute sich aber ebenfalls von ganzem Herzen auf deren Auszug. Doch heute hatte sie andere Sorgen: die Sache von gestern machte ihr zu schaffen. Uranius! Wie konnte er sie einfach so stehen lassen?

Sie sprang aus dem Bett und zog eine kurze Tunika an. Ihre Mutter hatte den Tisch bereits mit Käse und Brot gedeckt und Theodora schnitt sich im Stehen ein paar Scheiben ab.

»Setz dich hin zum Essen. Nun, wie war der Abend beim Bäcker?«, fragte die Mutter und nahm schwerfällig auf dem einzigen Stuhl Platz.

Sie war groß und üppig und von etwas gewöhnlicher Sinnlichkeit, einer Sinnlichkeit, die bei Männern im Allgemeinen sehr gut ankam.

»Ich bin gar nicht da gewesen.«

»Wegen des Eunuchen?«, wollte die Mutter besorgt wissen.

26

»Die Grünen haben mich angegriffen. Er hat mich verteidigt.«

»Trotzdem bist du spät nach Hause gekommen.«

Theodora seufzte gereizt.

»Und was hast du die ganze Zeit mit ihm getrieben?«

»Nichts«, antwortete Theodora. Und musste dann selbst
über dieses Nichts lachen. »Nichts, rein gar nichts.«

»Umso besser. Es ist nicht gut, wenn du, die Tochter eines
Bärenwärters, dich so aufspielst und mit einem Diener spazieren gehst.«

Theodora sah ihre Mutter erbost an. »Auch die Tochter
eines Bärenwärters kann ihr Leben ändern. So, ich gehe
jetzt«, setzte sie hinzu.

Auf dem Weg zum Hippodrom überlegte sie, wie sie
Uranius bestrafen konnte. Er hatte sie gekränkt, als er Antonina gefolgt war, und sie gehörte nicht zu den Frauen, die
eine solche Beleidigung wortlos hinnahmen. Gleiches musste mit Gleichem vergolten werden. Gott hatte schließlich
keine Zeit, sich mit solchem Kleinkram zu befassen. Und der
um zwei Jahre ältere Wagenlenker war ihr erster Freund, ihr
erster Liebhaber gewesen und galt in der chaotischen Familie des Hippodroms als ihr Bruder, Beschützer und Verlobter. Wenn es sich nicht vermeiden ließ, dass sich Theodora
von Zeit zu Zeit einen Reicheren nahm, dann lediglich aus
Geldnot und in der Hoffnung auf ein besseres Leben.

Die Sonne schien schon auf die westlichen Ränge des Hippodroms, während auf der Tribüne unterhalb der Kaiserloge
zwei Akrobaten, ein Possenreißer und zwei Jongleure unter
Anleitung eines alten Löwenbändigers trainierten. Theodo-

ra versäumte diese drei morgendlichen Gymnastikstunden nie.

Gegen elf Uhr brannte die Sonne heiß auf die Zirkusmannschaft herab, und da suchte sie ihre Freundinnen – die kleine rundliche Indaro mit dem losen Mundwerk und den vieldeutigen Gesten und die hochgewachsene Chrysimallo mit dem goldenen Haar –, die ihre Füße in dem Bächlein am Rand der Arena kühlten. Theodora benetzte Beine, Arme und Hals mit Wasser und sagte: »Ich muss mit euch reden. Lasst uns in unser Versteck gehen.«

So hatten sie den Vorraum in den Ställen der Blauen getauft, wo Bespannungen, Geschirre, zerbrochene und neue Räder herumlagen und der, abgesehen von der Zeit, wenn Rennen bevorstanden, verlassen war. Nachdem sie den Staub von den Holmen gepustet hatten, setzten sich die drei Freundinnen auf einen auseinander genommenen Wagen und Theodora berichtete, wie Uranius mit Antonina weggegangen war. »Das verdient Strafe«, schloss sie.

Ihre Freundinnen hatten schon davon gehört und warfen sich belustigte Blicke zu.

»Ist das wirklich nötig?«, fragte Indaro und wippte lässig.

»Ja! Er muss leiden, weil er mich schlecht behandelt hat.«

»War doch nur für seine Büste!«, meinte Chrysimallo, die Uranius heimlich zugetan war. »Du weißt doch, wie dumm und eitel er ist! Und überhaupt«, sagte sie in dem blasierten Tonfall, der sie, so hoffte sie, abweisend und begehrenswert zugleich machte, »wie willst du ihn denn bestrafen?«

»Ich zerstoße einen Schlangenschwanz mit Weihrauch, und wenn er heiß ist, steigt der Rauch bis zu den Geistern.«

»Und um was willst du die Geister bitten?«

»Dass er sich mit Antonina verzankt und sich bei mir entschuldigt.«

»Und du, entschuldigst du dich auch, wenn du zum Bäcker gehst?«, fragte Indaro. »Glaubst du wirklich, Uranius weiß nicht, dass du mit ihm schläfst?«

»Das ist nicht das Gleiche. Ich arbeite für meine Zukunft.«

»Auch mit deinem Eunuchen?«

»Ihr könnt wirklich nicht weiter sehen als bis zum nächsten Maulwurfshügel und hängt wie die Kraken an eurem jämmerlichen Leben! Was wird wohl sein, wenn ihr älter werdet?«

»Dann stirbt man ohnedies.« Indaro tat das mit einem Schulterzucken ab.

»Und bis dahin?«

»Ich heirate einen Wagenlenker«, sagte Chrysimallo und band sich die langen Haare im Nacken zusammen. »Und ich bekomme Kinder.«

»Mit diesem Los begnüge ich mich nicht«, sagte Theodora entschieden.

Indaro lachte schallend. »Jeder ist an dem Platz, den Gott ihm zugewiesen hat. Das lässt sich unmöglich ändern. Aber falls du eine Edelfrau wirst, verspreche ich auch, dir die Hände zu küssen.« Und sie begleitete ihre Worte mit einer übertriebenen Verbeugung.

Chrysimallo ließ nicht locker. »Du träumst im Stehen, Kleines, du wirst dir wehtun, wenn du aufwachst.«

»Ihr versteht aber auch gar nichts«, rief Theodora wütend, sprang zu Boden und stolperte über ein Pferdegeschirr, das dort lag, während sich ihre Freundinnen vor Lachen ausschütten wollten. »Ihr seid so dumm!«

Als sie aus den Ställen in die gleißende Mittagssonne trat, überlegte sie, an wem sie ihre schlechte Laune auslassen konnte. Die Haltung ihrer Freundinnen machte sie ratlos, auch wenn sie inzwischen sehr wohl wusste, wie zornig und verwirrt sie jedes Mal wurde, wenn ihre Umgebung nicht gleich begriff, worum es ihr ging. Sie gab sich einen Ruck und ging zu den Räumen, wo die Artisten und Angestellten arbeiteten, sich vergnügten und schwatzten. Ein bisschen innige Bewunderung würde ihr jetzt gut tun.

»Liebe Freunde, heute nur für euch: der Bauchtanz.«

Die Ankündigung wurde mit Beifall aufgenommen. Die Musiker spielten auf, Theodora stieg auf einen Dreifuß und ließ die Hüften sinnlich aufreizend kreisen. Ringsum lüsterne Blicke, anerkennendes Lächeln, entzückte Mienen, und da ließ sie sich vom Rhythmus der Musik mitreißen. Als Uranius eintrat, rief sie: »Du da, Wagenlenker, raus.«

»Bleib, Uranius!«, riefen ihre Arbeitsgefährten.

»Mach dir nichts aus ihren Launen.«

»Was hast du getan, dass sie so aufgebracht ist?«

Jetzt trat Chrysimallo näher und erklärte: »Uranius ist mit Antonina zu einem Essen bei Justin, dem Prätorianerpräfekten gegangen, und der hat ihm eine Büste versprochen.« Und sie setzte noch hinzu: »Justin hat ihm sogar ein Pergament gegeben, damit er an dem kaiserlichen Zug zu Ostern teilnehmen kann.«

Uranius rührte sich nicht vom Fleck und musterte gelassen die junge Schauspielerin. Diese begriff, dass sie nichts davon hatte, ihm noch länger die kalte Schulter zu zeigen,

und so lächelte sie. Uranius trat zu ihr, fasste sie um die Knö-
chel, stellte sie auf seine Schultern, und dort tanzte Theodora weiter. Wie eine Zauberin entflammte sie Sinne und
Herzen.

Langsam bückte sie sich zu Uranius' dunklem Locken-
schopf und flüsterte: »Komm mit in unser geheimes Versteck. Auf der Stelle!«

Alles schwieg, als sie zu Boden sprang.

Das Versteck war ganz und gar nicht geheim. Hinten war
eine Art Liebeslager aus frischem Stroh aufgeschüttet, das
jeden Tag von einem verständnisvollen Stallburschen ge-
wechselt wurde und das während der Mittagsruhe und
abends der Liebe diente. Theodora hängte ihren Schleier auf
einen Holm, denn so wollte es das Ritual dieses Ortes.

»Deinen süßen Duft und den Geruch der Pferde, das liebe
ich«, erklärte Uranius und kniete vor ihr nieder. »Mehr als
das brauche ich nicht.«

»Trink mich«, sagte sie mit bebender Stimme, »sonst fließe ich noch über.«

»Heute Abend«, versprach Uranius und umarmte sie lei-
denschaftlich, »bei Vollmond.«

Als es dunkel wurde, stieg die Spannung im Hippodrom. Die
einen wurden immer lustiger, andere scharten sich in einer
Ecke, wiederum andere tauschten winzige, vieldeutige Zei-
chen aus, denn es nahte die Nacht, in der alles möglich war.
Nicht für die Kleinen, Unbedeutenden, aber für die, deren
Schönheit und Erfolg solche Freiheiten rechtfertigte. Der
Stallbursche hatte den Wagen bereits angespannt, der
Wächter das Tor geöffnet. Uranius erschien mit bade-feuch-

tem Haar und sprang auf den Wagen. Und da nahte auch
schon Theodora mit strahlendem Blick. Uranius reichte ihr
die Hand und sie setzte sich hinter ihn und hielt sich an seinen starken Schenkeln fest. Die Peitsche knallte, die Pferde
zogen an.

Am Goldenen Tor ließen die Wachen die Liebenden mit
einem belustigten Lächeln passieren. Schon bald erreichte
der Wagen den Wald. Nach der Hitze des Tages war die Luft
köstlich lau, raschelndes Blattwerk und warnende Vogelrufe
antworteten auf das Knarren der Räder. Auf den breiten
Wegen ließ der Wagenlenker die Pferde galoppieren. Zuweilen fasste er nach hinten und streichelte mit einer Hand
Theodoras Brüste, während sie sein hartes Geschlecht liebkoste. Nach und nach wurden die Pferde langsamer.

»Endlich«, seufzte Theodora, »ich komme um vor Verlangen.«

Sie streiften sich gegenseitig die Tuniken ab. Jetzt ergriff
sie die Zügel, während er sie auf seine Knie setzte und in sie
eindrang.

»Hü! Hü!«, rief Theodora und ließ ihrerseits die Peitsche
knallen.

Die Pferde galoppierten wie wild und das Schaukeln von
Wagen und Lust vereinte sich aufs Schönste. Als die Pferde
wieder im Schritt gingen, drehte sich Theodora um, fasste
ihren Liebsten um die Hüften und öffnete die Schenkel,
damit er aufs Neue in sie eindringen konnte, bis der Wagen
unter einem Felsvorsprung zum Stehen kam.

»Der Mund«, sagte sie, »der Mund ist noch nicht genug
geküsst.«

»Auf der Lichtung.«

Die Lichtung war groß, ein glänzender Teich aus Mondenschein inmitten düsterer Tannen. Uranius richtete sich zu voller Größe auf, legte ihre Knie auf seine Schultern, dass ihr langes Haar bis zu seinen Füßen fiel und liebkoste sie zwischen ihren Schenkeln.

Viel, viel später schliefen sie auf einem Bett aus Farn selig ein und Theodoras helle Haut schimmerte im Mondlicht.

Ostern kam und wurde im Haus des tönernen Bären mit großer Freude begrüßt, denn an diesem Tag belebte der Heilige Geist den Glauben der Christen neu. Theodora freute sich umso mehr, weil sie sich mit Uranius' Hilfe die kaiserliche Prozession von den Kaiserpalästen zur Hagia Sophia ansehen durfte. Das war nicht selbstverständlich, denn während der kirchlichen Feiertage war das Augusteum Edelleuten, Patriziern, Senatoren und Würdenträgern vorbehalten, das Volk durfte nur mit den Abordnungen seiner Parteien teilnehmen.

Theodora kleidete sich in eine Tunika und einen Umhang aus hellem Leinen, dazu eine Fibel, ein Geschenk von Chrysimallo, und Sandalen, die ihr Komito gnädigerweise borgte.

»Wer nicht reich ist, muss sich schlicht kleiden, damit er nicht auffällt«, kommentierte ihre Mutter.

Nicht aufzufallen war ein vernünftiger Grundsatz, doch für Theodora gab es nichts Schlimmeres. Die lebte genau das Gegenteil und wartete jeden gottgegebenen Tag darauf, dass ein Unbekannter sie bemerken und ihr Leben verändern würde. Und bei jedem außergewöhnlichen Ereignis erblühte diese Erwartung in den prächtigsten Farben und nährte die

Hoffnung auf ein mögliches neues Leben. Eines Tages würde sie dem Frauenlos ihrer Umgebung, den ewig gleichen Tagen entrinnen. Und so betrog sie Uranius im Geist, als sie mit ihm zum Augusteum ging.

»Glaubst du, dass Justin eines Tages Kaiser wird?«, fragte sie.

»Der einzige Kaiser, den ich haben möchte, muss den Blauen den Vorzug geben.«

»Du kennst doch Justin, vielleicht wirst du ja in den Kaiserpalästen empfangen.«

»Und was soll ich da? Im Hippodrom fühlte ich mich mehr zu Hause.«

Womit er Theodora schon wieder reizte. »Bist du denn überhaupt nicht ehrgeizig?«

»Doch«, lachte er. »Ich will eine Büste haben, die daran erinnert, dass ich ein hervorragender Wagenlenker gewesen bin.«

»Kommt dir denn nie der Gedanke, ich könnte mir vielleicht ein ganz anderes Leben wünschen?«

Uranius blickte sie erstaunt an. »Was willst du denn noch?«

»Alles«, sagte sie halb spöttisch, halb zuversichtlich.

Die Eingänge zum Palast wurden von Soldaten mit Lanze und Schild bewacht. Prunkvolle Wagen setzten in Seide gewandete Würdenträger ab, die das Augusteum betraten, ohne die Wachen und ihren ehrerbietigen Gruß zu beachten. Uranius zögerte.

»Worauf wartest du?« Theodora stupste ihn an.

Glücklicherweise erkannten die Wachen die blaue Tunika und winkten ihn heran.

»Sei gegrüßt, Uranius. Hier musst auch du wie alle Welt zu Fuß gehen«, sagte ein Soldat freundlich.

»Deine Begleiterin?«, fragte ein zweiter Wachsoldat.

»Meine Verlobte.«

»Hauptsache, sie nimmt das Tuch nicht ab und verhält sich ruhig«, sagte der misstrauische Soldat. »Man kennt deine Verlobte, sie ist ganz schön keck.«

»Sie wird keinen Ton sagen«, versicherte ihnen Uranius.

Die Wachen blickten die junge Pantomimin belustigt an.

»Du stellst dich aber schön hinten in die Wandelhalle«, sagte der Misstrauische.

Der Pantomimin fiel auf, dass sie in den Kaiserpalästen anders empfangen wurde als im Hippodrom. Staunend betrachtete sie den Platz in all seiner Pracht und Herrlichkeit. In den Säulenhallen waren Wandbehänge angebracht mit Darstellungen verschiedener Stationen aus dem Leben Christi, und vielfarbige Seidengewänder leuchteten in den Strahlen der aufgehenden Sonne. Theodora und Uranius stellten sich unter einen Portikus, von hier aus würden sie den Auftritt des Kaisers gut sehen können. Doch weitere Privilegierte strömten herein und bauten sich vor ihnen auf. Theodora fühlte sich hereingelegt, als ihr ein breiter, in gelbe Seide gekleideter Rücken die Sicht nahm.

»Ich sehe nichts«, beklagte sie sich bei Uranius, der mit seinem hohen Wuchs die meisten Versammelten überragte.

Er blickte so betrübt wie jemand, der etwas verschenkt hat, was keinen Gefallen findet. »Ich hebe dich hoch, wenn der Kaiser kommt. Das kriegen wir schon hin.«

Theodora bedachte den gelbseidenen Umhang mit wütenden Blicken und hatte nicht übel Lust, ihm die Nägel in den Rücken zu krallen.

Orgelmusik kündigte an, dass sich die Prozession im Inneren des Palastes in Gang gesetzt hatte. Jetzt empfing der Kaiser nach dem Gebet die Privilegiertesten der Privilegierten: hohe Beamte, Heilkundige, hochrangige Offiziere.

»Eines steht fest, wenn ich den Kaiser sehen will, muss ich einen Mächtigen heiraten.«

»Dann heirate den Türsteher!«, sagte der Wagenlenker grinsend. »Aber pass auf, das ist ein Eunuch. Etwas Besseres als mich, einen schönen, begehrten und bewunderten Wagenlenker findest du nirgendwo.«

Endlich öffnete sich das Bronzetor und Musik wehte auf den Platz.

»Heb mich hoch«, forderte sie.

Uranius nahm sie in die Arme und setzte sie auf seine Schultern. Und von dort oben genoss Theodora das prunkvolle Gefolge: Herolde mit silberbeschlagenen Stäben und perlenbesetzten Knäufen, Träger mit Standarten, auf die *In hoc signo vinces* gestickt war, goldene Ketten, goldene Schilde mit dem Monogramm Christi, goldene Helme mit rotem Federbusch, lange und prächtige Schwerter. Schließlich der Kaiser selbst in der purpurnen, goldbestickten Chlamys, dem langen, ärmellosen Rittergewand, auf dem Kopf die kostbare, diamantenbesetzte Krone mit dem Kreuz, umgeben von einem Heer Kammerherren, so näherte er sich langsam, das Gesicht eingefallen, der Rücken gebeugt, im Schutz seiner Leibgarde, den Riesen mit Doppelaxt.

»Das da ist Justin«, flüsterte Uranius aufgeregt. »Er hat mir meine Büste versprochen.«

»Ich weiß, ich weiß.«

Nachdem der Kaiser aus dem Ehernen Haus getreten war, blieb er stehen und empfing die Ehrenbezeigungen der Abgeordneten des Volkes und des blauen Demarchen.

»Der Herr behüte den römischen Kaiser«, stimmte der Vorsänger an.

»Herr, behüte ihn«, kam der Refrain.

»Heilige Dreieinigkeit, behüte den, den du gekrönt hast.«

»Heilige Dreieinigkeit, behüte ihn.«

»Er lebe noch viele Jahre …«

»… Erwählter des Heiligen Geistes.«

Nun erwiesen ihm die Demarchen der Grünen, Roten und Weißen ihre Reverenz und der lange, farbenprächtige Zug verschwand in der fünfschiffigen Basilika mit dem Holzdach.

»Gehen wir«, sagte Uranius und hob Theodora von seinen Schultern herab.

»Schon!?«

»Ja. Heute dürfen wir nicht in die Hagia Sophia. Die Kirche fasst nicht alle. Und spiele jetzt bloß nicht den Trotzkopf, für dich müsste es reichen, dass du den Kaiser so aus der Nähe sehen durftest.«

»Ja«, antwortete Theodora ohne rechte Überzeugung. »Da hast du Recht.«

Als sie den Platz zusammen verließen, sagte Uranius aufgeräumt: »Einer der Senatoren hat dich übrigens unaufhörlich angestarrt.«

»Und du hast mir nichts gesagt?«

»Du hast doch den Kaiser und sein Gefolge angeschaut, da wollte ich dich nicht stören.«

Theodora brauste auf: »Mein Gott, bist du dumm! Ein Senator starrt mich an, und … und … Das darf nicht wahr sein! Weißt du wenigstens, wer es war?«

Uranius schüttelte den Kopf.

»Du hättest der Sache nachgehen, bei einer Leibwache nachfragen können. Ich fasse es nicht, ein Senator starrt mich an, und du sagst kein Wort.«

Uranius begriff nicht, was seine Geliebte so wütend machte. »Was hast du denn nur?«

»Was ich habe? Du begreifst aber auch gar nichts.«

»Was ist denn los mit dir? Das war sicher dieser Eunuch, der hat dir Grillen in den Kopf gesetzt.«

»Nein, hat er nicht. Und außerdem würde der mich verstehen.«

Das machte alles nur noch schlimmer. Jetzt ärgerte sich auch Uranius, warf ihr vor, sie wäre launisch, und sie erboste sich noch mehr und ließ ihn stehen.

Enttäuscht und wütend zugleich ging sie in Richtung *mese*. Uranius war aber auch wirklich ein Einfaltspinsel! Er hatte ja keine Vorstellung davon, wie einflussreich ein Eunuch sein konnte! Sie musste unbedingt mit Narses reden, der schwatzte wenigstens nicht dumm daher. Aber wo könnte sie ihn am Ostertag finden?

Sie kannte sich nur in zwei Gegenden aus: im Hippodrom, das an die geheimnisvollen Kaiserpaläste angrenzte, und auf dem Konstantins-Forum oben auf dem zweiten Hügel, wo die Bevölkerung der Hauptstadt arbeitete, kaufte, verkaufte, sich vergnügte und plauderte. Hier standen die unterschiedlichsten Denkmäler: ein hohes riesiges Kreuz,

Standbilder der zwölf Sirenen, ein großer Elefant, der Prophet Daniel inmitten von Löwen, der Schäfer Paris, wie er Venus den Apfel reicht, die ersten Bischöfe und der Kaiser höchstpersönlich auf seiner hohen Porphyrsäule, die im Sockel kostbare Reliquien aus dem Leben Christi barg: die Körbe von der Vermehrung der Brote und das Kreuz der beiden Schächer.

Dort würde sie nach Narses suchen, denn auf der Uferstraße, wo Familienfeiern stattfanden, konnte er nicht gut sein, und die Bäder waren sonntags geschlossen.

Die Wandelgänge der *mese* wimmelten von Spaziergängern. Das gleiche Bild auf dem Konstantins-Forum, und während sich Theodora auf der Suche nach Narses durch die Menge schlängelte, grüßte sie Verehrer, lächelte über Komplimente und lachte über anzügliche Gesten. Unter dem nördlichen Portikus erkannte sie seine Stimme, sie klang metallisch, fast herrisch, völlig untypisch für ihn. Er kehrte ihr den Rücken zu und konzentrierte sich ganz auf das Schachspiel mit einem etwa vierzehnjährigen Jungen. Narses wollte ihm gerade seinen König abnehmen, als Basilius Theodora erblickte.

»Da kommt die Königin des Hippodroms.«

Narses drehte sich um. »Sei gegrüßt, Theodora.«

»Du kennst sie?«, staunte der Junge.

Der Eunuch nickte.

»Ich wusste gar nicht, dass sich Narses im Schachspiel übt«, sagte Theodora und trat näher.

»Er ist ein hervorragender Stratege«, meinte Basilius und verschlang dabei die Pantomimin mit den Augen.

Theodora kam in den Sinn, dass der Eunuch hinsichtlich

seiner Karriere die Kunst der Strategie nicht gerade effektiv nutzte, hielt aber lieber den Mund.

»Ich überlasse dir meinen Platz«, bot Basilius an. »Mein Vater wartet.«

»Gott behüte dich«, dankte sie. Und zu Narses gewandt: »Ich habe keine Lust zu spielen.«

»Dann eben nicht«, sagte er und packte die Figuren ein. Die Zuschauer liefen enttäuscht auseinander.

»Ich bin zu wütend«, sagte sie jetzt.

»Ein Fehlschlag?«, erriet der Eunuch, ohne den Blick zu heben. »Setz dich auf Basilius' Schemel.«

»Ja, ein Fehlschlag. Und schuld daran ist ein Senator«, setzte sie nach kurzem Nachdenken hinzu.

Narses fuhr fort, das Spiel sorgfältig zu verpacken. »Ist er dir dumm gekommen?«

»Nein, ich kenne ihn gar nicht.«

»Aha, also ein nicht interessierter Senator!«

»Da täuschst du dich«, entgegnete sie sofort. »Er hat mich unaufhörlich angestarrt.«

Der Eunuch sagte mehr zu sich selbst: »Die Aufmerksamkeit der Mächtigen weckt alte Träume, vergebliche Träume, die den Geist niederdrücken, ihn ersticken. Man sollte ihren verführerischen Versprechungen nicht trauen. Sie sind schuld, wenn man sein Leben gewöhnlich, ja zuweilen sogar furchtbar findet.«

»Mein Leben ist nicht furchtbar!«

Er staunte, wie heftig ihre Antwort herausgeplatzt kam und musste lachen. Seine kleinen, grauen Augen funkelten belustigt, während er sich bei ihr entschuldigte.

»Verzeih mir. Ich habe keinen Grund, so zu reden. Ich

weiß auch nicht, was plötzlich über mich gekommen ist. Stell dir einfach vor, dein Senator ist fett und hässlich oder gemein, in jedem Fall völlig anders, als du ihn dir vorstellst.«

Er verstaute das Schachspiel in seinem Beutel und wollte aufbrechen.

»Ich habe Hunger«, sagte sie. »Lass uns essen gehen – wie wäre es mit Kohl und hellen Feigen? Dabei erzählst du mir noch mehr Geschichten. Ich brauche das für meine Pantomimen.« Sie spähte über den Platz. »Siehst du das Pärchen dort? Er langweilt sich. Sie verschlingt ihn mit den Augen. Er sucht die Menge nach einem Freund ab, denn dann kann er sie stehen lassen. Er weiß nur nicht, wie er es anstellen soll. Ich könnte ihm helfen, ihn begrüßen wie einen alten Bekannten. Sie würde wütend davonstürmen.«

»Vielleicht kehrt er gerade in diesem Moment zu ihr zurück?«

»Dann ist er ein Trottel. Ich komme oft hierher und schaue mir die Menschen an. Dann probe ich mit Indaro oder Chrysimallo, schließlich muss ich wissen, ob ich sie gut nachahme. Die Pantomimin der Grünen darf einfach nicht besser sein als ich.«

Zwei Tage später war Theodora an der Reihe, bei Tagesanbruch das Bürgerbrot zu holen. Dieses Brot hatte Konstantin allen Haus- oder Wohnungsbesitzern der Stadt zugesichert, damit wollte er den Römern einen Anreiz geben, sich in der neuen Hauptstadt niederzulassen. Theodora war es gewohnt, früh aufzustehen, sie mochte die Atmosphäre dieser morgendlichen Begegnungen, wenn die Bewohner Konstantinopels, vom Lautenschläger bis zum Philosophen, vom

Lastenträger bis zum Beamten, vom Bade-Angestellten bis zum hohen Offizier ihre Meinung zu allen menschlichen und göttlichen Fragen kundtaten. Als sie ankam, warteten bereits Dutzende von Bürgern, dass man die Pforten öffnete. Viele grüßten sie, doch ein Rhetor herrschte sie an: »Merke, o junges Mädchen, dass du zu dieser Treppe gehst wie eine Kuh zur Tränke, unwissend, gleichsam ein Tier!«

»Und was soll ich deiner Meinung nach tun, alter Trunkenbold?«, entgegnete Theodora belustigt. »Soll ich an Gottes Güte denken, die das Korn in Ägypten wachsen lässt? Ich gehe diese Treppe hoch, weil der Name unseres Hauses auf der ehernen Tafel geschrieben steht, die du dort hinten siehst. Außerdem habe ich eine Wachstafel in der Hand, die beweist, dass ich die Mauern und das Dach meiner Behausung nicht beschädigt habe.«

»Und wenn du das Täfelchen gestohlen hast?«

»Das hat uns der Präfekt für das Bürgerbrot gegeben«, protestierte sie.

Eine weibliche Stimme fuhr dazwischen. »Was bist du nur für ein Griesgram, dass du schon am frühen Morgen junge Mädchen beschimpfst?«

»Fürchterlich sind Frauen, die handeln ohne nachzudenken«, gab der Rhetor zurück.

Eine alte Stickerin übertönte den darauf einsetzenden Tumult. »Und mir hat ein Astrologe versichert, dass eines Tages die Frauen regieren werden.«

»Heilige Muttergottes«, entgegnete eine Frau, »wer glaubt noch den Astrologen, seit Christus auf die Welt gekommen ist? Sieh an, da ist ja Uranius! Glaubst du auch, dass die Welt eines Tages von Frauen regiert wird?«

Theodora lächelte, und von diesem Lächeln ermutigt, das ihren Streit aus der Welt schaffte, verkündete der Wagenlenker: »Also, ich halte lieber den Mund, als über Dinge zu reden, von denen ich nichts verstehe.«

»Dank sei dir, o Sokrates«, sagte der Philosoph. »Endlich ein Mensch, der weiß, dass er nichts weiß.«

Ein Sklave näherte sich der Treppe, formte seine Hände zur Röhre und rief: »Ich suche eine gewisse Theodora, Schauspielerin im Hippodrom!«

»Willst du mich etwa auch beschimpfen?«, fragte das junge Mädchen.

»Nein«, erwiderte der junge Sklave. »Ich komme auf Befehl meines Herrn und soll dich heute Abend zum Essen laden.«

»Schon heute Abend!«, rief die Stickerin entrüstet. »Wie unhöflich! Selbst der Kaiser lädt seine Gäste am Vorabend ein.«

»Sie kommt nicht«, verkündete Uranius.

»Sie kommt nicht«, wiederholte die Menge im Chor.

»Ich komme nicht.« Theodora ließ sich von der allgemeinen Empörung mitreißen.

Der Sklave nickte: »Ich werde es meinem Herrn, dem Senator Libanius ausrichten.«

»Das muss der sein, der dich auf dem Augusteum angestarrt hat«, meinte Uranius und war froh, dass er das heikle Thema so gut bewältigt hatte.

»Wahrscheinlich«, sagte sie mit gespielter Unbefangenheit, während sie innerlich mit Uranius haderte, weil der als Erster die Einladung abgelehnt hatte, und mit sich selbst, weil sie der allgemeinen Stimmung nachgegeben hatte. Die

43

gute Gelegenheit war in Reichweite gewesen und sie hatte sie vorbeigehen lassen, weil sie, pfui Teufel, aus Gewohnheit den Menschen gefallen wollte. Der Senator würde bestimmt an ihrer Ablehnung – noch dazu einer öffentlichen – Anstoß nehmen und keine neue Kränkung hinnehmen.

Doch das Glück war Theodora hold: Am nächsten Tag kam während des Mittagessens derselbe Sklave und lieferte im Haus des Bärenwärters einen Brief für Theodora ab. Da niemand in ihrer Familie lesen konnte, lief sie zum Stadtpräfekten zwei Häuser weiter und streckte ihm den Brief hin, denn er konnte lesen und rechnen.

Er las vor: »Grüße von Libanius, dem Senator, an Theodora. Wenn es Dir gefällt, so geselle Dich am kommenden Dienstag um fünf Uhr nachmittags zu meinen Gästen. Ich würde mich über Dein Erscheinen freuen. Gehab Dich wohl.«

Der Stadtpräfekt wiegte staunend den Kopf, während Theodora vor Freude Luftsprünge machte.

»Er hat mich für kommenden Dienstag eingeladen«, rief sie ihrer Mutter zu.

Diese war weniger begeistert: »Hüte dich, das sind keine Leute wie unsereins.«

»Ich finde es gut für dich«, sagte Anastasia, die mit ihrem ovalen Gesicht ihrer Schwester ähnlich sah, nur dass sie mit ihren veilchenblauen Augen sanfter wirkte.

Sie war drei Jahre jünger als Theodora und die ständige Friedensstifterin zwischen ihr und Komito, und nur Theodora war sich bewusst, wie unendlich großzügig ihre kleine Schwester war.

Komito fand sich nur schlecht damit ab, dass sie im Schatten des zunehmenden Erfolgs ihrer jüngeren Schwester stand, und fragte hämisch: »Und was willst du anziehen?«

Zu ihrem Kummer besaß Theodora nichts aus Seide. Aber bei wem etwas ausleihen? Chrysimallo und Indaro, ihre Busenfreundinnen, erhielten die Aufgabe, in ihrer Verwandtschaft Tunika, Umhang und Seidenschleier aufzutreiben, wenn möglich nicht zu abgetragen, und zumindest ein Schmuckstück. Aber alles, was sie fanden, war unbefriedigend. Und als sie endlich eine Tunika in der richtigen Größe präsentierten, entsetzte sich die Mutter: »Aber doch nicht dieses Hellrot! Dazu bist du zu blass, Kind, du siehst darin fast gelb aus, die halten dich noch für krank. Die einzige Farbe, die dir steht, ist Purpur. Schade, dass sie dem Kaiser und seinen Würdenträgern vorbehalten ist. Blau geht auch, aber niemals Gelb oder Hellrot oder Hellgrün. Und was Schmuck angeht, lieber Perlen und Diamanten als Gold, glaub mir.«

»Es geht hier nicht nur um Perlen und Diamanten«, sagte Komito ungeduldig. »Man geht zu solchen Leuten eben nicht mit einer einzigen Tunika, sie braucht wenigstens zwei.«

Am Abend vor dem Empfang bei Libanius war die Kleiderfrage noch immer nicht gelöst. Theodora konnte es drehen und wenden, wie sie wollte, sie musste sich Antonina anvertrauen. Ihr lag zwar der Zwischenfall mit Uranius noch im Magen, aber aus taktischen Gründen war es nicht schlecht, sich mit Antonina gut zu stellen. Außerdem hatte sie gar keine andere Wahl.

Antonina wohnte südwestlich der Hagia Sophia hinter der Irene-Kirche in einem kleinen Haus, das durch zwei Balkone im ersten Stock bestach. Sie war neunundzwanzig Jahre alt und hatte bereits ein abenteuerliches Leben hinter sich, folgte jedoch nicht dem Beispiel anderer Kurtisanen, die sich einen Ehemann hatten angeln können. Sie führte kein untadeliges Leben abgeschieden in den Frauengemächern, nur damit man ihre Vergangenheit vergaß. Nein, sie war brennend ehrgeizig und ebenso selbstsüchtig und wollte ihr lustiges Leben noch lange genießen.

Die erste Begegnung dieser beiden Frauen war exemplarisch für ihre weitere Beziehung. Beide wollten nach oben, beide waren Meisterinnen in der Kunst zu gefallen und beide hegten geheime Hintergedanken. Theodora, der Neuling in diesen Dingen, überwand sich und bat die Erfahrene um Hilfe. Antonina hingegen gab Menschen, die ihr vielleicht einmal nützlich werden konnten, gern eine Chance. Sie war selbst zum Fest bei Libanius geladen, einem bezaubernden Mann mit einer sehr reichen Frau, aber sie wollte nicht hingehen, weil ihr Mann, ein Offizier, krank daniederlag. Und so lieh sie Theodora mit einem Lächeln Tuniken, Umhang, Schleier, Geschmeide und Halbstiefel aus.

Theodora brannte zwar vor Neugier hinsichtlich des Senators, doch sie schluckte ihre Fragen hinunter, es war besser, wenn sie herunterspielte, wie wichtig ihr diese Einladung war. Sie wählte eine veilchenblaue Tunika und einen hellgelben Umhang, rosenfarbene Halbstiefel, einen zur Tunika passenden Schleier und dankte Antonina sehr herzlich.

Gegen Abend ging sie zur Bibliothek und fragte nach Narses. Würde er sie morgen bis zum Haus des Senators begleiten? Uranius hatte nicht frei, und sie konnte unmöglich allein hingehen.

Die Bitte überrumpelte Narses, und er wollte sie ihr gerade abschlagen, als er merkte, wie erschrocken ihre dunklen Augen blickten. Er kannte das bittere Gefühl der Enttäuschung und Angst nur zu gut, das mussten andere nicht auch durchmachen.

»Vielleicht ist er wirklich fett und hässlich …«, sagte er und musterte seine neue Freundin besorgt.

»Nein, nein, er ist bestimmt ganz bezaubernd.«

»Hässlich und bezaubernd, na gut. Bleibt noch die Möglichkeit, dass er dumm und bezaubernd ist.«

Theodora ließ sich die Vorfreude nicht verderben. »Ich erwarte dich morgen Nachmittag.«

Sie bereitete sich auf den Abend so sorgfältig vor wie ein General auf eine Schlacht und ging früh schlafen, damit sie ausgeruht aussah. Morgens traf sie sich mit Uranius im Versteck, denn Liebe machte bekanntlich schön. Und in ihrer Phantasie genoss sie bereits den Erfolg dieses Abends und träumte von einer Zukunft mit dem verheißungsvollen Unbekannten.

Kapitel drei

Nachdem Theodora das Badehaus wieder verlassen hatte, sich angekleidet, mit Duftwasser betupft und geschminkt hatte, kniete sie vor dem kleinen Hausaltar mit den Heiligenbildnissen nieder, der unter dem großen Kreuz im Hauptwohnraum angebracht war. Sie vertraute Gott ihre großen, wenn auch verschwommenen Hoffnungen an, doch dann schweiften ihre Gedanken ab: Bloß nicht bewegen, damit der Schweiß nicht die Schminke verlaufen ließ, Kräfte sparen, damit sie nicht vor der Zeit müde wurde, Gott noch einmal anflehen, dass dieser Abend ihr Leben ändern würde.

Von der Straße hörte sie durch die geöffnete Tür die Gespräche der Vorbeigehenden, Kinderlachen, dann die hastigen Schritte eines Mädchens, das mit dünner Stimme schrie: »Lass mich, lass mich, ich will nicht, ich bringe mich um!«

»Der Himmel möge dich strafen, du alte Hurenmutter!«, rief ein Mann. »Dafür schmorst du für alle Ewigkeit in der Hölle.«

Theodora erschauerte. War das ein schlechtes Vorzeichen? Und da Frömmigkeit und kindlicher Aberglaube bei Theodora fröhlich Hand in Hand gingen, hatte sie plötzlich Angst, die Abendgesellschaft bei Libanius könnte ihr Untergang werden.

48

Da kam die Mutter in die Küche. »Das arme Ding! Wird bei der ersten Krankheit auf die Straße gesetzt! Gott sei gepriesen und gelobt, dass er meine Mädchen vor diesem Los bewahrt hat.« Und wie üblich machte sie einen Gedankensprung und setzte hinzu: »Und du, Kind, pass heute Abend gut auf dich auf. Trink nicht zu viel Wein, denn das bist du nicht gewohnt, und – hörst du mir überhaupt zu? – schlafe nicht gleich mit dem Erstbesten.«

»Mama, das sind Edelleute!«, protestierte Theodora.

»Edelleute hin, Edelleute her, sie sind genau wie alle anderen. Wie kommst du zu dem Senator? Hast du einen Begleiter?«

»Narses wird mich begleiten.«

Die Mutter seufzte abgrundtief. »Willst du damit etwa sagen, dass du es mit einem Eunuchen treibst, ausgerechnet du, die keinen roten Heller hat? Was will er bloß von dir? Warum interessiert er sich für dich? Wenn du mich fragst, so heckt er irgendeinen teuflischen Plan aus. Die Sorge um dich bringt mich noch um den Verstand.«

Theodora antwortete nicht. Nach einer Weile hörte sie die Tritte der Maultiere, die nahe beim Haus stehen blieben, ging grußlos hinaus und stieg in den bescheidenen Wagen.

»Meine Mutter glaubt, dich schickt ein Dämon«, begrüßte sie Narses. »Sie will sich nicht eingestehen, dass ich mich nur weigere, ein Leben wie sie zu führen.«

Narses wollte etwas einwerfen, doch sie streckte ablehnend beide Hände aus: »Sag jetzt nichts. Ich muss nachdenken.«

Sie zog sich in sich selbst zurück, wollte keine Energie vergeuden, denn hinter sich spürte sie, wie ihre Familie auf der

Lauer lag, und vor ihr lag so viel, was nicht vorauszusehen war. Die Fahrt war kurz. Schon bald trappelten die Maultiere den Hang zur Akropolis hoch, wo ein gewundener Weg um blumenbewachsene, von festen Steinmauern gestützte Terrassen führte. Sie fühlte sich stark und ängstlich zugleich, denn jetzt betrat sie das Gebiet der Reichen. Vereinzelt standen dort Ulmen, Buchen, Linden, weiter unten zierte eine Zypressenallee die Gegend, und das muntere Gezirpe der Grillen übertönte sogar das Plätschern der Springbrunnen. Am Ende der Auffahrt tauchte das Haus des Senators mit seiner Fassade aus grünem und rosigem Marmor auf, im Giebeldreieck ein Vogelmosaik, die Tür aus Ebenholz und Nägel mit großen Köpfen. Davor waren bereits viele Wagen abgestellt.

»Soll ich dich wieder abholen?«, fragte Narses.

»Vielen Dank, aber das musst du nicht«, sagte sie, denn insgeheim erhoffte sie sich eine verheißungsvolle Liebesnacht, und die wollte sie nicht von vornherein gefährden.

Narses stieg ab und verkündete dem Zeremonienmeister Theodoras Namen. Dieser verschwand und meldete sie dem Senator, der sofort aus dem Haus geeilt kam.

Der Hausherr war so, wie sie ihn sich in ihren schönsten Träumen ausgemalt hatte: dreißig Jahre alt, ein ungemein fein geschnittenes Gesicht mit verträumten Augen, sinnlichem Mund, kleinem Grübchen am Kinn, insgesamt recht weiche Gesichtszüge, die ihn sanft und zärtlich wirken ließen. Er betrachtete Theodora wie eine Erscheinung und sie blickte ihn mit funkelnden Augen an. Er nahm sie bei der Hand und führte sie in den großen Mittelsaal. »Es ist mir eine große Freude, dich in meinem Haus begrüßen zu können.«

Von der Seite flüsterte ihm ein Diener etwas zu. Er nickte und sagte zu Theodora: »Entschuldige mich, ich muss den Statthalter des Kaisers begrüßen. Geh nicht fort!«

Damit ließ er sie inmitten der Gäste stehen. Theodora bemühte sich um äußerliche Gelassenheit und bewunderte interessiert den Mosaikfußboden, die bemalten Wände, die silbernen Kandelaber, die Polster aus bestickter Seide. Dann musterte sie die Anwesenden und ordnete sie aus alter Gewohnheit nach Kleidung, Gürtel und Geschmeide in Senatoren, hochfahrende Männer römischer Abstammung oder Byzantiner seit mehreren Generationen ein, in Kaufleute aus der Provinz, die in diesem, noch nicht in Traditionen erstarrten Konstantinopel hofften, die gesellschaftliche Leiter leichter erklimmen zu können. Ferner entdeckte sie einige hochrangige Offiziere, zwei mächtige Eunuchen, Beamte, einen Bischof und den Demarchen der Grünen, den Theodora lieber übersah. Sie stand da wie ein vereinzelter Baum, bemerkte das belustigte Staunen oder die Herablassung der Männer und fühlte sich völlig fehl am Platz. Warum hatte man sie eingeladen, wenn man sie so stehen ließ? Ein Diener bot ihr mit verständnisvoller Miene Obstsaft an. Niemand unter den Mächtigen richtete das Wort an sie. Der Abend war ein Reinfall, doch noch war es zu früh zum Gehen. Sie merkte, wie sie rot wurde, und verzog sich betont lässig auf die Terrasse. Der Blick von dort war überwältigend, zur Rechten wurden die Kuppeln der Kaiserpaläste von der untergehenden Sonne vergoldet, gegenüber grünten üppig die Hügel Kleinasiens, zu ihren Füßen lag das Meer mit seinen weißen Segeln, die den Häfen zustrebten.

»Ich habe dich schon gesucht«, sagte die einschmeichelnde Stimme des Senators. »Bitte verzeih, aber ich habe hohen Beamten gegenüber Pflichten, die ich nicht vernachlässigen darf, und dieser war ein furchtbarer Schwätzer. Möchtest du Wein oder Kuchen?«

»Wein bitte, aber nur ein klein wenig.«

»Es ist schön auf der Terrasse, nicht? Ich werde dieses Blickes nie überdrüssig. Meine Vorfahren haben das Gelände schon zu Zeiten des alten Byzanz ausgesucht. Anfangs gab es hier nur ein kleines Holzhaus, aber jede Generation hat dann daran weitergebaut.«

Sie lauschte hingebungsvoll, ließ sich von seiner Stimme bezaubern, von dem langen und prächtigen Stammbaum beeindrucken, bewunderte so viel Ansehen und übersah die unterschwellige, kindliche Eitelkeit, die sich wie ein roter Faden durch seine Aufzählung zog. Das Interesse, das der Hausherr ihr erwies, ermutigte die anderen Gäste, sich an der Unterhaltung zu beteiligen.

Umgeben von hehren Geistern, wie sie glaubte, fühlte sich Theodora wie im Traum. Sie lächelte in die Runde und staunte, dass sie mit diesen bisher unerreichbaren Menschen zusammen sein durfte. Wie sollte sie, das kleine Mädchen aus dem Volk, auch darauf kommen, dass der äußere Schein trog.

Als es dunkelte, zündeten Diener Lichter in den Kandelabern an, und die seidenen Tuniken, die Ringe, die Diamanten auf Ketten und Gürteln, die langen Ohrgehänge und die Perlen auf den Fibeln schimmerten und glänzten. Man schnürte die Sandalen auf und machte es sich auf Klinen, den Ruhelagern bequem – diese römische Sitte hatte sich bei

großen Empfängen erhalten. Theodora wurde zu Libanius'
Kline geführt, dem Ehrenplatz an einem runden Tisch mit
drei Ruheliegen. Sie kostete den Wein aus Gaza, der so be-
rühmt war, dass er sich bis Gallien verkaufte, eingelegte Oliven, große Artischocken, gebratene und scharf mit Senf,
Pfeffer und Knoblauch gewürzte Schweinepfötchen. Aber
noch verführerischer als all der Aufwand war Libanius
selbst. Er verzauberte sie mit seiner Zärtlichkeit, seiner Höf-
lichkeit, seinen anmutigen Gesten, seinem melodiösen Tonfall. Der Wein tat seine Wirkung, sie ging aus sich heraus,
lachte herzhaft, redete laut und merkte gar nicht, dass ihre
Stimme viel zu weit trug und sich andere über sie lustig
machten.

Der Statthalter des Kaisers rief zu ihr hinüber: »Und was
denkt unsere schöne Pantomimin über die wahre Natur
Christi?«

Damit lockte er sie auf schwieriges Terrain, denn die Auseinandersetzungen um dieses Thema erhitzten Tag für Tag
die Gemüter, da die christliche Religion zwar bereits vor
fünfhundert Jahren entstanden war, aber erst seit zwei Jahrhunderten für das gesamte Römische Reich galt. Zu dieser
Zeit drehte es sich hauptsächlich darum, ob sich in der Person Christi eine menschliche und eine göttliche Natur vereinen ließen. Die Orthodoxen erkannten diese zweifache
Natur an, während die Monophysiten Christus nur eine
göttliche Natur zubilligten, wohingegen seine menschliche
Natur dahingeschwunden sei wie ein Tropfen Honig im
Wasser.

Theodora war klar, wohin die Frage zielte, und sie wusste,
dass sie weder der einen noch der anderen religiösen Rich-

tung mit Argumenten gerecht werden konnte. In ihrer Familie war man seit jeher Monophysit, ohne genau sagen zu können, warum. Zunächst suchte sie verzweifelt nach einer passenden Entgegnung, doch dann antwortete sie lächelnd: »Ist das wirklich der richtige Augenblick, eine so ernste und oft leidvolle Frage anzuschneiden?«

Libanius, der eine lebhafte Auseinandersetzung befürchtete, befahl seinen Dienern, den Gästen noch mehr Kuchen, Obst und vor allem Wein anzubieten, dann rief er: »Applaus für die kappadokischen Musikanten! Sie spielen jetzt einen Tanz.«

Doch zu spät. Der Bischof verteidigte wortgewaltig Kaiser Anastasius, der offen auf der Seite der Monophysiten stand. Sogleich empörten sich die Orthodoxen über die Verfolgungen, denen sie ausgesetzt waren. Ein Offizier schwenkte triumphierend einen Papyrus und schrie: »Hier ist die neueste Liste der orthodoxen Priester, die verbannt werden sollen!«

Dutzende von Händen streckten sich aus, griffen nach der Liste der Verbannten, doch da rief der Statthalter spöttisch: »Möge die schönste Stimme dieses Abends das kaiserliche Urteil verlesen. Theodora, komm her.«

Theodora warf Libanius einen flehenden Blick zu, doch der hob hilflos die Hände.

»Geh schon.«

Das junge Mädchen stand auf, nahm den Papyrus, den ihr der Offizier reichte, musterte die völlig unverständlichen Zeichen, die darauf geschrieben standen, und wurde so blass wie das Blatt. Sie räusperte sich mehrmals, brachte aber kein Wort heraus.

54

»Bist du etwa eine Orthodoxe?«, spöttelte der Offizier.

Theodora bekam ihre Panik in den Griff und sagte mit etwas gequälter Stimme, aber dennoch freundlich: »Märtyrer haben schon immer zur höheren Ehre Gottes beigetragen.«

Damit knüllte sie das Blatt zusammen und schob es in ihren Ausschnitt. Die Gäste atmeten auf und Libanius lachte erleichtert: »Zwischen deine Brüste verbannt zu werden, ist eher eine Gnade als eine Strafe! Trinken wir auf deine Schönheit!«

Die Becher wurden geleert, und fröhliche kappadokische Tänze lockten die Versammelten auf die Terrasse, wo sich Libanius zu seinem Ehrengast gesellte.

Theodora erholte sich allmählich. Sie war knapp einer Katastrophe entronnen und ihr war klar geworden, dass es nicht reichte, sich in Seide zu kleiden, wenn man zu der Welt der Mächtigen gehören wollte. Sie wusste nichts über ihre Sitten, ihre Reaktionen, ihre Bildung, sie war hier fremd und wurde so auch von ihnen behandelt. Das machte sie vorsichtig, beinahe steif.

Libanius dagegen lobte sie überschwänglich. »Das hast du wunderbar gemacht! So viel Geistesgegenwart, so viel Spott und so viel … Wagemut«, sagte er und ließ seine Blicke begehrlich über ihre schlanke Gestalt wandern. »Ich wusste es! Ich wusste es sofort, als ich dich auf dem Augusteum sah.«

»Was hast du gewusst?«

Statt einer Antwort blickte er sie zärtlich an, so zärtlich, dass sein Blick sie wärmte, als kuschelte sie sich in einen Pelz aus Sibirien.

Schön ruhig bleiben, sagte sie sich, für heute Abend hast du genug Dummheiten begangen.

Doch dem gewinnenden Wesen des Senators war nur schwer zu widerstehen, und sie hörte kaum noch, was er sagte. Von Zeit zu Zeit kam ein Gast und verabschiedete sich, ging zu seinem Wagen, und dann hörte man Räder knirschen. Andere Gäste verschwanden im Garten, von dort hörte man dann Gelächter und Geflüster.

»Auf der Schulter dieses Wagenlenkers, in deinem schlichten Leinengewand hast du schöner gestrahlt als in Seide. Du bist mir vorgekommen wie ein Engel, der vom Himmel gefallen ist.«

Von Müdigkeit, aufwallenden Gefühlen und Verlangen überwältigt, lehnte Theodora ihren Kopf an die Schulter des Senators. Sie spürte, wie dieser erbebte, sein Arm umfasste sie und er flüsterte ihren Namen, doch da trat ein Sklave zu ihnen.

»Herr, Theodoras Verlobter will sie abholen.«

Sichtlich ungern ließ der Senator sie los und beide begaben sich ins Vestibül, wo ein lächelnder Uranius stand. Er verbeugte sich vor dem Senator. »Sei gegrüßt, Libanius. Ich möchte meine Verlobte abholen, sie soll doch nicht allein nach Hause gehen.«

»Deine Sorge ehrt dich«, antwortete Libanius höflich und unterdrückte dabei ein spöttisches Lächeln, das der Pantomimin jedoch nicht entging.

Und zu ihr sagte er: »Gehab dich wohl. Ich danke dir, dass du diesen Abend verschönt hast.«

Als das Haus des Senators hinter ihnen lag, fuhr Theodora den Wagenlenker an: »Warum bist du gekommen? Ich habe dich nicht darum gebeten, oder? Weißt du, ich kann es nicht ausstehen, wenn man mich überwacht, mich ausspioniert.«

»Ich hatte gedacht …«

»Dann hast du falsch gedacht. Der Senator hätte mich auf keinen Fall unbegleitet nach Haus gehen lassen.«

»Man weiß doch nie, was sich bei solchen Leuten so alles tut.«

»Was sich da tut? Nur Angenehmes.«

»Etwa das, was wir beide sonst miteinander tun?«, fragte er aufgebracht.

»Vielleicht. Und jetzt halt den Mund. Ich bin müde.«

»Ich verstehe dich nicht.«

Uranius bereute es, dass er Theodora zum Augusteum mitgenommen hatte. Das hatte er nun davon. Ach, wie lustvoll war es heute Morgen doch noch gewesen!

Im Haus des Bären knarrte die Tür, dann hörte Theodora die Stimme ihrer Mutter. »War dein Abend schön?«

»Mhm. Ich bin müde, Mama.« Mit diesen Worten schob sie sich an der Mutter vorbei.

»Dann erzähle mir morgen, wie es war. Gute Nacht.«

Sie wäre gern allein im Zimmer gewesen, um ungehindert nachdenken zu können, denn die tiefen Atemzüge ihrer Schwestern störten sie. Sie sehnte sich nach dem Kuss, den sie nicht getauscht hatten und der dennoch auf ihren Lippen brannte. Ihr Körper verlangte nach seinen Händen, seiner Haut, seinem Mund und ihr Verlangen wuchs. Beglückt dachte sie, dass Libanius ihr Herz, ihren Verstand, ihren Willen erobert und ihre Hoffnung tatsächlich den Mann gefunden hatte, den sie sich ersehnt hatte. Sie überließ sich erst ihren sinnlichen Träumen, doch dann überwog die Scham. Sie hatte zu viel getrunken, unbedacht dahergeredet, sich lächerlich gemacht, sonst hätte der Statthalter sie nicht verspottet. Sie sah sich wieder unwissend und wortlos vor dem Papyrus, führte sich die hohnlächelnde Verachtung der Männer vor Augen. Schlimmer noch: Als Libanius sie so verloren erlebte, hatte er sie da für ein billiges Freudenmädchen gehalten? Wenn das der Fall war, wollte sie ihn nie, nie wiedersehen.

Als sie aufwachte, saß ihre Familie schon beim Morgenmahl um den Tisch, und jede nahm sich aus einem großen Napf Käse, Oliven, dünne Melonenscheiben und dazu ein Stück Brot. Anastasia goss Milch in kleine Näpfe und die Mutter und Komito musterten Theodoras Gesicht. Doch die knabberte an einer Scheibe Käse und schwieg vor sich hin.

»Du bist ja nicht gerade gesprächig«, seufzte die Mutter. »Da speist sie nun bei einem Senator und ist stumm wie ein Fisch.«

»Vielleicht ist ihr großer Hochmut ja vor dem Fall gekommen«, meinte Komito.

»Lasst sie in Ruhe«, sagte Anastasia mit einem freundlichen Blick zu ihrer Schwester. »Sie ist müde.«

»Das wäre das erste Mal, dass die nach einer Abendgesellschaft müde ist. Gewiss hat sie uns etwas zu verheimlichen«, gab Komito zurück und traf damit ins Schwarze.

Theodora sagte ausweichend: »Von meiner nächsten Einladung erzähle ich dann. Jetzt muss ich zur Gymnastik.«

Nachdenkliches Schweigen folgte.

Dann sagte die Mutter ernst: »Kind, ich freue mich, dass du einem Senator gefallen hast. Aber mach dir keine großen Hoffnungen. Genieße für einen kurzen Augenblick den Reichtum, aber häng nicht dein Herz daran. Zwischen einem Senator und unsereins erstreckt sich das Marmarameer und das reicht sogar bis Ägypten. Vergiss das nie.«

»Und lass dir Halbstiefel schenken, damit du nicht immer meine ausborgen musst«, meinte Komito sauersüß.

»Sei unbesorgt, die rühre ich nie wieder an«, antwortete Theodora, bedachte ihre Schwester mit einem verächtlichen Blick und verließ das Haus.

Entgegen ihrer Ankündigung schlug Theodora an diesem Morgen eine andere Richtung ein, ging zur Bibliothek und fragte nach Narses.

Der erschien schnell und musterte Theodora besorgt. »Was hast du auf dem Herzen?«

»Ich möchte bei dir lesen lernen.«

Narses machte große Augen. »Warum denn das?«

»Weil ich die Namen der Verbannten lesen möchte.«

Und da Narses nicht zu begreifen schien, erzählte sie ihm von dem Papyrus, auf dem die Namen der Orthodoxen standen, die verbannt werden sollten, und schloss: »Aber ich muss es schnell lernen.«

Narses betrachtete sie nachdenklich. »Man lernt nicht in zwei Tagen Lesen und schon gar nicht in deinem Alter.«

»Macht nichts. Ich schaffe das.«

»Willst du Griechisch oder Latein lernen?«

»Das Griechisch, das überall gesprochen wird. Wenn du willst, fangen wir heute während der Mittagsruhe an.«

»Wo?«, fragte der Eunuch im gleichen knappen Ton wie Theodora.

Weil Theodora Sticheleien ihrer Umgebung vermeiden wollte, wählte sie das Ufer des Lykos-Baches. Das war der ruhigste Ort der ganzen Stadt, denn im Winter während der Überschwemmungen ging die Strömung des Wasserlaufes zuweilen so hoch und heftig, dass niemand am Ufer zu bauen wagte. Nur Pappelreihen und trockene Gemüsefelder säumten den Lauf. Sie wollten sich auf der Höhe der Kirche der Heiligen Apostel treffen.

Unter den Bäumen war es nicht so heiß, auch wenn die Luft in diesem engen Tal richtiggehend stand. Und Theodora war so ungeduldig, dass sie als Erste da war. Narses ließ auch nicht lange auf sich warten, setzte sich neben sie auf die behelfsmäßige Bank und schlug das Johannes-Evangelium an einer bestimmten Stelle auf.

»Steht dort das Wort Gott?«, fragte Theodora.

»Ja, das da ist es. G o t t.«

»Gott«, wiederholte sie staunend. »Ich kann das Wort Gott lesen.« Und sie freute sich unbändig.

In diese geheime Welt des Lesens, die Priestern und Reichen vorbehalten war, konnte auch sie eindringen. Sie würde die unsichtbare Mauer überwinden, die Wissende von Unwissenden trennte, und Bildung erwerben, die ihr bisher verwehrt gewesen war. Doch sie hatte es sich leichter vorgestellt.

Während der ersten Unterrichtsstunde stellte sie fest, dass sie immer wieder vergaß, was sie gerade erst gelernt hatte. Geduldig begann Narses wieder von vorn, bis sich die Lettern in ihr Gedächtnis einprägten. Doch nach einer geschlagenen Stunde Arbeit passte wirklich nichts mehr in ihren Kopf.

»Machen wir Schluss«, meinte Narses. »Es braucht seine Zeit, bis man sich an eine längere geistige Anstrengung gewöhnt hat.«

»Morgen machen wir weiter«, sagte sie, stand auf und klopfte sich den Staub von der Tunika.

Und als sie dann an der Pappelreihe entlanggingen, fügte sie hinzu: »Danke, dass du mir hilfst. Ich habe mich gestern so blamiert.«

»Ich helfe dir gern.«

»Und ich helfe dir auch, wenn sich eines Tages die Gelegenheit ergibt. Soll ich dir etwas von meinem Abend erzählen? Der Senator ist wirklich bezaubernd.«

Und jetzt hieß es warten, Tag für Tag. Jeden Augenblick konnte eine Botschaft von Libanius eintreffen, und so hielt sie Augen und Ohren offen, horchte auf einen Schritt, der sich vor ihrer Haustür verlangsamte, wartete vor dem Hippodrom, dem Bäcker, und jede Enttäuschung schmerzte. Nach dem morgendlichen Training plauderte sie nicht mehr mit ihren Freundinnen, sondern täuschte Kopfschmerzen vor und traf sich entweder mit Narses oder lief rasch zum Augusteum. Dort überwachte sie den Eingang zum Senat, dessen Gebäude die Lücke zwischen Hagia Sophia und Großem Palast schloss. Vielleicht begab sich Libanius ja dorthin, und sie konnte ihm dann »zufällig« in die Arme laufen. Doch dann schoss ihr der Gedanke durch den Kopf, ein Sklave könnte bei ihr zu Hause sein, und schon rannte sie heim, wo

ihre Mutter die Spindel drehte und sich wunderte, dass keine
»nächste Einladung« kam.

Die Treffen mit Theodora störten Narses jedoch bei seiner
Arbeit. Er und seine drei Kollegen waren damit beauftragt,
das Archiv mit kostbaren Manuskripten zu bereichern. Narses schrieb die lateinischen, griechischen und armenischen
Texte ab, die anderen kümmerten sich um die hebräischen,
ägyptischen, syrischen und persischen. Der große Raum war
trotz hoher Fenster recht düster und an den Wänden reihten
sich große Holztruhen, in denen sich Manuskripte häuften.
Nicht alle zwanzigtausend Texte befanden sich in diesem öffentlich zugänglichen Raum, viele türmten sich in kleinen
benachbarten Sälen. Ein ganzer Raum war der *Ilias* und der
Odyssee von Homer gewidmet, beides in Goldlettern auf
Drachendarm geschrieben, der an die hundertzwanzig Fuß
maß. Im Lesesaal war es so still, dass man das Kratzen des
Schilfrohres auf Papyrus, das Eintauchen in den Tuschetopf
und das Rascheln der Pergamente hören konnte.
    Zuweilen klopfte ein Besucher an die Tür, bat um ein Ma-
nuskript, das er dann auf einem langen Tisch ausbreiten
konnte, wo Öllampen das unerlässliche Licht spendeten.
Die Stille dieses Ortes verlockte dazu, den Gedanken freien
Lauf zu lassen, und Narses' Gedanken drehten sich immer
wieder um die Pantomimin. Und als seine schöne, gleich-
mäßige Schrift dann Schlenker aufwies, ging er in sein Zimmerchen. Dort stand sein Bett, ein Holzrahmen mit über
Kreuz gespannten Seilen und einer dünnen Wollmatratze,
dazu ein Stuhl und ein Hausaltar mit einer Vielzahl Ikonen
der Muttergottes.

Er betete im Stehen vor dem Altar und bat Maria um eine Erklärung für sein Verhalten. Wie sollte er seine Hilfe für Theodora rechtfertigen? Wissen war ein Privileg, es erschloss die Gedanken hehrer Geister von einst, die in Vergessenheit geraten waren, und die von Aposteln und Kirchenvätern, welche oftmals falsch ausgelegt wurden. Andererseits wusste er nur zu gut, was eine ärmliche Abstammung bedeutete, kannte die sich daraus ergebende Ungerechtigkeit. Hinzu kam das wunderbare Gefühl, gebraucht, geschätzt, bewundert zu werden – die ehrliche Zuneigung einer Frau war ihm bislang fremd gewesen. Er hatte die gleichzeitig sprunghafte und nachdenkliche, warmherzige und zurückhaltende Pantomimin lieb gewonnen. Was würde wohl eines Tages aus ihrer aufkeimenden Freundschaft werden, wenn er der wahren Theodora begegnete, die auf perlenbestreuten Pfaden wandelte?

Ende Juni, als die Hitze schier unerträglich wurde, sah er Theodora mit einem Briefchen gelaufen kommen. Die Tränen standen ihr in den Augen.

»Ich kann nur die Wörter ›Theodora, meine Frau, morgen, Libanius‹ lesen. Er hat mir geschrieben, weil er mir von seiner Frau erzählen will! Er ist so reich, dass er sich ganz nach Belieben Menschen kaufen kann! Es ist ungerecht, so ungerecht!«

Sie streckte Narses das Briefchen hin und der las ihr laut vor: »Sei gegrüßt, Theodora! Um der Sommerhitze in der Stadt zu entfliehen, verlässt meine Frau morgen Konstantinopel und begibt sich in unser Haus am Schwarzen Meer. Hiermit lade ich Dich für Mittwoch zu einer Bootsfahrt ein.

Möchtest Du mitkommen, so finde Dich bei Tagesanbruch im Hafen des Phosphorion am Goldenen Horn ein. Ich erwarte Dich mit klopfendem Herzen. Libanius.«

»Willst du die Einladung etwa ausschlagen?«, fragte der Eunuch lächelnd.

Sie sah ihn an, als wäre er von Sinnen, dann nahm sie es mit Humor. »Eher gehe ich ins Wasser.«

»Sei bitte vorsichtig. Er ist ein Heide«, warnte Narses.

»Woher weißt du das?«

»Weil er an seiner Hausfassade kein christliches Symbol hat.«

Erstaunlich. Ein flüchtiger Blick hatte Narses genügt, das zu bemerken.

»Ach, Narses, ich bin ja so glücklich.«

Narses wiegte den Kopf: »Hüte dich vor überschwänglicher Freude.«

»Alter Miesmacher, du hängst an deinen Bedenken wie der Gehängte am Seil! Bis bald! Und bleib nicht zu lange hängen, das könnte tödlich sein! Ich gehe jetzt und gebe dem Sklaven Antwort. Er wartet auf mich.«

Narses blickte hinter ihr her und verstand die Welt nicht mehr. Was hatte sie von einem Senator schon zu erwarten? Geld, Essen, Kleidung, aber nichts, was einer wirklichen Anerkennung, einer gesicherten Position gleichgekommen wäre. Ja, er war eifersüchtig auf den Mann, der im Herzen des jungen Mädchens so viel Platz einnahm, und er war beunruhigt, weil dieses Herz ganz gewiss Schaden nehmen würde. Andererseits freute er sich, dass sie seine Hilfe offensichtlich noch immer brauchte – er würde sie also nicht gleich wieder verlieren.

Kapitel vier

Bei Tagesanbruch stand sie auf, zog eine lange Leinentunika und ihre hübschen Sandalen mit den roten Lederriemen an und öffnete sehr vorsichtig die Tür zum Wohnraum.

Ihre Mutter war bereits auf und bereitete beim Schein einer Öllampe einen empfängnisverhütenden Absud aus Granatapfelschalen, Harz und Rosenöl zu.

»Kind, ich mache dir Verhütungsmittel, trink das hier und führe einen Bausch aus Wolle ein. So aufgeregt, wie du bist, wagst du es ja doch nicht, den Senator darum zu bitten, sich vorzusehen. Da musst du eben vorsichtig sein. Ich habe seinen Sklaven ausgehorcht. Der kannte die Botschaft auswendig, falls niemand im Haus lesen könne. Eigentlich durfte er sie nur dir sagen, aber ich habe sie aus ihm herausgelockt.«

Vor lauter Aufregung war Theodora weicher gestimmt als gewöhnlich, daher rührte sie die ungewohnte Fürsorge ihrer Mutter, die sonst nur Komito galt. Sie musste sie beruhigen.

»Er ist ein sehr aufmerksamer Mann.«

»Das kennt man. Ein Mann hört nie, was man ihm sagt, und erzählt einem alles, was man hören will, solange er seinen Liebstöckel noch nicht eingetunkt hat. Tu, was ich dir sage.«

Und dann entnahm sie einer Truhe einen Leinenbeutel und holte einen Bausch aus feiner Wolle heraus. Sie öffnete einen Krug, goss zwei Löffel voll Wein in einen Napf und vermischte sie mit zerstoßener Kiefernborke.

»Dass ich nicht lache, Mama. Vielleicht bleibt es ja bei einer Bootsfahrt.«

»Das würde mich sehr wundern, wenn ich dich so sehe. Bis zum Goldenen Horn komme ich mit. Ich habe mich noch nie in einem Gesicht geirrt, und auch der erste Eindruck täuscht mich nie.«

»Mama, bitte nicht, es ist doch nicht der erste Mann, mit dem ich mich treffe.«

»Gott sei Dank! Aber mit so Edelleuten kennt sich unsereins nicht aus, wir wissen nicht, wie sie leben, und nach dem, was du mir erzählt hast, machen sie mir Angst. Das ist kein Uranius, kein Bäcker, keiner von den zahllosen anderen … Schluss jetzt, schlafende Löwen …«

Theodora tränkte den zarten Wollebausch in der Rezeptur ihrer Mutter und führte ihn zwischen ihren Schenkeln ein, wo er dafür sorgen sollte, dass kein Samen sein Ziel erreichte.

»Bist du jetzt beruhigt? Und nun lass mich gehen.«

Die Mutter blickte verständnisinnig.

»Gott behüte dich, mein Kind.«

Im blassen Frühlicht des nebligen Morgens gingen viele zur Arbeit. Theodora lief, ohne sich umzublicken und ganz in Gedanken an das Treffen mit dem Senator versunken. Nach all der Warterei, all den Tagträumen befürchtete sie, er könnte kleiner, kümmerlicher, unbedeutender sein, als sie ihn in Erinnerung hatte. Vor der Hagia Sophia merkte sie, dass sie viel zu schnell war, dass sie nur noch den steilen Abhang zum

Goldenen Horn hinuntergehen musste und dass sie die Erste sein würde. Und weil sie noch Zeit hatte, betrat sie die Kirche und betrachtete die Mosaiken überall an den Wänden, ohne sie jedoch zu sehen. Als sie wieder herauskam, färbte die aufgehende Sonne den Himmel rot. Sie beeilte sich.

An den Ufern des Goldenen Horns wimmelte es von wohlhabenden Familien, die zu ihren Sommerhäusern aufbrechen wollten. Unversehens erblickte sie ihn auf einem Landesteg mit einem Heiligenschein aus ersten Sonnenstrahlen, wie er sie mit den Augen suchte. Und in diesem Augenblick bedeutete der Senator für sie alle Wirklichkeit auf Erden, vereinte in sich Vergangenheit und Zukunft, und sie sagte leise:

»Danke, lieber Gott.«

Und was nun folgte, würde köstlich und unerwartet, sommerliches Liebessehnen sein, denn die Würfel waren gefallen: Er war der Erwartete, und er wiederum strahlte, als sie sich näherte.

»Ich habe an nichts anderes mehr als an dich denken können«, sagte er.

»Das ist Wahnsinn«, sagte sie.

Es war bereits warm, obwohl die Sonne noch gar nicht das europäische Ufer beschien, und Dutzende von Schiffen verließen den Hafen, segelten vor dem Südwind. Libanius war stolz auf sein Boot, dessen Großsegel bereits gehisst war, was wiederum die Ruderer freute, die sich auf Windstille eingestellt hatten. Theodora begrüßte die Seeleute höflich, ehe sie sich auf einem Stapel bestickter Kissen in einer Kabine aus Holz niederließ, die nur zu einer Seite hin geöffnet war und sie gut vor Wind und Sonne schützte. Wie oft schon hatte sie sich das Einschiffen zu privaten Bootspartien vom Ufer aus angesehen und wie oft hatte sie diese Menschen beneidet, weil sie festes Land verlassen und lockende Liebesfreuden und ein luxuriöses Leben genießen konnten, wovon sie nur träumte. Das Boot zog den Anker ein und segelte zum kleinasiatischen Ufer, und Libanius setzte sich neben sie und ergriff ihre Hand. O wie köstlich, Hände, die sich berührten und Geborgenheit, wiedergefundenes Kindheitsglück zusicherten.

»Ich habe befürchtet, dass der Kaiser dich zu sich befehlen würde«, sagte sie.

»Der Kaiser lädt immer am Vorabend ein. Und ohnedies wäre ich nicht gegangen.«

Sie war geblendet.

»Und du musst dem Kaiser nicht Folge leisten?«

»In Ausnahmefällen nicht.«

Und dann schilderte er mit schlichten Worten den Erwählten Gottes. Sie hörte ihm aufmerksam zu, merkte sich alle Einzelheiten, und dann lachte sie. Er sagte:

»Ich mag dein Lachen.«

Und sie mochte seine langen Sätze, die gegen Ende ausliefen wie Wellen am Strand, ein Kunstgriff, der seine Lässigkeit oder seine Unverschämtheit betonte. Schon bald befand sich das Boot auf dem Bosporus, und sie tat so, als kennte sie sich aus, obwohl sie noch nie in einem Boot gewesen war. Es musste zwischen den großen Handelsschiffen auf dem Weg vom Schwarzen Meer zum Mittelmeer oder umgekehrt und den leichten Fischerbooten und Fähren vorsichtig navigieren, auch weil das Doppelruder die Manöver verlangsamte.

In der Meerenge fühlte sich der Senator dann zu Hause, und sie sonnte sich in seinen Blicken.

»Erzähle mir von dem Statthalter des Kaisers, der mich an dem Abend so herausgefordert hat.«

»Ach! Der Statthalter! Der ist ein Kreuz! Hält verbissen den Staatssäckel zu und wird deshalb ständig um Geld angebettelt. Und dünkelhaft, wie er ist, genießt er es auch noch, die Bittsteller anzublaffen, sodass sich seine Umgebung für ihn schämen muss. Siehst du da oben das Haus, das gehört ihm und ist meiner Meinung nach genauso groß wie hässlich.«

»Ist er Senator?«

»Das geht nicht, meine Liebe, das geht nicht! Wer Senator werden will, muss Landbesitz und ein großes Grundvermögen haben und darf nicht der Sohn eines Händlers sein. Sonst«, so sagte er mit einem Seufzer, »könnte ja jeder Sohn eines Kesselschmiedes, eines Knochenhauers, eines Gerbers, ja sogar der eines Badewärters Senator werden! Zum Glück zählen die nicht zu den ›Erlauchten‹. Dort ist übrigens die Villa des Stadtpräfekten, ein ganz reizender Mann aus einer sehr alten Familie.«

Auf jeder Seite der Meerenge, auf dem kleinasiatischen Ufer wie auf dem europäischen, kannte Libanius die Hausbesitzer und wusste Lustiges über sie zu berichten.

Das Boot näherte sich dem europäischen Ufer.

»Dort ist mein Haus. Es ist bescheiden, weil mein Vorfahr es ein Jahrhundert vor den anderen Senatoren gebaut hat, und darum mussten nur wir eine furchtbar hohe Steuer zahlen, als Attila Konstantinopel gegen Geld verschont hat. Und warum sollte ich es ausbauen, wenn meine Frau das

Schwarze Meer vorzieht? Ich habe lediglich das Giebeldreieck verschönern lassen.«

Vom Ufer erreichte man das Haus über drei Terrassen, es war klein und mit weißem Marmor verkleidet. Auf dem Mosaik im Giebeldreieck entstieg Venus als Schaumgeborene dem Meer. Als Theodora sie lange betrachtete, sagte Libanius leise:

»Dein Bildnis ist bereits da.«

Sklaven kamen zum Landesteg gelaufen, als sie ihren Herrn sahen. Viele der Diener hatten die Pantomimin im Hippodrom gesehen, und ihr Name machte flüsternd die Runde.

Der Eunuch verbeugte sich.

»Sei gegrüßt, Herr. Alles ist nach deinen Anweisungen gerichtet.«

Und Theodora, die so gern allen gefiel, schenkte jedem ein kindlich gerührtes Lächeln. Libanius führte sie in einen bezaubernden Innenhof mit einem plätschernden Springbrunnen und zeigte ihr eine geöffnete Tür.

»Das Zimmer ist für dich, wenn du dich ausruhen möchtest.«

Sie trat ein, und eine griechische Dienerin um die dreißig mit ehrlichem und klugem Gesicht folgte ihr. Mit zufriedenem Blick musterte Theodora die Wandbehänge und den mit zierlichen Motiven bestickten Bettüberwurf, und dann entdeckte sie eine Truhe mit seidener Kleidung. Ihr Herz blieb fast stehen. Die Kleider der Ehefrau waren noch immer im Zimmer, eine schreckliche Mahnung, dass die andere immer gegenwärtig war.

»Schaff die Kleider der Erlauchten fort«, befahl sie mit ausdrucksloser Stimme.

»Die Kleider sind für dich. Der Herr hat mich vergangene Woche zum Einkaufen geschickt. Ich habe dich oft im Zirkus gesehen, wir haben die gleiche Größe.«

Oh, wie schön, Libanius hatte auf diesen Bootsausflug gewartet! Oh, wie schön, dass so viel Fürsorge ihr galt! Oh, wie schön der feine Seidenstoff der Sommertuniken in ihrer Hand knisterte.

»Wenn du dich ins Bad begeben möchtest«, sagte die Dienerin jetzt, »so wird der Herr es nach dir aufsuchen.«

Theodora badete, probierte alle Tuniken, alle Umhänge an und wählte Sandalen, die sich mit einer Rubinspange schließen ließen. Man kämmte sie, massierte ihr sacht Hals und Gesicht, und sie genoss die ungewohnte Muße.

Beim Mittagsmahl aus gebratenen Fischen, leichten Salaten und italienischem Käse waren beide sehr aufgekratzt, sie konnten das Ende kaum erwarten, freuten sich auf ihre erste Begegnung.

Libanius' Bett hatte einen Überwurf aus Purpurstoff, durch das Fenster wehte eine leichte Brise und zerteilte die Rauchschleier des Sandelholzes aus dem Räuchergefäß zu langen Schleiern. Er streichelte sie bedächtig und zärtlich, murmelte Gedichtzeilen, und sie verlor wie er bei diesen Wonnen ihr Herz. Bislang waren weder ihre unbefangene Beziehung zu Uranius noch die spielerischen früheren Liebeleien sinnlich so umwerfend gewesen.

Danach schlief sie auf der Stelle ein wie ein ermüdetes Kind. Libanius erhob sich schwankend, holte sich Fruchtsaft und setzte sich auf die Bettkante. Gerührt betrachtete er ihren zarten, weißen, im Schlaf zusammengerollten Körper, der gerade eben noch in seinen Armen gebebt hatte.

Das Geschenk, das sie ihm mit sich selbst machte, diese Leidenschaft, diese abgründige Lust, es war wie ein Traum. Die Welt der Dichter, diese heftige und zugleich empfindsame Welt, zu der er nur durch die Musik der Worte Zugang hatte, diese Welt war nun seine geworden. Er war stolz, endlich erlebte er die Leidenschaft, die so viele Dichter beschrieben, denn jetzt kannte er den Rausch der Sinne und verspürte überschwängliche Dankbarkeit Theodora gegenüber, die ihm die Pforten zu einem anderen Leben geöffnet und ihn in einen ekstatischen Wirbelwind hineingezogen hatte.

Sie waren für einen Tag gekommen, blieben jedoch zwei Wochen und versprachen sich, niemals voneinander zu lassen. Das Bad, die Meerenge, die Wäldchen, die Terrassen, alles diente ihren Liebesspielen. Der Senator liebte wie er redete, nämlich bedächtig und zärtlich, und dazwischen plauderte er, ein Herr seiner Zeit und seines Vermögens. Und Theodora wurde nie müde, ihm zuzuhören, wenn er von seiner Kindheit, seiner Ausbildung, seinen Freunden, seiner Familie erzählte, und bekam dabei Einblick in ein Leben des Wohlstands, sie, die so großherzig liebte und so neugierig war wie eine Anfängerin. Von ihrem eigenen Leben erzählte sie wenig, hatte Angst ihn zu erschrecken, ihn abzuschrecken, obwohl es ihren Stolz kränkte, dass er kaum Neugier zeigte. Wenn er mich liebt, dachte sie von Zeit zu Zeit, muss er mich so nehmen, wie ich bin.

Und weil sie diesen lässigen und verwöhnten Mann für sich gewinnen wollte, liebte sie ihn immer gewagter, immer

einfallsreicher, immer überraschender, immer abwechslungsreicher. Zuweilen erschien sie nackt unter ihrem Umhang, damit er staunte und seine Lust sich entzündete, oder
sie zog alle Tuniken übereinander an, damit er beim Ausziehen immer ungeduldiger wurde, und sie zähmte einen Delfin, den sie zum Andenken an den Retter der Menschheit
Noah nannte. Nachts, wenn der Bosporus verlassen lag,
tauchte sie bei Sternenschein nackt in die Fluten und umarmte das Tier, bis Libanius irgendwann rief:

»Theodora, komm zurück, und du, Noah, verschwinde!«

Dann schloss er die Tropfnasse in die Arme und flüsterte:
»Meine Venus, glaubst du, die Göttin ist neidisch auf
dich?«

»Göttinnen sind nicht neidisch, neidisch sind nur Frau-
en.«

Mitten im Monat Juli, als sie sich zum abendlichen Mahl im
Innenhof trafen, fuhr er zusammen, als er ihre Schritte hörte,
und sah sie an, als wäre sie eine Fremde.

»Hattest du mich vergessen?« Sie versuchte, es spaßig zu
nehmen.

»Geliebte«, sagte er und zog sie auf die Knie, »wie bist du
doch herrlich dumm. Mir geht eine Sache durch den Kopf,
die ich regeln muss. Wenn es dich nicht langweilt, verbringen wir zwei Tage in Konstantinopel und kehren dann ganz
schnell hierher zurück.«

Sie antwortete nicht, hörte kaum hin, merkte, er verhehl-
te ihr zum ersten Mal etwas. Ja, er hatte sie für einen Augenblick vergessen gehabt, für einen winzigen Augenblick
nur, aber dennoch vergessen. Und im Hinblick auf künftige

Zeiten musste sie sich Gedanken machen, wie sie so etwas in Zukunft verhindern konnte.

In Konstantinopel feierte man ein Fest im Haus des tönernen Bären. Theodora schenkte ihren Schwestern und ihren Freundinnen Indaro und Chrysimallo Tuniken und Schleier und schickte Anastasia zum Einkaufen: zwei Flaschen Wein und zwei Hähnchen. Die Mutter deckte den Tisch mit dem einzigen Tischtuch, einem Hochzeitsgeschenk, das noch nicht oft benutzt worden war.

Indaro und Chrysimallo wollten alles über Libanius' Haus wissen: Wie waren Möbel, Wandbehänge, Dienerschaft, Mahlzeiten? Theodora antwortete zurückhaltend, schließlich wollte sie ihre Familie mit dem Reichtum des Hauses am Bosporus nicht verdrießen. Noch weniger erzählte sie über den Senator, mochte ihren Schatz nicht teilen. Ihr kümmerlicher, magerer, alltäglicher Bericht nahm ihrer Liebe die Kraft, die Innigkeit, die unendliche Mannigfaltigkeit. Um weiteren Fragen aus dem Weg zu gehen, ging sie mit ihren Freundinnen in die Läden des Konstantins-Forums, sie suchte nach einer neuen Tunika für eine Dreizehnjährige, für Anastasia, und einem Geschenk für den Senator. Aber alles, was die beiden Schauspielerinnen als luxuriös vorschlugen, gab es im Haus des Senators bereits.

»Also, reichen Leuten kann man wirklich nichts schenken!«, sagte Chrysimallo bekümmert.

»Ich habe eine Idee«, platzte Indaro lachend heraus. »Auf dem Rinder-Forum gibt es einen Papagei. So etwas hat er gewiss noch nicht. Was meinst du?«

Theodora störte sich daran, wie Indaro Libanius einfach

»er« nannte, als handele es sich um irgendein Wesen männlichen Geschlechts, sagte aber nichts, weil sie ihre Freundin nicht verärgern wollte.

Der Papagei war jung, hübsch und grün und rot und gelb, wie es sich für einen Papagei gehörte. Indaro wollte ihm beibringen, Libanius zu sagen, aber Theodora wehrte sich und beschloss, ihn Noah zu lehren.

Nach einer halben Unterrichtsstunde konnte er diese zwei Silben recht ordentlich sprechen.

»Warum Noah?«

»Damit er abends den Delfin rufen kann. Und ich lehre ihn, auf seinen Rücken zu fliegen.«

»Du bist verrückt. Da ertrinkt er doch.«

Danach aß sie mit Narses auf dem Konstantins-Forum zu Abend. Es war noch immer sehr heiß. In den Wandelhallen brannten neben den Tavernen Fackeln.

»Sieh mich nicht an wie ein abartiges Tier«, sagte sie zu dem Eunuchen, der sie eingehend musterte.

»Ich bewundere deine Schönheit. Du siehst sehr glücklich aus.«

»Das bin ich auch. Es ist ein grenzenloses Glück, zu lieben und geliebt zu werden.«

»Und du lässt ihn nicht auch ein wenig leiden? Das würde ihn mir etwas sympathischer machen.«

Sie lachte.

»Eifersüchtig? Du bist ja eifersüchtig!«

Und das war er in der Tat, doch aus Gründen, die Theodora nur teilweise erriet. Es war keine körperliche Eifersucht, sondern eine geistige, denn er war so jung entmannt worden, dass er nicht unter geschlechtlichem Begehren litt. Bislang hatte das junge Mädchen artig auf seinen Rat gehört, und er hatte gern die Oberhand, wozu sich ihm nur selten Gelegenheit bot. Je mehr Einfluss Libanius auf seinen Schützling gewann, desto mehr würde seiner schwinden. Dennoch machte er sich diese Angst nicht richtig bewusst und schob eine andere vor, nämlich die um die Zukunft der Pantomimin.

»›Kein Vergnügen‹, so sagt ein griechischer Philosoph, ›ist an sich schlecht. Doch die Gründe für gewisse Vergnügen machen weitaus mehr Ärger als das Vergnügen selbst.‹«

»Und das soll heißen?«

»Dass du von einem Senator nichts zu erhoffen hast. Du bist Schauspielerin und …«

»Mach dir meinetwegen keine Sorgen. Er betet mich an.«

»Mag sein, aber vergiss nicht das Gesetz. Schauspielerinnen können keine Senatoren, keine hohen Beamten heiraten …«

»Das hat man mir schon gesagt. Ich mache mir nichts aus Heiraten.«

»Vielleicht, aber der Status einer Geliebten ist heikel.«

»Du willst mir ja nur einreden, dass Libanius mich eines Tages verlässt, und du denkst genau wie meine Mutter, dass ich Uranius heiraten sollte.«

»Libanius ist ein charakterloser Mensch.« Narses ließ nicht locker.

Jetzt wurde sie böse.

»Warum sagst du so etwas? Du kennst ihn doch gar nicht!«

Theodora schwieg einen Moment lang gereizt.

»Wenn du bei jeder Begegnung nur Schlechtes über Libanius zu sagen weißt, dann will ich dich nicht mehr sehen.«

»Ich sage ja auch nichts mehr.«

Und dabei blickte Narses so traurig, dass Theodora seine Hand ergriff.

»Du solltest dich über mein Glück freuen. Du bist und bleibst mein Freund, bis du irgendwann ein alter nachtragender Eunuch bist und der Vorsehung nicht mehr traust.«

Sie lachte.

»Mit einem Herzen wie deinem hätte die Jungfrau Maria selbst den Sohn Gottes nicht haben wollen.«

»Weiß er, dass du dich heute Abend mit mir triffst?«, fragte Narses.

»Nein, fürs Erste bleibst du mein Geheimnis.«

Er seufzte und rieb sich die Stirn, hinter der widersprüchliche Gedanken tobten.

Schließlich sagte er: »Du liebst den Reichtum mehr als den Menschen.«

Sie stand brüsk auf.

»Gehen wir. Ich habe keinen Hunger mehr.«

Die beiden schlugen eine breite Hauptstraße ein, die zum Marmarameer führte. Vor geöffneten Türen wuschen Frauen ihre Wäsche, Männer unterhielten sich, Himmel und Hölle spielende Kinder versperrten ihnen den Weg.

»Ich liebe Libanius, aber mich gelüstet auch nach dem Reichtum und dem Ansehen, die dazugehören. Ich habe schon sehr jung die Verachtung wie eine Ohrfeige gespürt. Von dem Tod meines Vaters Akakius, dem Bärenwärter, habe ich dir ja schon erzählt, und da waren wir drei Kinder noch ganz klein. Aber was dann passiert ist, das habe ich dir nicht erzählt. Der neue Lebensgefährte meiner Mutter, der dann auch gestorben ist, wollte Akakius' Arbeit übernehmen.

Doch die Partei der Grünen, zu der wir damals gehört haben, hat die Stellung gegen Bestechung einem Bewerber mit mehr Geld gegeben. Meine Mutter ist schier verzweifelt, weil wir völlig mittellos dastanden. Und weil sie die Grünen weich stimmen wollte, hat sie uns eines Tages, als der Zirkus voll besetzt war, Blumenkränze auf den Kopf gesetzt, hat selbst den weißen Schleier der Bittstellerin genommen und uns zwischen den Nachmittagsrennen in die Arena geführt. Ich war damals sechs und hatte schreckliche Angst vor dieser Menschenmenge, denn das Hippodrom ist mir riesig vorgekommen. Mitten auf der *spina* hat meine Mutter geschrien: ›Wollt ihr uns hungers sterben lassen?‹

Dann mussten wir die Ärmchen ausstrecken und mehrmals rufen: ›Wollt ihr uns hungers sterben lassen?‹

Ich habe in den Aufschrei meine ganze Not und mein Herz und meine ganze Hoffnung gelegt, aber die Grünen auf ihren Plätzen haben sich vor Lachen ausgeschüttet. Und haben gelacht und gelacht, das war wie Wellen, die heranrauschten, und es hat eine Ewigkeit gedauert. Ich bin von Kopf bis Fuß schamrot geworden und so traurig, dass ich mich am liebsten in den Bosporus gestürzt hätte. Danach weiß ich nichts mehr, aber ich soll noch stundenlang geschluchzt haben. Die Blauen haben sich unser erbarmt, aber diese Demütigung werde ich den Grünen nie im Leben verzeihen.«

»Christus ist auch gedemütigt worden.«

»Später habe ich mir vorgenommen, dieses Publikum, das sich getraut hat, über mich zu lachen, zu erobern, und ich habe mir geschworen, immer so viel Geld zu haben, dass ich niemand darum anbetteln muss.«

Sie drehte sich jäh um, schenkte Narses ein strahlendes Lächeln und sagte, um das Thema zu wechseln:

»Und du wirst Kämmerer in meinem Haus am Bosporus.«

»Ich habe nicht die geringste Lust, mich in einem Haus fern der Kaiserpaläste zu vergraben, in das du nur von Zeit zu Zeit kommst. So weit weg von der lebendigen Stadt und den Kaiserpalästen, das ist kein Leben für mich. In der Bibliothek lese und lerne ich wenigstens viel über die Menschen und Gott. Und du, lernst du auch noch immer?«

»Nein. Aber ich fange wieder an.«

»Schau morgen vorbei. Ich leihe dir die Fibel, nach der Kinder lesen lernen.«

Die Nacht im Haus des Bären war unerquicklich. Theodora empfand Libanius' Abwesenheit als große und schmerzhafte Lücke. Wie gern wäre sie bis zum Haus auf der Akropolis gerannt und hätte sich in seine Arme geworfen, doch irgendwie war ihr klar, das wäre ein Fehler. Er würde sie dort zwar erstaunt empfangen, doch vielleicht mit missmutiger Miene. Liebte er sie genauso innig wie sie ihn? Sie fühlte sich nur noch in seiner Gesellschaft wohl! Und mit ihren beiden Schwestern in diesem kleinen Raum zu schlafen, das war ein brutaler Rückfall in alte Zeiten, sie war wieder die alte Theodora, und das war furchtbar! Die Blicke ihrer Familie machten ihr zu schaffen: Komito beneidete sie, ihre Mutter schwankte zwischen Stolz und Bangen und schlimmer noch, ihre beiden Freundinnen betrachteten das, was sie erreicht hatte, als völlig normal und wunderten sich überhaupt nicht. Nur Anastasia freute sich ganz einfach über ihr Glück.

Endlich war es Nachmittag. Libanius erwartete sie am Anleger am Goldenen Horn. Sie begrüßten sich zurückhaltend, denn sie wollten die Gerüchteküche nicht anheizen. Als sie zum Boot gingen, sagte er:

»O wie gern möchte ich dich bald lange nackt an meine Brust drücken, während du alles an mir berühren darfst, was du berühren möchtest.«

Die beiden Tage der Trennung hatten der jungen Liebe die Unschuld geraubt. Sie brannte zwar noch genauso heiß, aber sie waren sich ihrer Umgebung bewusst geworden. Vor ihnen lagen noch die sechs Wochen des Glücks bis zum ersten September, dem Neujahrsfest. Theodora zog sich in ihr Zimmer zurück und verkündete, sie wolle lesen üben.

»Was für eine Idee!«, erwiderte er etwas enttäuscht, weil ihm das seine Überlegenheit nehmen würde.

»Dann könnte ich mich auch für deine Arbeit interessieren«, machte sie ihm klar.

»Also lernst du Latein zu lesen?«

»Nein, Griechisch. Latein kann ich nicht.«

Erleichtert und ein wenig beschämt schloss er sie in die Arme, denn er hatte kleinlich gedacht.

»Ich bewundere deine Kraft und deinen Willen.«

Sie schloss die Augen vor Glück, genoss jedes Liebeswort, jedes Bekenntnis seiner Bewunderung.

Und sie erfand immer neue Lustbarkeiten: Picknicks im Boot, Spaziergänge entlang des Bosporus bis zum Schwarzen Meer, Wandern auf der kleinasiatischen Seite bis nach Kalkedonia, wo Libanius Grundbesitz hatte. Sie unterhielt sich mit Fischern, Seeleuten, Bauern, damit er sich über lustige Geschichten freuen und über das Leben des einfachen Volkes staunen konnte.

»Du erfindest mich jeden Tag aufs Neue«, sagte sie.

Und wenn sie nichts unternahmen, wurde sie nie müde, ihm zuzuhören, aber ihr war klar, dass er sich darin gefiel, ihr den vornehmen Stammbaum seiner Familie aufzuzählen, den er bis auf die römische Republik zurückführen konnte, und dass er die Vorrechte, die er genoss, in keiner Weise verdiente, denn die hatten seine Vorfahren durch harte Arbeit, Klugheit und vorteilhafte Eheschließungen errungen. Und doch hatte jenes Erbe diesen herrlich lässigen, aufmerksamen, zuvorkommenden, zärtlichen und zauberhaften Mann geschaffen, der sich jetzt von ihrer Lebenslust mitreißen ließ.

Eines Abends kam der Stadtpräfekt zu Besuch. Er entdeckte Theodora. Sie hatte Angst, Libanius würde bedauern, dass dieser seine Geliebte gesehen hatte. Und weil sie es genau wissen wollte, lud sie den Präfekten zum abendlichen Mahl auf einem großen Floß ein, das sie in der schmalen Bucht, in die sich das Haus schmiegte, hatte bauen lassen. Fackeln spiegelten sich im Wasser, Noah schwamm prustend um sie herum, dann erhörte er den Ruf des Papageis, der sich auf seinen Rücken setzte, und die erlesensten Weine wurden aufgetischt. Libanius strahlte vor Stolz, er glänzte und plauderte gebildet und wollte, dass dieses wiederholt würde. Von nun an lud das Paar je nach Lust und Laune die Nachbarn am Bosporus zu luxuriösen und ausgefallenen Festen ein. Theodora wurde die offizielle Geliebte.

Doch nun nahte die schwierigste Zeit: Die Rückkehr nach Konstantinopel zu seiner Frau. Theodora standen die Tränen in den Augen, als sie von dem Delfin Abschied nahm.

»Noah, ich vertraue dir unser Glück an. Hüte es gut bis zu unserer Rückkehr. Ich will, dass es immer so bleibt.«

Und sie küsste seine glänzenden Flanken.

Kapitel fünf

Nach der Rückkehr in die Hauptstadt brachte Libanius seine schöne Geliebte in eine Mietwohnung am Konstantins-Forum auf dem Südufer der Halbinsel, von der aus man das Marmarameer sehen konnte. Doch die vier weiß gekalkten Zimmer waren leer.

»Ich fand, du solltest dir die Einrichtung lieber selbst aussuchen«, sagte er und gab ihr ein paar Goldstücke. »Und während du auf die Möbel wartest, wohnst du bei deiner Familie.«

»O nein, bloß das nicht«, sagte sie erschrocken.

Natürlich verriet sie ihm nicht, warum sie jetzt, als seine offizielle Geliebte, so ungern bei ihrer Mutter und ihren beiden Schwestern unterkriechen wollte.

»Ich mache mir hier ein Notlager und warte auf dich.«

Er seufzte. »Ich würde ja so gern bei dir bleiben, aber ich muss jetzt los.«

Und damit ging er zu seinem großen, schönen, bequemen Haus, zu seiner Frau und seinen drei Töchtern, während sie niedergeschlagen in den vier leeren Zimmern umherwanderte, sich aus jedem Fenster beugte und ihre Umgebung betrachtete. Zwei Sklaven trugen die Truhe mit ihrer Kleidung, ihren Schuhen und ihrem Schmuck herein und verwunderten sich über die kahle Wohnung.

»Hier kann die Herrin nicht bleiben! Das geht doch nicht!«

»Morgen ist das hier ein Palast«, sagte sie von oben herab. Und lief sofort los, stöberte in den Läden nach den schönsten Dingen, kaufte ohne nachzurechnen und machte Schulden. Und bereits am Nachmittag wurden die Möbel und Wandbehänge geliefert.

Jeder Lieferant wusste guten Rat, wohin die Sachen am besten gestellt würden, wo die Farben harmonierten, und jeder plauderte gern mit der Königin des Hippodroms.

»Das große Bett, wohin soll das große Bett?«, fragte einer anzüglich.

»In die Ecke da.«

»Ist doch egal, wohin«, sagte ein anderer, der gerade Seidenbehänge auspackte.

»Du hast es ganz schön weit gebracht, Theodora«, sagte der letzte Lieferant voller Bewunderung.

»Beeilt euch! Heute Abend muss alles fertig sein!«

Endlich gingen sie. Sie war allein und wartete, zündete die Lampen an, nahm ein Kruzifix und vier Ikonen Christi und baute daraus einen Hausaltar, betete, bat Gott, ihr neues Leben zu segnen, und ordnete Kissen und Behänge immer wieder neu.

Wenn er dann zum Abendessen käme, würde er nicht schlecht über ihren erlesenen Geschmack staunen und sagen: »Was, so schnell, du bist eine Zauberin.« Und sie würde antworten: »Nein, du erfindest mich immer wieder neu.« Und sie würden sich sofort lieben und sich diesen Ort vertraut machen. Später würden sie einen indischen Garkoch aufsuchen, der wahre Wunder vollbringen sollte.

Sie wartete. Die weißen Schleierwolken vor ihrem Fenster färbten sich rosig. Dann versank das Meer in Schwärze. Als sie einen Schritt auf der Treppe hörte, fuhr sie zusammen. Aber es war nur ein Diener, der ihr einen Papyrus brachte.

Meine schöne, über alles Geliebte, ach, wie gern würde ich bei Dir sein, aber ich muss bei meiner Familie bleiben, denn die habe ich seit zwei Monaten nicht gesehen. Bis ganz bald.

Libanius

Sie war furchtbar enttäuscht, tröstete sich aber mit Vernunftargumenten. Es war doch verständlich, dass ihr Liebster nach so langer Abwesenheit bei seiner Familie blieb. Und sie dachte lieber an seine Familie als an seine Frau. Trotzdem, sie brauchte jetzt fröhliche Menschen und munteres Leben um sich herum und ging aufs Forum.

Dort traf sie Basilius, den Lehrjungen aus dem Laden *Zum güldenen Mond.*

»Ach, Theodora, bist du schön!«, sagte er ganz hingerissen. »Wohin willst du?«

»Ich suche einen sehr guten Schachspieler, der mir eine Lektion in Strategie erteilt.«

Der Junge rannte schon. »Warte hier auf mich. Ich hole ein Spiel.«

Der Lehrjunge bewunderte sie so arglos, so hingebungsvoll, dass ihre gute Laune zurückkehrte. Aber später lag sie allein in dem neuen, kalten Bett, konnte nicht einschlafen, und ihre Gedanken drehten sich im Kreis. Drehten sich um das Haus auf der Akropolis, dieses vollkommen erleuchtete Haus mit den vielen Frauenstimmen, den Dienern, die sich über die Rückkehr in die Hauptstadt freuten, und mit dieser Frau, die Zärtlichkeit von ihm forderte. Und er würde aus alter Gewohnheit mit dieser Frau schlafen, schließlich hatte sie eheliche Rechte.

Libanius kam im Morgengrauen und sie stürzte sich in seine Arme.

»Hast du mit deiner Frau geschlafen?«

»Aber nein, Dummerchen.«

»Ich hatte so schreckliche Angst.«

Er beruhigte sie. Ihre Fragen wären gegenstandslos. Sie mache sich das Leben grundlos schwer. Er liebe sie. Natürlich hätte er Verpflichtungen, das müsse sie einsehen, aber er würde abends bei ihr speisen, sie auf seine Reisen mitnehmen, Spaziergänge mit ihr machen, ins Theater gehen, Abende der Muße, nur er und sie und ihr Glück.

Theodora richtete sich in ihrem neuen Leben ein: Schönheitspflege, ein Schwätzchen im Bad mit ihren Freundinnen, Lesen und die gesellschaftlichen und beruflichen Verpflichtungen von Libanius. Zweimal in der Woche traf sie sich mit Narses, unterhielt sich mit ihm über Bücher und vertraute ihm ihre Gedanken an. Von Zeit zu Zeit besuchte sie ihre Familie und ihre Freundinnen, erlaubte aber keine Gegenbesuche in ihrer Wohnung, denn ihr altes Leben sollte sich nicht in ihr neues einschleichen. Sie empfing handverlesene Gäste des Senators, unterhielt sich über lateinische Schriftsteller oder veranstaltete musikalische Abendgesellschaften. Und jeder kam gern, denn die Gastgeberin pflegte eine lebhafte Unterhaltung, benahm sich ungezwungen, war schön, bot eine erlesene Küche und Libanius war heiter und gebildet.

Aber es gab auch Unzufriedene, Verärgerte, Neider, nicht

Eingeladene. Und Theodora, die nur für die Liebe lebte, fiel aus allen Wolken, als ihr Melone eines Tages die Augen öffnete.

Melone war ein geschwätziger, aber von Natur aus fröhlicher und freundlicher Bettler mit einem zu großen Kopf auf einem zu kleinen Körper. Mit dem Betteln verdiente er nicht nur seinen Lebensunterhalt, er hörte auch so einiges und erfuhr so manches Geheimnis. Und er war nicht nur gut unterrichtet, sondern hatte auch eine Schwäche für Theodora. An diesem Tag liefen sie sich über den Weg, als sie gerade den *Güldenen Mond* verließ und den neuen Ring an ihrem Finger bewunderte.

»Erbarme dich eines Armen! Ein paar bronzene Follis. Wegen der Wintersonne, die macht, dass die Augen schöner Frauen nur so strahlen!«

»Habe ich dir nicht erst gestern ein echtes Goldstück gegeben?«, tat Theodora entrüstet.

»Aber heute habe ich dir etwas Wichtiges zu sagen, und das nur, weil ich dich so gern habe. Ich liebe dich doch, sonst würde ich nämlich keine unangenehmen Botschaften weitergeben. Versprichst du mir, dass du nicht böse wirst?«

»Stell dich nicht so an. Heraus damit!«

Der Bettler sagte jetzt in vertraulichem Ton: »Ich habe munkeln hören, dass du …«

»Dass ich …«

»Dass du inzwischen lesen kannst und über das Gelesene so …«

»So …«

»So dünkelhaft, ungeschickt und dumm sprichst, dass du dich zum Gespött machst.«

Das kam geradezu herausgeschossen. Theodora wurde purpurrot, so sehr schämte sie sich.

»Diese Flegel! Wer hat das gesagt«

»Na ja … in der Stadt wird so geredet!«

»Dann sind es viele! Wie undankbar! Zu mir kommen sie ganz Lächeln, ganz Liebenswürdigkeit, schlagen sich voll wie ausgehungerte Schweine, und kaum sind sie draußen, bewerfen sie mich mit Dreck. Ich will die Namen der Verleumder wissen.«

Melone wollte aber nicht damit herausrücken.

»Diener belauschen ihre Herrschaft, und dann reden sie unter sich darüber. Aber wenn du so böse wirst, sage ich gar nichts mehr.«

»Ich bin nicht böse auf dich, aber auf diese Flegel, diese Neider. Ganz bestimmt Neider«, wiederholte sie zur eigenen Beruhigung. Dann gab sie ihm einen goldenen Solidus. »Und berichte mir weiter, was du so hörst.«

Sie musste sich bald mit Narses am Ufer des Lykos-Baches treffen, denn der war doch der Einzige, dem sie diesen Reinfall anvertrauen konnte.

Narses beschwichtigte sie: »Melone erzählt viel, wenn der Tag lang ist. Hauptsache, du bist klug und lernst gern. Und einen guten, staunenswerten, bereichernden Gedanken teilt man doch gern mit anderen. Wer deswegen über dich lacht, ist selber dumm. Und wenn die glauben, dass allein ihre Ämter und Würden sie zu gebildeten Menschen machen, dann beachte sie einfach nicht …«

»Libanius müsste mehr Macht haben, dann würden sie es nicht wagen, sich über mich lustig zu machen.«

»Du bist wirklich eine tragische Gestalt«, sagte Narses lachend.

Auf dem Heimweg zum Augusteum hörten beide Schreie und Beschimpfungen aus der Irene-Kirche kommen. Und unfern der Kirche führten Leibwachen einen orthodoxen Priester ab. »Nieder mit dem Orthodoxen, nieder mit dem Gottlosen!«, wurde gerufen. Und eine andere Gruppe schrie: »Nieder mit den Monophysiten!«, denn jeder hielt jeden für einen Ketzer.

»Es ist ja nicht zum Aushalten mit diesen gewalttätigen religiösen Streitereien«, entrüstete sich Theodora gegenüber Libanius. »Du solltest beim Kaiser vorstellig werden, die Verfolgungen müssen ein Ende haben.«

Verärgert über den herrischen Ton seiner Geliebten, antwortete er schroff: »Das interessiert mich nicht im Geringsten. Außerdem bietet sich im Palast keine Gelegenheit, darüber zu sprechen.«

»Du musst doch nur dem Rat der Senatoren beitreten. Ich träume davon, dass du Stadtpräfekt wirst und diese unsinnige Gewalt beendest. Du könntest doch Vorsitzender einer Kommission werden, beispielsweise …«

»Wenn du meinst, ich könnte dich dann besser lieben«, sagte er, warf sein Buch zu Boden und Theodora auf das Lager. »Ich brauche dich als weiche Unterlage, nicht als politische Beraterin.«

Er nahm sie rücksichtslos und stand danach schnell auf.

»Ich weiß nicht, was in mich gefahren ist«, sagte er schuldbewusst. »Verzeih mir. Ich komme heute Abend wieder, jetzt muss ich in den Senat.«

Sie verstand auch nicht, was vorgefallen war. Natürlich

hatte sie sich weit vorgewagt, aber das war noch lange kein Grund, sie so grob zu nehmen wie ein billiges Freudenmädchen. Und auf einmal sehnte sie sich nach ihrer Mutter, wollte instinktiv Trost bei jemandem finden, der wusste, was es bedeutete, Frau zu sein.

In der Fastenzeit herrschte Ruhe in der Stadt, keine Bettler, keine Marktstände, keine Knochenhauer, keine Vorstellungen im Zirkus, keine geöffneten Bäder, und das machte schlechte Laune. Auf der Straße fiel Theodora eine regungslose Gestalt auf, die sie mit den Augen verschlang.

Die Frau war noch jung, das Gesicht von Pusteln entstellt, das Haar glatt und schütter, der Körper zum Skelett abgemagert.

»Ach, wie schön, wie reich du bist!«, flüsterte sie.

Hinter ihr ging die Tür des Hurenhauses auf, und die Hurenmutter keifte: »Verschwinde, hörst du mich. Wenn du hier bleibst, lasse ich dich lebendig begraben.«

Sie bemerkte Theodora, grüßte sie mit einem Kopfnicken und sagte zur Erklärung: »Sie trägt Krankheit in mein Haus.«

Theodora nahm ihre Kette, ihre Ohrringe, ihre Armbänder, ihre Ringe ab und gab sie der Frau.

»Geh damit schnell zum Schmuckhändler im *Güldenen Mond* in der östlichen Wandelhalle vom Konstantins-Forum. Frag nach dem jungen Basilius und sag ihm, ich schicke dich. Er gibt dir Geld für den Schmuck und hilft dir beim Verlassen der Stadt. Gott sei mit dir!«

Das arme Geschöpf floh.

Im Haus des tönernen Bären war niemand daheim und Theodora war enttäuscht.

Mittags kam Libanius strahlend und lächelnd, und sie freute sich schon auf gute Nachrichten. Ging es um ein Schmuckstück? Eine Woche am Bosporus? Eine wichtige Einladung? Einen neuen Wein? Der Senator setzte sich, aß eine Frucht und freute sich im Stillen weiter, bis sie es nicht länger aushielt.

»Warum bist du so froh?«

»Meine Frau ist zum Essen bei der Kaiserin geladen. Ein Mittagsmahl im kleinen Kreis und für mich die Bestätigung, dass das Kaiserpaar unserer Familie wohl gesonnen ist. Vor vier Generationen war ein Vorfahr meiner Frau ein Vetter ersten Grades der göttlichen Ariana. Die Kaiserin empfängt nur selten, sie ist erschöpft. Wohl das Alter. Ich habe sie mehrmals außerhalb der wenigen Zeremonien gesehen, bei denen sie den Kaiser begleitet. Sie ist sehr gütig.«

Und er redete und redete über diese unbekannte Welt: die Kaiserpaläste, das Kaiserpaar, die Verbindungen unter den alten Familien, die gekauften Ländereien. Dann sagte er: »Und wenn der Kaiser erst bei mir zu Hause gewesen ist ...«

Zu Hause! Schreckliches Wort! Also war er bei ihr nicht zu Hause, sondern genoss kurze Augenblicke an diesem Ort ohne Wurzeln, ohne Vergangenheit.

»Und ich?«, fragte sie schroff.

Damit hatte sie ihn aus seinen Gedankengängen gerissen.

»Du? Dich nehme ich nächste Woche auf einen Ausflug nach Lydien mit. Ich sage einfach, ich muss nach meinen Weinbergen sehen.«

Sie gab ihm einen Kuss. »Manchmal mache ich mir ganz unnötig Sorgen«, sagte sie, und er blickte sie verständnislos an.

91

Und diese Frühlingsreise war herrlich. Es grünte und blühte überall, auf den Ebenen, an trockenen Hängen. Jede Nacht in einer anderen Unterkunft, in einem anderen Bett erfanden sie eine andere Liebe, eine ganz neue Liebe. Sie interessierte sich für alles, für den Weinbau, für das Leben der Bauern, für die Verwaltung, doch sie schwieg zu der sozialen Ungerechtigkeit, die ihr ins Herz schnitt. Fern von Konstantinopel war Libanius wieder so unbeschwert, so sorglos wie früher, nicht mehr missmutig und bedrückt. Doch wenn sie ihn kurz allein ließ, war er gleich wieder nachdenklich und geistesabwesend.

Sie legte ihm die Hände auf die Augen und sagte lachend: »Wo bist du?«

»Ich weiß nicht mehr, wo ich bin«, sagte er und zog sie auf seine Knie.

Vor Ostern musste Libanius an allen frommen Prozessionen der Karwoche teilnehmen. Und danach musste er den römischen Prälaten nach Kyzikos begleiten, wo ein Schiff auf ihn wartete.

Während seiner Abwesenheit hielt sich Theodora lange im Bad auf, sie mochte die prächtige Ausstattung: Statuen aus Bronze, Marmor und Stein stellten die Großen früherer Zeiten dar, es gab Allegorien der Philosophie, der Rede- und der Dichtkunst. Eines Morgens betrat sie den Ruheraum, wo nackte Frauen auf niedrigen Ruhebetten plauderten, und sah dort Antonina.

»Sei gegrüßt, Antonina. Warum sieht man dich letztens nur noch so selten?«

Antonina freute sich über die Nachfrage und erklärte: »Mein Mann liegt im Sterben und kann jeden Augenblick seinen letzten Atemzug tun, aber er schiebt die Letzte Ölung von Tag zu Tag vor sich her, der Ärmste! Und wenn er nun ohne gebeichtet zu haben vor Gott treten muss? Ihm zuliebe habe ich auf alle wichtigen Abendgesellschaften so wie deine verzichtet. Und, wie geht es mit deinem Senator?«

»Gut. Wir können beide nicht ohne den anderen leben.«

»Und was sagt seine Frau?«

»Die ist bei der Kaiserin eingeladen. Mehr hat sie aber nicht zu bieten. Ich habe sie gesehen, schön ist sie nicht gerade. Und irgendwie krank, aufgedunsen wie eine Melone. Und ihre Nasenlöcher sind so klein, dass sie kaum atmen kann, und ihr Blick so matt wie Trauben mit Mehltau.«

»Übertreibst du nicht ein wenig?«

»Eher nicht«, sagte Theodora lachend. »Und du, was machst du, wenn dein Mann bei Gott ist?«

»Ich schlage mich schon durch.«

So viel Selbstvertrauen verwunderte Theodora. »Kommst du mit?«, fragte sie.

»Ich bin schon im Dampfbad gewesen, ich warte auf dich.«

Theodora ging ins Tepidarium, wo an die dreißig nackte Frauen, junge und weniger junge, magere und dicke, schöne und unansehnliche, lagen, saßen oder im Wasser planschten. Auf einmal hörte sie jemanden »Theodora!« sagen.

Sie drehte sich um, und da stand eine Frau mit hochfahrender Miene vor ihr auf. Die Erlauchte! Ziemlich vertrocknet, aber nicht ganz so abstoßend, wie sie diese geschildert hatte.

»Kinder, wir gehen!«, befahl Libanius' Ehefrau ihren drei Töchtern.

»Aber warum?«, fragte die Kleinste. »Wir sind doch gerade erst gekommen.«

»Das hier ist kein Umgang für uns.«

»Hast du etwa Angst vor mir?«, fragte Theodora zornig. »Hast du Angst, ich könnte beißen?«

Verächtlich sagte die Patrizierin: »Ich habe Angst um meinen Mann, denn ihm könnte das Schlimmste widerfahren, was einem Menschen widerfahren kann, nämlich dass er vom schmalen und mühseligen Weg des Herrn abkommt.«

»Deine Schuld, wenn er von deinem frommen Weg abgekommen ist.«

Der Patrizierin verschlug es beinahe die Sprache, dann sagte sie leise: »Erbarmen, Herr, eine Hure, die mich beleidigt!«

Theodoras Augen funkelten boshaft. Sie packte die Unverschämte bei den Haaren und riss sie zum Schwimmbecken.

»Genieße das Wasser im Becken wie dein Mann die Wonnen der Huren genießt.«

Die Mädchen klammerten sich an ihre Mutter, wollten sie festhalten, doch Theodora ließ nicht locker. Antonina merkte, dass die Situation gefährlich wurde, kam gerannt und packte Theodora so fest beim Arm, dass sie ihre Beute loslassen musste. Die Patrizierin und ihre Töchter flohen, Badende klatschten Beifall, andere entrüsteten sich laut.

»Gehen wir«, sagte Antonina.

»Sie hat mich wie eine Hure behandelt! Was wäre sie schon ohne ihr vieles Geld? Trocken und hart wie eine Steinwüste«, empörte sich Theodora.

Auch wenn sie ihren Stolz hatte, sie litt. Die Verachtung der Patrizierin hatte sie tief getroffen.

Antonina zog den kleinen Photius an und sagte: »Man darf die Mächtigen nicht beleidigen, dabei zieht man immer den Kürzeren.«

»Warum immer?«

»Weil sie sich für etwas Besseres halten. Wenn man sie anbinden will, muss man ihnen schmeicheln wie Eseln.«

»Sie anbinden? Wie denn?«

»Sie fürchten um ihren guten Ruf. Wenn du das einmal begriffen hast und ihre Geheimnisse kennst, hast du sie an der Leine.«

»Aber was soll das, wenn man sich liebt?«

Antonina konnte nur staunen.

Zehn Tage später wechselte Theodoras Laune jäh, sie war nicht mehr zornig, ihre Regel war nämlich zweimal nacheinander ausgeblieben. Ein Kind! Ein Kind von Libanius, das ihn für immer an sie binden würde. Er musste ihr ein Haus kaufen, ein richtiges Haus, und in dem wäre er dann bei ihr und dem Kind, ganz gewiss einem Sohn, »zu Hause«. Sie wünschte sich diese Schwangerschaft so sehr, dass ihr morgens übel war und ihre Brüste anschwollen.

Jetzt musste sie noch auf den Termin beim Arzt warten. In der Zeit starb Antoninas Mann, und sie ging zur Beerdigung. Er hatte seine Sünden noch bereut und endlich die Letzte Ölung empfangen.

In der Irene-Kirche sangen bezahlte Klageweiber Trauerlieder oder sprachen Gebete. Antoninas kleiner Sohn Photius schluchzte ab und zu, aber er konnte noch nicht sehr lange trauern. Dann gaben Familie und Freunde dem Verstorbenen einen letzten Kuss auf die Stirn, der Sarg wurde geschlossen und zu einem nahe gelegenen Friedhof gebracht.

Am nächsten Morgen überbrachte ein Sklave Theodora einen Brief von Libanius.

Ich treffe Mittwoch ein und bleibe, ehe ich nach Konstantinopel zurückkehre, zwei Tage im Haus am Bosporus. Komm her. Ich erwarte Dich. Libanius.

Sie fanden zueinander wie verirrte Kinder. Der Delfin sprang hoch, so freute er sich über die Rückkehr seiner Herrin, und der Papagei rief nicht mehr ständig »Noah«, sondern hatte mittlerweile »Ich liebe Theodora« gelernt. Und die mochte sich dem Senator nicht anvertrauen, ehe sie sich nicht ganz sicher war. Sie freute sich zu sehr über diese Neuigkeit und über das Kind, das sie erwartete.

Kapitel sechs

Ein paar Tage später besuchte eine frohe und aufgeregte Theodora das Haus des tönernen Bären und musste auch nicht lange auf die restliche Familie warten. Die Mutter ließ sich auf einen Stuhl sinken.

»Was für eine Hitze! Du liebe Zeit, wie muss Gott böse auf die Römer sein, dass er uns solche Hundstage schickt. Theodora, wenn du schon da bist, hol Wasser. Aber du siehst so merkwürdig aus. Was ist los, Kind?«

»Ich bin schwanger.«

»Jesus, Maria, wie konnte denn das passieren? Bist du ganz sicher?«

»Der Arzt hat es gerade bestätigt. Ich bin im dritten Monat.«

»Mein Gott, wie ein Kaninchen«, meinte Komito. »Und was machst du damit? Etwa austragen wie das vorige?«

Die Mutter warf ihrer Ältesten einen vorwurfsvollen Blick zu. »Über dieses Kind wird nicht geredet ... Die Sache muss unter uns bleiben. Meine arme Kleine, schwanger mit vierzehn und nicht verheiratet. Von wem ist es dieses Mal?«

»Von Libanius.«

»Bist du sicher?«

»Ganz sicher.«

Nun herrschte Schweigen, bis Komito sagte: »Mutter, du hast den Vater des Vorigen, den Mauren, nicht gemocht, aber wenigstens hat er das Kind anerkannt und es mit in seine Wüste genommen. Was der Senator wohl sagt?«

Die Mutter nahm den Faden auf. »Theodora, du musst Uranius heiraten. Der nimmt dich auch schwanger. Vergiss nicht, du bist nicht immer so jung wie jetzt, bist schon siebzehn! In deinem Alter war ich bereits drei Jahre verheiratet.«

»Und ich möchte dein Leben nicht geschenkt haben.«

»Kind, man nimmt das Leben an, das einem der Herr gibt. Stolz ist eine Todsünde und führt dich ab vom rechten Weg.«

Theodora biss in eine Olive und lachte. »Du hast keinen Grund zur Sorge. Libanius wird das Kind als seines anerkennen. Und wenn es hübsch ist, gehört es einmal zu den jungen Leuten im Palast und wird ein gebildeter Mann. Und ich werde ein ehrbares Leben führen, damit es auf seine Mutter stolz sein kann.«

»Und ich«, sagte Komito, »ich gehe ins Kloster und danke Gott für deine Bekehrung!«

»Schluss mit dem Gezanke«, sagte die Mutter ärgerlich. »Theodora, du sagst es dem Senator so schnell wie möglich, denn der will sicherlich zu seinem Sommerpalast aufbrechen.«

»Er begleitet seine Frau zu ihrem Haus am Schwarzen Meer, kommt dann aber wieder zurück und verbringt den Sommer mit mir. Ich werde meine Ankündigung mit einem Fest feiern.«

»Geh sofort, hörst du. Warte nicht länger, schließlich muss er sich erst an die Vorstellung gewöhnen. Geh, beeil dich.«

Theodora kämmte sich rasch und ging zum ersten Hügel. Der wohlbekannte Weg führte am Hippodrom entlang zum Augusteum, dann hinter der Irene-Kirche zur Akropolis, und er kam ihr sehr lang vor, weil sie ihm so unbedingt von dem Kind – ganz gewiss einem Jungen! – erzählen wollte. Der würde die Grübchen seines Vaters, seinen wachen Blick, seine sanfte Stimme, aber die Augen seiner Mutter haben.

Im spätabendlichen Halbdunkel konnte Theodora von den Stufen zur Terrasse Libanius' Haus kaum ausmachen. Sie lächelte, so sicher war sie sich der kindlichen Freude ihres Liebsten. Ungefähr hundert Schritt vor dem Haus blieb sie stehen. Sklaven schleppten gebückt Ebenholzkoffer zu Wagen und luden sie ein, und Libanius ging von einem Wagen zum anderen, gab Befehle für die Reise und beaufsichtigte das Verladen. Theodora bat einen Diener, ihm ihr Kommen zu melden. Libanius wirkte zerstreut.

»Was willst du denn hier?«

»Ich muss dir etwas Wichtiges sagen.« Sie strahlte vor Freude und wartete auf seine Antwort.

»Dann beeil dich. Du sollst doch nicht hierher kommen.«

»Ich erwarte ein Kind von dir.«

Der Senator blickte weiterhin abwesend, zurückhaltend, so furchtbar zurückhaltend!

Sie wurde blass.

»Freut dich das denn gar nicht?«

Libanius machte den Mund auf, fand aber keine Worte. Theodora kam ihm zu Hilfe. »Du kannst es als deines annehmen! Es wird ganz sicher ein Junge.«

Der Senator schwieg noch immer. Sie merkte, dass er sich zurückzog, und ihr wurde klar, dass er sich vor Ehekrächen, finanziellen Problemen, Gerede, Vorwürfen, spitzen Bemerkungen und zahllosen Schwierigkeiten fürchtete. Das alles würde er nur mit viel Mut überwinden können. War er so mutig?

Traurig, schrecklich traurig streichelte er mehrmals die Wange seiner Geliebten.

»Mein hübsches Häschen, dieses Kind ist in der großen Zirkusfamilie bestimmt besser aufgehoben.«

Theodora wankten die Knie. Ihr Blick wurde hart.

»Sieh mich nicht so an. Du machst mir Angst«, sagte er.

Doch die junge Frau schwieg hartnäckig, und so musste er nach anderen, weniger grausamen Worten suchen.

»Es war wunderschön mit dir. So etwas habe ich noch nie erlebt.«

Und als sie ihn noch immer unverwandt ansah:

»Später verstehst du das schon noch … Die Möbel in der Wohnung darfst du behalten.«

Er sah niedergeschlagen, jäh gealtert aus, wusste wohl, dass sein kraftvolles und frohgemutes Leben hinter ihm lag. Er streichelte noch einmal ihre Wange. »Und sei künftig vorsichtiger.« Damit ging er in sein marmornes Haus zurück.

Theodora floh, stolperte die Stufen hinunter und schubste sich auf dem Augusteum durch erschrockene Spaziergänger. Vor dem Hippodrom fiel ihr der Schleier in den Dreck. Der Torwärter hob ihn auf und rief: »Theodora!«

Doch sie lief weiter, lief vor ihrem Unglück davon, diesem gierigen, krallenbewehrten Ungeheuer, das sie seit der Akropolis verfolgte. Zu Hause warf sie sich auf ihr Bett und drückte das Gesicht in die Kissen.

So lag sie die ganze Nacht reglos vor Schmerz. Sitzen gelassen, er hatte sie sitzen lassen! Bilder von Menschen, die von einem Felsen stürzten oder auf einer Schiffsbrücke das Übergewicht bekamen oder von Wagenrädern zermalmt wurden, machten ihr unsägliches Unglück bildhaft. Wie gern hätte sie geweint und geweint, aber der Gram hatte alle Tränen ausgetrocknet. Sie schlief einen Augenblick, wurde von einem stechenden Schmerz geweckt, und schon war ihr Unglück wieder da.

Morgens saß sie dann stumm im Bett. Anastasia brachte ihr Milch und einen Apfel. »Heute holt Komito das Bürgerbrot«, sagte sie. Ach ja, den Alltag gab es auch noch.

Theodora trank ohne zu wissen, warum, und mit starrem Blick.

»Ich bleibe zu Hause«, sagte die Jüngere. »Ich spinne heute morgen die Wolle. Ruf mich, wenn du etwas brauchst.«

Aber Theodora war immer noch völlig benommen. Sie hörte ihre Mutter mit leiser Stimme sprechen und mehr Schritte im Nebenzimmer als üblich. Und dann wurde abends das Fenster geöffnet, und die Geräusche der Stadt drangen herein: trappelnde Pferdehufe, Räderknarren, und auf einmal schöpfte sie Hoffnung, quälende Hoffnung, das könnte einen Edelmann, einen Diener mit einem dringlichen Brief ankündigen, Libanius entschuldigte sich. Er wäre zu überrascht gewesen, hätte zu langsam reagiert, aber er würde zurückkommen, das Kind anerkennen. Wie hatte sie nur an ihm zweifeln können! Seine letzten Worte »Und sei künftig vorsichtiger« waren also doch zärtlich, aufmerksam und zuvorkommend gemeint gewesen.

Einige Tage stand sie kaum auf, wartete, dass der Schmerz nachließ und sie nur noch traurig wäre. Endlich konnte sie weinen, und sie weinte und weinte, das Leidensgefäß lief einfach über. Sie lauschte der Unterhaltung der Familie ohne zuzuhören, später versuchte sie, *Die Weibervolkversammlung* von Aristophanes zu lesen, doch nach fünf Minuten war sie müde und dicke Tränen tropften auf das Pergament.

»Wo ist Narses?«, fragte sie eines Tages ihre Mutter.

»Kind, den habe ich fort geschickt. Er hat einen schlechten Einfluss auf dich.«

Theodora war zu niedergeschlagen zum Streiten. Aber nach und nach konnte sie wieder klar denken, und da ging ihr auf, dass ihre Zukunft düster war, sehr düster. Es gab keine Verbindung zwischen ihrem Leben mit Libanius, das nun vorbei war, und ihrem früheren Leben, das sie hochmütig verschmäht hatte. Irgendwie war sie ins Schwimmen geraten, irrte zwischen zwei Welten, der verlassenen und der, aus der man sie verjagt hatte. Wer war Theodora überhaupt? Ein Niemand. Weder Pantomimin noch vergötterte Geliebte, sondern nichts als die Mutter eines verfluchten ungeborenen Kindes.

Die Mutter setzte ihr zu: »Kind, geh nach draußen, die frische Luft wird dir gut tun.« Und so ging sie zum Hippodrom, das in der Regel Anfang Juni menschenleer war. Sie staunte nicht schlecht, als sie Gaffer auf den Stufen zum Hippodrom sah und eine Riesin mit langen roten Haaren.

Die übergroße Frau kam aus Antiochia, einer für ihre Schönheit berühmten Stadt. Die Augen der Riesin waren abartig klein und huschten über die Arena mit ihren Meisterwerken der antiken Welt: die kapitolinische Wölfin mit Romulus und Remus, Obelisken aus Oberägypten, die Säule mit drei Schlangenköpfen aus dem Tempel von Delphi, vier sich aufbäumende Rosse aus Chius über der *katishma*, der Kaiserloge, Statuen von Herkules, Venus, Helena, Neptuns Delfine, Castor und Pollux, griechisches und heidnisches Erbe, das hier zusammen geholt war.

Dann bückte sich die Riesin vor den Stadtbewohnern auf den Rängen und hob hier und da ein Kupferstück auf, doch als sie Theodoras ungewöhnlich reiche seidene Kleidung sah, sagte sie mit rauer Stimme: »Oh, edle Frau, du hast in deiner prächtigen Wohnung doch bestimmt ein Plätzchen, wo ich mich nach meiner langen Reise ein paar Tage ausruhen kann.«

Ein Mann lachte schallend. »Die Wohnung der edlen Frau ist das Bett eines Liebhabers, eines Senators sogar! Wieso kennt man bei dir zu Hause keine Freudenmädchen?«

Die Riesin wurde feuerrot und stotterte etwas Unverständliches. Theodora gab ihr wortlos eine Münze. Die Riesin floh entzückt mit ihrem Schatz.

Die Menge klatschte Beifall und rief: »Theodora lebe hoch!«

Die zwang sich zu einem Lächeln, während ihr die Tränen herunterliefen. Hier war sie nicht vergessen, hier konnte sie noch Freude schenken und bekam Wärme zurück, warum hatte sie das Hippodrom und ihre Freunde während ihrer Beziehung zu Libanius nur vernachlässigt? Ja, weil sie sich nicht getraut hatte, ihn in ihre Welt mitzunehmen, sie hatte sich geschämt, und jetzt schämte sie sich für ihre Scham.

Man hatte Uranius ihr Kommen gemeldet, ein Uranius, der irgendwie schüchtern war. »Da bist du ja! Schön dich zu sehen.« Und vor lauter Aufregung wurde er richtiggehend gesprächig.

»Komm mit und sieh dir meinen neuen Wagen an! Er ist wunderschön mit blauen und gelben Blättern bemalt! Prächtig! Und gerade sind aus Kappadokien Pferde für mich gekommen. Mein Onkel hat sie selbst gezüchtet, also müssen sie ja gut sein! Willst du sie sehen?«

»Ich möchte dich auf deinem Wagen sehen.«

»Es ist zu heiß für die Pferde. Morgen früh, wenn du willst.«

Und sie gingen zur Wandelhalle hoch und schlenderten dahin zwischen Büsten von Wagenlenkern, Ungeheuern, Zwergen, Buckligen und vorbei an dem Eunuchen mit der drohenden Inschrift auf der Brust *Wer mir meinen Platz raubt, wird eines unseligen Todes sterben.* In der Hitze und dem gleißenden Licht verschwamm alles, die Umrisse der Hügel, die Farben der Kuppeln, die Höhe der Säulen. Uranius erzählte von seinen Siegen, seinen Niederlagen und versicherte ihr, dass keine seiner leichten Eroberungen sie ersetzen könnte und dass er noch immer auf sie wartete.

Theodora war zu ihren Wurzeln zurückgekehrt und das gab ihr neuen Lebensmut. Sie vertraute ihren Schwestern den Verkauf der Möbel, Wandbehänge und der Dinge ihres früheren Lebens an. Sie wollte nichts mehr davon wissen, und ihre Schwestern berieten sich mit Basilius, der ja alle Händler der Stadt kannte. Nun musste sich Theodora mit dem Senator befassen.

Hatte er gelogen? War seine Leidenschaft nur gespielt gewesen? Unmöglich. Aber das Glück mit ihr galt nichts gegenüber der Wut einer reichen Frau, dem Urteil seiner Standesgenossen und des kaiserlichen Hofes. Und trotzdem konnte sie seinen Entschluss nicht einfach hinnehmen, fand ihn kriecherisch. Nur sein schwacher Charakter hatte ihn daran gehindert, sie bei sich zu behalten. Und dabei wäre er gar kein Risiko eingegangen, denn seinen Stand als Patrizier konnte man ihm nicht nehmen, auch nicht sein Vermögen, falls sich seine fromme Frau hätte scheiden lassen. Und so wurde ihr Schmerz von Tag zu Tag bitterer, und allmählich verachtete sie diesen Feigling, der vor der herrschenden Klasse den Schwanz eingezogen hatte.

Eines Nachts erwachte sie mit einem Ruck. Rache, nur Rache konnte die Ordnung in dieser ungerechten Welt wieder herstellen und ihre Schmach tilgen. Danach würde sie abtreiben.

Und sie ging diese Rache mit ihrem ganzen Ungestüm, ihrer ganzen mittlerweile geschärften Klugheit an. Und schon kam ihr blitzartig ein Plan. Libanius musste am zwanzigsten Juli in die Hauptstadt zu einem Treffen mit dem Kaiser zurückkehren, schließlich hatte er aufgrund ihres heftigen Drängens eine Kommission übernommen. Und bis dahin hätte sie ihre Vergeltungsmaßnahmen vorbereitet.

Von nun an war sie ausschließlich auf ein einziges Ziel gerichtet, gesammelt, verbissen, unversöhnlich. Am nächsten Morgen besuchte sie das Theater und schlug dem Leiter eine Vorstellung außer der Reihe für den Zwanzigsten vor.

Der dicke, freundliche Mann dankte ihr überschwänglich.
»Nein, was für ein Glück! Das hätte ich nie erwartet! Unsere Theodora ist wieder da! Aber natürlich doch, Kindchen, du bekommst den Saal, und ich lasse es in der ganzen Stadt verbreiten. Was wirst du uns denn dieses Mal bieten?«

»Das ist noch geheim.«

»Behalte es für dich, sonst verrate ich es noch der ganzen Stadt. Ich sage ganz einfach, Theodora tritt wieder auf, worum es geht, ist noch geheim! Danke, lieber Gott, danke!«

Darauf suchte sie den *Güldenen Mond* auf, und der junge Basilius kam herbeigestürzt und wollte sie bedienen.

»Sei gegrüßt, Theodora. Du hast Glück. Wir haben gerade einen Topas von der Größe eines Wachteleis hereinbekommen. Möchtest du ihn ansehen? Auch wenn du ihn nur bewunderst!«

»Basilius, kannst du mir einen Gefallen tun? Es hat einmal nichts mit Schmuck zu tun.«

»Gern«, sagte er und wurde richtig rot vor Freude.

»Besorge mir eine Gans.«

»Eine Gans?«

»Ja, eine Gans. Du hast doch gesagt, deine Mutter züchtet welche in ihrem Garten.«

»Und was soll ich damit machen«

»Du bringst sie kommenden Dienstag ins Haus von Akakius. Und mach den Mund wieder zu, du bekommst sie zurück, keine Bange.«

Basilius blickte ratlos. Was fing man mit einer Gans an, wenn nicht essen? Klar, schöne Frauen hatten Launen, doch das hier wollte nicht in seinen Kopf. Und was würde seine Mutter sagen? Sie hatte doch nur diese eine Gans, hatte sie

106

gezüchtet, damit man sie eines Tages zusammen mit Linsen
essen konnte.

Am verabredeten Tag schaffte Basilius die Gans in das Haus
des tönernen Bären.

»Du hast dein Versprechen gehalten«, sagte Theodora.
»Und ich verspreche dir dafür, dass ich alle Schmuckge-
schenke nur noch bei dir kaufe. Und jetzt geh.«

Doch der Lehrjunge machte sich Sorgen um seine Gans,
entfernte sich nur ein paar Schritt und überwachte sein Hab
und Gut durch das Fenster, das Anastasia sofort schloss. Das
Haus war klein, die Gans jung und kräftig, und so flatterte sie
unermüdlich von Betten zu Truhen, zupfte an den Wandbehängen, schubste die Ikonen auf dem Hausaltar zur Seite und
stieß die Öllampe mit der Inschrift *Das Licht Christi leuchtet allen*
um. Theodora und Anastasia versuchten, das Tier einzufan-
gen, die Mutter verwünschte die Gans auf Syrisch, und vor
dem Haus liefen die Gaffer zusammen. Und es wurde noch
schlimmer, als Komito kam. Sie war wütend, weil die Schau-
lustigen vor ihrer Wohnung schallend lachten, stürmte ins
Haus, riss das Fenster weit auf und befahl der Gans: »Raus mit
dir, hau ab, aber schnell. Unser Haus ist kein Geflügelhof.«

»Wenn sie wegfliegt, bringe ich dich um«, sagte Theodora.

»Über das Ende unserer Tage entscheidet allein Gott!
Gans, komm her. Nein, ist dieses Tier dumm!«

Die Mutter wollte das Fenster zuknallen. Von außen sah
man, wie die beiden Schwestern aneinander gerieten, die
Mutter versuchte, sie zu trennen, während Anastasia die
Gans auf ihrem Schoß zärtlich streichelte.

Endlich schafften es die drei Schwestern, die große Holztruhe heranzuziehen, sie holten ihre Kleidung heraus, setzten das Tier hinein und klappten den Deckel zu, und Theodora sagte zu den Gaffern: »Ihr könnt gehen, es gibt nichts mehr zu sehen.«

»Die Gans da, die verhungert dir doch«, sagte ein Mann.

»Nichts zu machen«, sagte Theodora. »Das ist erst der Beginn der Vorstellung.«

Die Menge ging widerwillig auseinander. Basilius blieb noch einen Augenblick, vergewisserte sich, dass im Haus Ruhe eingekehrt war, dann stahl er sich ungemein beunruhigt fort. Welches Schicksal drohte seiner Gans?

Theodora verfolgte ihren Plan zielstrebig, ging zum Haus auf der Akropolis und beauftragte einen Eunuchen, seinem Herrn von der Vorstellung zu berichten, die sie zu Ehren seiner Rückkehr am Dienstag, dem zwanzigsten des Monats geben würde. Doch am schwierigsten war es mit Narses in der Bibliothek.

»Narses, mein Freund, ich muss dir etwas Wichtiges sagen, aber im Augenblick kann ich es dir noch nicht anvertrauen. Wir reden kommenden Mittwoch darüber, ja? Ich wollte dir nur mitteilen, dass ich Dienstag im Theater eine Vorstellung gebe. Bitte, geh nicht hin.«

Der Eunuch wollte widersprechen, aber sie sagte rasch: »Du magst doch die klassischen, veralteten Stücke nicht und hast etwas gegen die früher bei den Römern so beliebten derben Späße. Warum solltest du hingehen?«

Er wollte darauf bestehen, schwieg aber, als er sah, dass seine Freundin Tränen in den Augen hatte.

»Bitte, bitte. Danach brauche ich ganz dringend deine Hilfe.« Damit ging sie.

Narses durchquerte langsam die Bibliothek in Richtung seiner Kammer, er musste nachdenken. Seine Unterhaltung mit Theodora hatte ihn neugierig gemacht, erschreckt und geschmerzt, vor allem ihr leidenschaftlicher Ton, ihre herrische Stimme, ihre funkelnden Augen und schließlich ihre Tränen. Am meisten jedoch schmerzten ihre Bitte und ihre Tränen. Er hatte ihre Entfremdung fast nicht ertragen, weil sie seinen Trost und Rat nicht mehr brauchte. Sie war nicht mehr das gehorsame junge Mädchen, das ihm dankte und das er lesen lehrte. Sie hatte sich zurückgezogen, und das hatte ihn schrecklich bekümmert. Ob er doch ins Theater ging? Sie wollte es nicht, ja, sie fürchtete sich sogar davor. Sollte er ihre Bitte achten? Wollte er wirklich nicht wissen, was sie vorhatte, sich mit den sicher widersprüchlichen Berichten einiger Anwesender begnügen?

Am Abend des zwanzigsten blies ein heftiger Wind, der Staub wehte durch die Straßen und stach in den Augen, und die Fahrt zum Theater auf dem Goldenen Horn unfern der Theodosius-Mauer war beschwerlich. Als er das Theater erreichte, standen schon zahlreiche Wagen aufgereiht, darunter auch der von Libanius, und der Saal war brechend voll. Er schlängelte sich in ein dunkles Eckchen, stellte sich neben andere Schreiber, die unerkannt bleiben wollten und sich fest in braune Umhänge hüllten.

Die Vorstellung begann mit den Abenteuern eines lüsternen Greises namens Ardalion und seinen unbeholfenen Versuchen, drei üppige junge Mädchen zu verführen, darauf spielte Sannio der Grimassenschneider die Begegnung des armen Bauern mit dem unerbittlichen Steuereintreiber. Geister erschienen, ein neuer Trick, der regelrecht Angst machte und einige Ohnmachtsanfälle auslöste. Es folgte eine Gans, die dahergewatschelt kam und bei dem einsetzenden schallenden Gelächter erschrocken zischte.

Und nun trat Theodora auf, ging auf das Tier zu und sang: »Liliba, nuckle nach Herzenslust, Liliba, genieße meine Wonnen, Liliba, bitte nimm mich schnell!«

Noch war ihre Beziehung zu Libanius in aller Munde, daher begriffen die Zuschauer sofort den Zusammenhang zwischen dem Namen der Gans und dem Senator. Narses schloss entsetzt die Augen. Ihm schwante Schlimmes, und genauso kam es.

Die Schauspielerin setzte sich und legte sich mit weit gespreizten Beinen auf den Rücken.

Ein junger Theatergehilfe streute geschickt eine Hand voll Gerstenkörner zwischen ihre Schenkel, und die blieben an ihrer rosigen, feuchten Haut kleben und im Schamhaar hängen. Die nach achtundvierzig Stunden Fasten ausgehungerte Gans stürzte sich auf die Körner. Und die schmeckten, also pickte sie lange. Der junge Gehilfe streute noch mehr Getreide, und die Gans schlemmte weiter.

Narses zitterte in seinem Schlupfwinkel. Die Zuschauer hielten den Atem an, und während die Gans pickte und pickte, wurde es stiller und stiller. Und als Liliba satt war und zum Wassernapf watschelte, rief Uranius:

»Gesegnet seien deine Mutter und dein Vater!«

Wildes Gelächter setzte ein, wie ein aufgestauter, befreiter Fluss in Strudeln dahinströmt, es gab viel Beifall, die

Menge jubelte. Junge Leute klatschten in die Hände und riefen immer wieder: »Liliba, Libanius, Liliba, Libanius!«

Theodora leckte gemächlich den Schnabel des Tieres ab, das voll gefressen in ihren Armen einschlief. Ihre Rache war gelungen. Bald würde die ganze Stadt über Senator Libanius lachen.

Gerüchte haben flinke Beine. Als ein verlegener Basilius die Gans am darauf folgenden Morgen wieder bei seiner Mutter ablieferte, sagte die entrüstet: »Die kannst du behalten. Ich esse meiner Lebtage keine Gans, die einer Schauspielerin den Hintern geleckt hat.«

Am nächsten Tag wartete eine betretene Theodora um die Stunde der Mittagsruhe am Lykos-Bach auf Narses. Sie musterte ihn und wusste sofort, dass er die Vorstellung gesehen hatte. Seine schmalen Lippen waren noch schmaler, und sein sonst so lebhafter Blick richtete sich auf einen unsichtbaren Punkt und nicht auf sie.

»Du hast dich einfach skandalös aufgeführt. Und ich, ich habe dich für außergewöhnlich gehalten, habe geglaubt, du kannst dem Dunstkreis des Theaters entrinnen und ein ehrbares und anständiges Leben führen, aber du wirst deine Vergangenheit nicht los, irgendwann zeigst du immer deinen Hintern, provozierst auf die schamloseste Weise …«

»Stell dich nicht so an«, unterbrach sie ihn. »Was ist schon das Geschlecht einer Frau? Stimmt, meine Beziehung zu Libanius ist gescheitert, und ich habe mich gerächt, so gut ich konnte – vielleicht etwas übertrieben, aber wenigstens habe ich etwas getan. Du, du wagst doch gar nichts, du klebst an deinem Archiv, an deinen Erinnerungen, an deinen

Schiffbrüchen wie der Greis an seinem verschrumpelten Glied. Glaubst du etwa, Türen gehen von allein auf? Dass unser Ehrgeiz wie durch Zauberhand erfüllt wird? Selbst Gott musste seinen eigenen Sohn schicken, sonst hätte nämlich nichts die Herzen der Menschen verändert.«

»Du machst mir Angst, du stürzt dich in Abgründe wie ein wildes Tier, ohne auf irgendetwas oder irgendjemanden Rücksicht zu nehmen.«

Theodora schürzte die Tunika und watete mit nackten Füßen in den fast ausgetrockneten Bach. Das frische Wasser beruhigte, sie atmete tief durch und antwortete: »Ich habe dir wehgetan, und das tut mir Leid. Aber ich bereue nichts. Können wir jetzt über etwas anderes reden?«

»Wenn du willst«, schmollte er.

»Ich erwarte ein Kind. Von Libanius.«

Narses wurde blass, setzte sich ins Farnkraut und während er nachdachte, sah er wieder so gütig und menschlich aus, dass Theodora ihn nur bewundern konnte. Sie kam aus dem Flüsschen, trocknete die Füße in Blättern ab und setzte sich neben ihren Freund.

»Ich möchte es nicht behalten.«

»Das ist Mord«, sagte er leise.

»Dieses Kind bedeutet mir nichts, genauer gesagt, es bedeutet, dass ich dumm, arglos, gedemütigt und betrübt bin. Und dieser Schmerz vergeht nicht so schnell. Wieso willst du, dass ich ein Schmerzenskind bekomme?«

»Man wird dich verfolgen, dich aus der Gemeinschaft der Christen ausstoßen.«

»Es ist der Beweis, dass ich schlecht urteilen kann. Wenn ich Ja zu ihm sage, sage ich auch Ja zu Libanius ...«

»Abtreibung heißt, man trotzt Gott, man benimmt sich wie ein Dämon. Frauen sind wohl leichter in Versuchung zu führen, aber sie können sich, du kannst dich genauso um Tugend bemühen wie ein Mann. Willst du auf das ewige Leben bei Gott verzichten?«

Theodora blickte Narses traurig an. »Gott sieht mich und versteht mich und wird Erbarmen haben.«

Narses ließ nicht locker. »Warum sollte Gott dich mehr lieben als andere?«

Theodora stand brüsk auf. »Du bist auch nicht besser als Libanius. Immer diese Selbstsicherheit, diese Prinzipien, diese festen Überzeugungen. Glaubst du etwa, Abtreibung fällt mir leicht? Weißt du denn nicht, wie gefährlich das ist? Ich brauche jetzt Verständnis, keine Moralpredigten. Bis bald.«

Narses rührte sich nicht und blickte hinter ihr her. Natürlich war er traurig, hatte Angst vor einem völligen Bruch und war in Sorge um Leib und Seele der Schauspielerin, dennoch hatte er einfach sagen müssen, was dazu zu sagen war.

Aber gerade weil er so deutlich geworden war, schlug er sich dann die ganze Nacht mit unerquicklichen Gedanken herum. Wie konnte sie es wagen, dem göttlichen Gebot zu trotzen, ein Verbrechen zu begehen und ihr ewiges Seelenheil zu verspielen? Wie konnte sie nur mit ihren zwar bedauerlichen, aber gesellschaftlich tolerierten Exzessen gegen göttliches Gesetz verstoßen? Und warum begleitete er sie auf dem Pfad der Gottlosigkeit? Und da bekam er es mit der Angst zu tun, er könnte sich einem rücksichtslosen Menschen angeschlossen haben.

Nach qualvollen unruhigen Stunden verließ er erschöpft seine Kammer. Die Luft war lau, die Sterne funkelten, die Erde unter seinen nackten Füßen fühlte sich kühl an, ein Kater rieb sich an seiner Tunika. Jetzt schämte er sich für seine Gedanken und dass er seine Freundin, die Liebe seines Lebens, hatte verlassen wollen. Da fiel ihm ein, dass Sonntag war, und so ging er zur Kirche von Blachernae unten am Goldenen Horn, weil er zur Jungfrau Maria beten wollte. Die große, von einer Fackel angeleuchtete Uhr unfern der Hagia Sophia schlug die fünfte Stunde, und er beeilte sich, weil er rechtzeitig zur Frühmesse da sein wollte.

Der Spaziergang durch die Wandelhallen entlang der Meeresenge blies die letzten nächtlichen Hirngespinste fort, und er prüfte die Lage so nüchtern und vernünftig, wie es für ihn typisch war. Es stand ihm nicht zu, über die göttliche Vorsehung zu richten. Gott hatte ihm diesen seltsamen Traum geschickt, er war Theodora begegnet, und sein schwacher menschlicher Verstand reichte nicht aus, Gottes Willen zu erkennen. Er fühlte sich verantwortlich für die junge Frau, die eine Sünde begehen wollte, und vielleicht konnten seine Gebete sie retten.

Die Kirche war nur halb voll, weil die Bewohner dieses entfernten Stadtviertels zu ihren Sommerhäusern gefahren waren. Er stand in der Nähe des Altars, dicht bei der Muttergottes und flehte sie an, seine Freundin vor Sünde zu bewahren. Er versprach, die ganze Woche zu fasten, jeden Tag lange zu beten, den Großteil seines mageren Soldes der Kirche zu spenden, wenn Maria, die Muttergottes, Theodora und ihr Kind unter ihre Fittiche nähme.

Kapitel sieben

Dieses Kind ist in der großen Zirkusfamilie bestimmt besser aufgehoben.« Theodora wiederholte den Satz des Senators wie ein Todesurteil. Sie duldete diesen Teil eines abscheulichen Mannes nicht länger in ihrem Bauch. Und so sprang sie immer wieder wie eine spartanische Tänzerin aus der Hocke hoch, nahm Sitzbäder in einem Absud aus Flachssamen, Fenchel, Eibisch und Beifuß, trug tagelang einen in abtreibende Tinkturen – zu gleichen Teilen aus Goldlack, Kardamom, Schwefel, Absinth, Myrrhe hergestellt – getränkten Wattebausch in der Scheide. Und als alles nichts half, ging sie zu guter Letzt in der mittäglichen Gluthitze auf menschenleeren Straßen zu Antonina.

Sie fand ihre Freundin im ersten Stock, wie diese gerade einem ungefähr fünfzehnjährigen jungen Mann Tunika und Umhang ihres verstorbenen Mannes überreichte.

»Da hast du auch noch Gürtel und Lanze und dazu seinen Goldhelm mit dem roten Federbusch und seinen Goldschild. Aber das Halsband behalte ich … zum Andenken.«

Der junge Mann hatte schöne, klare Augen und einen offenen und eindringlichen Blick. »Sei vielmals bedankt. Ich weiß nicht, wie …«

Antonina tat so, als bemerkte sie die Verwunderung und

Freude des jungen Mannes nicht. »Denk daran, mein Mann war ein guter und aufrechter Soldat. Und wenn du dann kämpfen musst, erweise dich seiner würdig.«

Dann begrüßte sie Theodora. »Friede sei mit dir.«

Der junge Mann streichelte den kleinen Photius, der mit einem Tonpferd spielte, verabschiedete sich von den beiden Frauen und ging.

»Wer war das?«, fragte Theodora neugierig.

»Das war Belisar, er kommt aus Germanien und will im Heer dienen und trotz seiner Jugend ist er schon groß und stark wie mein Mann. Der ist gewiss im Himmel, er war schließlich die Güte selbst. Möge Gott seiner Seele gnädig sein.«

Antonina schenkte zwei Becher Wein ein und stellte gesalzenen Fisch, einen Laib Brot und zwei Scheiben Wassermelone auf den Tisch. »Setz dich hin und iss.«

»Und wovon willst du leben?«, fragte Theodora und wunderte sich im Stillen über die großzügige Bewirtung.

»Ich hole mir meine Aussteuer zurück, mein Vater war nämlich ein hoch angesehener Wagenlenker. Er hat gut verdient und hat wie alle Wagenlenker keine Steuern zahlen müssen.« Und dann sagte sie mit ihrer sinnlichen Stimme: »In meinem Alter bleibt man nicht lange allein, oder? So setz dich doch, du wirkst etwas sonderbar. Wenn ich dir helfen kann, ich tue es gern.«

»Ich erwarte ein Kind. Von Senator Libanius. Er will es nicht anerkennen.«

»Das wundert mich nicht. Du bist Schauspielerin.«

Wie immer, wenn man ihr das unter die Nase rieb, ärgerte sich Theodora über die Ungerechtigkeit dieser Tatsache.

Aber das ließ sie sich nicht anmerken. »Ich will es nicht behalten«, sagte sie. »Und ich denke, du weißt, wohin man dann geht.«

»Ja, ich kenne die Matrona aus dem dreizehnten Bezirk.«

»Die Hexe?«

»Die ist nicht schlimmer als du und ich, sie hext nicht, sie verstößt nur etwas gegen das Gesetz, aber natürlich nur heimlich. Sie nimmt drei goldene Solidi, teuer, ja, aber sie riskiert auch einiges.«

»Ich auch.«

»Überlege es dir gut. Wenn du dich dazu entschlossen hast, können wir morgen Vormittag hingehen. So etwas darf man nicht auf die lange Bank schieben, und du bist schon ein wenig spät dran.«

»Wo lässt du Photius so lange?«

»Der kann hier auf mich warten.«

»Du lässt ihn allein, wo er doch noch so klein ist?«

Antonina lachte schallend. »Ich lasse mich doch nicht von einem Kind anbinden wie ein Esel am Pflock.«

Am nächsten Morgen gingen Theodora und Antonina zur Engelmacherin. Die Matrona wohnte oben auf einem Hügel über dem Stadtviertel Sykae auf der anderen Seite des Goldenen Horns. Der Abhang war steil, und die Gässchen stanken, Theodora ging schnell. Sie wollte den Eingriff rasch hinter sich bringen, wollte ihre ständigen Ängste, beispielsweise einen dauernden Schaden an ihrem Leib zu nehmen und einen unauslöschlichen Flecken auf ihrer Seele zu hinterlassen, von dem sie kein Gebet, keine Spende an die Kirche reinwaschen könnte, rasch hinter sich bringen.

»Mein seliger Mann wollte hierher ziehen, wollte dem Lärm in der Stadtmitte entfliehen, aber ich habe mich immer geweigert. Es ist wie Verbannung, wenn man fern der Kaiserpaläste leben muss. Ganz abgesehen davon, dass die Schiffe übers Goldene Horn ständig überfüllt sind.«

»Sind wir bald da?«, fragte Theodora mit einem Blick über die Schulter.

»Wir sind da«, sagte Antonina und zeigte ihr ein Haus aus Holz und Lehm, und dessen schmuckes und alltägliches Aussehen machte dem jungen Mädchen Mut.

Die Matrona, eine kleine, rundliche Frau mit muskulösen Armen und Beinen und verständnisvollem Blick, sprach mit ärztlicher Autorität, gelassen und beruhigend. »Sei gegrüßt, Antonina.«

Dass man sie erkannt hatte, ärgerte die junge Frau, das entging der Engelmacherin durchaus nicht.

»Ich vergesse kein Gesicht«, erklärte sie. »Du bist nicht zurückgekommen, also muss es dir gut gehen. Und dieses Mal ist es die Kleine?«

Ohne eine Antwort abzuwarten, streckte sie die geöffnete Hand hin, und Theodora gab ihr drei goldene Solidi. Das mittlere Zimmer wirkte wie die Hausherrin beruhigend und tröstlich: Kissen mit Leinenbezug, farbige Matten und Blumen.

»Ich verlasse mich darauf, dass du den Mund hältst«, sagte die Matrona und blickte Theodora dabei eindringlich an. »Ich riskiere, ja, ich riskiere vielleicht eines Tages mein Leben für meine guten Dienste. Bist du fest entschlossen?«

»Ja, das bin ich.«

»Dann komm.«

Hinter dem mittleren Zimmer gab es in dichtem Blattwerk verborgen einen Schuppen in Lehmbauweise, dessen Dach unter dem Geäst verschwand. Theodora wurde blass, denn auf einem langen Holztisch lagen säuberlich aufgereiht farblose Zangen, allerlei, was wie Löffel mit langem Stiel aussah, zwei Messer und eine Gabel mit zwei Zinken. Die Matrona legte ein Laken auf den Tisch mit den nicht mehr zu tilgenden Blutspuren.

»Zieh die Tunika aus und leg dich hin«, sagte sie.

Theodora tat, wie man sie hieß, und die Matrona machte ein Kreuzeszeichen auf ihrem Bauch und tastete ihn lange ab. »Fast drei Monate. Das wird nicht leicht werden.«

Dann gab sie der Schauspielerin ein dunkelrotes Gebräu aus Hühnerföten zum Täuschen der Körpersäfte während der Abtreibung und machte sich sofort an die Arbeit. Theodora spürte, wie das kalte und harte Metall in ihren warmen Leib eindrang, und merkte auch die sachteste Berührung. Auf einmal versteifte sie sich jäh, spannte alle Muskeln an und schrie: »Halt! Ich will nicht mehr! Aufhören!«

Die heftige und unerwartete Bewegung verunsicherte die Matrona, sie zuckte zusammen und Theodora schrie vor Schmerz. »Sofort aufhören!«

Die Matrona zog ihr Werkzeug brüsk heraus, Theodora stöhnte, glitt vom Tisch und floh. Antonina sammelte ihre Kleidung auf und sah die Engelmacherin ratlos an.

»Bring mir bitte nie wieder so ein kopfloses Huhn«, meinte die verdrießlich. »So etwas schadet meinem Ruf.«

Wortlos lief Antonina auf den Platz, blickte sich nach Theodora um und entdeckte sie zitternd und nackt hinter einer Ulme.

»Bist du verrückt geworden, man läuft da nicht einfach so weg! Zieh dich an!«

Die Tunika war schnell übergezogen, aber Theodora war noch immer nicht ganz bei Sinnen.

»Was ist in dich gefahren?«

»Ich habe gespürt, wie eine Schlange in meinen Bauch kriecht, eine Schlange mit Eishaut und harten Schuppen. Sie hat sich bis in meine Brust geschlängelt, in meinen Hals, ist aus meinem Mund wieder herausgekommen und hat gelispelt: ›Nun gehörst du mir, du bist verloren!‹«

Theodora sprach so laut, dass die Nachbarn die Szene mitbekamen.

»Geht ins Haus, ihr Klatschweiber!«, rief Antonina.

Einige schlugen ein Kreuz. Andere murmelten: »Zauberin.«

»Der Teufel soll euch holen, ihr mit euren bösen Zungen«, gab Antonina zurück.

In diesem Augenblick trat die Engelmacherin aus dem Haus, ein Umschlagtuch über dem Kopf und gefaltete Hände, so ging sie Gebete murmelnd zu einer nahe gelegenen Kirche. Ihre Frömmigkeit beeindruckte die Gafferinnen, und sie zogen sich in ihre Häuser zurück.

»Eine Heilige«, flüsterte eine der Frauen.

Theodora lag trotz ärztlicher Betreuung tagelang mit hohem Fieber darnieder. Man holte sogar den Leibarzt der kaiserlichen Familie. Das alles kostete, ganz zu schweigen von den ungewöhnlichen Arzneien, die sie verschrieben, und es verschlang fast das ganze Geld aus dem Verkauf von Libanius' Möbeln. Die Rezepturen unterschieden sich zwar, nur in einem waren sich alle Ärzte einig, das Kind lebte, doch die Gebärmutter der Schwangeren war böse verletzt.

Zuerst freute sich Narses und schrieb das Überleben des Kindes der Heiligen Jungfrau zu, doch Theodoras langes Krankenlager und die Arzneien, die nicht anschlugen, machten ihm Sorge. Die perlenbestreuten Pfade, auf denen sie eines Tages wandeln würde, waren ihm völlig egal, er liebte sie und konnte sich ein Leben ohne sie nicht vorstellen.

Eines schönen Nachmittags ging er mit seinem Schreibzeug zum Haus des tönernen Bären und da saß die Mutter vor der Haustür und putzte Gemüse.

»Ach, Eunuch, da bist du ja wieder!«, sagte sie ärgerlich. »Hast du nicht schon genug Schaden angerichtet? Warum kommst du? Reicht es nicht, dass du ihr die unseligen Flausen in den Kopf gesetzt hast.« Sie bückte sich, wollte sich Staub aus den Augen wischen, vielleicht aber auch eine Träne. »Das arme Kind! Der Ehrgeiz hat sie um den Verstand gebracht und sie hat sich etwas eingebildet, woraus nichts werden konnte. Wie oft habe ich ihr gesagt, Senatoren sind nichts für Schauspielerinnen. Es gibt Gesetze und die verbieten die Liebe zwischen ihresgleichen und unseresgleichen. Und du, du hast sie auch noch in diesen Phantastereien bestätigt, hast ihr sogar das Lesen beigebracht! Warum nicht gleich die Pflugschar vor den Ochsen spannen! Lesen ist etwas für Frauen mit einem reichen Mann. Geh weg, ich dulde keine Besuche.« Und dann brummelte sie mehr für sich das Sprichwort:

»›Wenn du einen Eunuchen hast, so bring ihn um; hast du keinen Eunuchen, so kaufe einen, damit du ihn umbringen kannst.‹«

Narses kehrte heimlich um die stille Mitternachtsstunde zurück. Jetzt stand das Kammerfenster offen, um frische Luft einzulassen. Er zog eine Holzkiste zum Fenster, stellte sich darauf, griff zu seinem Schreibzeug, wartete, dass Theodora im Fieber phantasierte, und schrieb auf, was sie sagte. Er hatte Glück, Theodora redete viel und auch nicht allzu undeutlich.

Als der Himmel heller wurde, ging er zur Goldenen Pforte, denn er wollte sich mit Isadora der Lahmen wegen Theodoras wirren Reden beraten, etwas worin sie sich auskannte. Sie wies ihm einen Platz im Schatten der Buche zu und versetzte sich mittels Exerzitien und einem Trank in Trance.

Ihr Zimmer war dann wie immer, Wandbehänge, Kissen und bunt zusammengewürfelte Gegenstände und erstickend in der Sommerhitze. Beide setzten sich, und Narses las ihr die aufgeschriebenen Fieberträume vor.

»Die Äußerungen sind zu wirr, die kann ich so nicht entschlüsseln«, meinte Isadora. »Aber ich fange mit dem Wort an, das am häufigsten vorkommt, nämlich ›Schlange‹. Die ist der Kern der Krankheit.«

Sie warf rote Körner auf den Tisch mit den geometrischen Intarsien und warf ein zweites Mal. Wieder fielen sie im gleichen Muster, in drei sich überschneidenden Kreisen.

»Eine Schlange greift sie an, drei werfen sie aufs Krankenlager«, so deutete sie die Körner.

»Wo finde ich die drei Schlangen? Und was mache ich dann?«

»Mein Gott, bist du dumm«, sagte Isadora seufzend. »Kratz dein Hirnschmalz zusammen und suche sie im Herzen der Freiheit.«

Dann presste sie ihre Lippen zusammen und Narses merkte, dass die Unterhaltung beendet war, legte fünf bronzene Follis hin und ging.

Die Zeit drängte, er musste die rätselhaften Äußerungen von Isadora der Lahmen entschlüsseln und schaffte es doch kaum, in aller Ruhe nachzudenken. Während seines einstündigen Marsches – von der *mese*, der Mittelstraße, war es eine gute Wegstrecke bis zum Goldenen Meilenstein – drehte und wendete er das Wort Freiheit, erinnerte sich an betreffende Stellen in griechischen und lateinischen Texten, fand aber keine Lösung. Doch Gedanken schlagen nicht immer den geraden Weg ein. Wer zu hart auf einen Nagel einschlägt, bringt die Mauer zum Einstürzen, wer ein Wort zu oft wiederholt, raubt ihm seine Bedeutung.

So erging es auch Narses. Als er den Goldenen Meilenstein erreichte, dem Ausgangspunkt aller Straßen im Römischen Reich, blieb er ratlos und niedergeschlagen stehen, und sein Blick irrte von der Hagia Sophia zu den Kaiserpalästen, von den Kaiserpalästen zum Hippodrom. Das Hippodrom! Es war die Lösung! Warum war er nicht gleich darauf gekommen? Im Hippodrom gab es nämlich noch die überlieferten Traditionen, nachdem man den Bürgern allmählich Wahlrecht und Entscheidungsfreiheit genommen und sie gezwungen hatte, sich einem Kaiser unterzuordnen. Und dieser Kaiser in Konstantinopel, der Erwählte Gottes, wurde mächtiger und mächtiger und war niemandem mehr Rechenschaft schuldig. Im Hippodrom durften die Bürger mit den Kaisern sprechen, ihnen zujubeln, sie verwünschen und sich auch gegen sie erheben. Nur dort schlug das Herz der Freiheit noch. Und dort waren auch die drei Schlangen.

Die Mutter herumzubekommen, kostete zu viel Zeit. Und so ging Narses zu Uranius und konnte ihn nach anfänglichem Erstaunen schnell überzeugen. Uranius dachte nur an das Leben seiner »Verlobten« und suchte noch am selben Abend das Haus des tönernen Bären auf. Er kam gegen Ende des Abendessens und sagte einfach: »Seid gegrüßt! Lasst Euch nicht stören, ich bin um Mitternacht wieder da, hole Theodora und mache sie gesund. Gehabt Euch wohl.«

Die Autorität des hochgewachsenen Mannes und sein Ruf verboten jedes Widerwort seitens der Mutter, die ihre Tochter aufgegeben hatte, und Komito, die sonst nicht auf den Mund gefallen war, sagte ebenfalls nichts.

Mitten in der Nacht trug der Wagenlenker Theodora dann zum nächstgelegenen Tor des Hippodroms und traf sich dort mit Narses, der eine Leiter mitgebracht hatte. Auf der *spina* gab es unter den zahlreichen Denkmälern eine Schlangensäule mit einem Schaft aus drei ineinander verschlungenen Schlangen mit platten, erhobenen Köpfen, funkelnden Augen und spitzen leuchtenden Zähnen. Die Säule hatte einst im Apollo-Tempel von Delphi gestanden und war von Konstantin nach Byzanz geschafft worden.

Die Schlangenköpfe befanden sich in mehr als vier Metern Höhe, Uranius musste also mit der Kranken im Arm die ganze Leiter hochsteigen. Als er bei den Reptilien angekommen war, sagte er flehend: »Theodora, gib dir Mühe. Berühre den Mund der Schlange, und du bist geheilt.«

Er hob ihren Arm, und Narses psalmodierte feierlich: »O ihr Schlangen, einst von den Griechen nach dem Sieg bei Salamis über die Perser errichtet, helft wieder einmal in Krankheit und Not. Durch Gottes Barmherzigkeit.«

124

Theodora erholte sich langsam, aber sie erholte sich. Sie hörte auf die Ärzte und schonte sich weiterhin, vor allem ihrem Kind zuliebe. Freundinnen aus dem Hippodrom lösten sich an ihrem Krankenlager ab und Chrysimallo und Indaro berichteten, was in der Stadt so alles geklatscht wurde.

Eines schönen Nachmittags erzählte Indaro: »Stell dir vor, Libanius' Frau erwartet ein Kind, und die Senatoren wollen sich totlachen. Ich habe es vom Schreiber eines Erlauchten, mit dem ich die Nacht verbracht habe. Man witzelt, er kriegt Zwillinge, ein Kind von dir und eins von seiner Frau! Lustig, was?«

Die einfühlsamere Chrysimallo warf Indaro einen finsteren Blick zu, forderte Schweigen, aber Indaro plapperte munter weiter. »Und anscheinend haben dich die Erlauchten zu hochfahrend und ehrgeizig gefunden. Du hättest dir eingebildet, du wärst etwas Besseres, und hättest heimlich lesen gelernt, damit man sich nicht über dich lustig macht.«

»Und was wird noch so alles gesagt?«, fragte Theodora gespielt munter.

»Dass du dem Senator schlimmstenfalls sein Vermögen abgenommen hättest und dass er wegen deiner Unersättlichkeit noch an Erschöpfung gestorben wäre.«

Jetzt unterbrach Chrysimallo Indaro. »Hol ihr etwas zu trinken, du ermüdest sie mit all dem Tratsch.« Und als Indaro fort war, sagte sie: »Sie übertreibt wie immer, diese Klatschbase.«

»Besser, ich weiß Bescheid.«

Als Theodora dann allein war, schmerzte die Wunde. Ihre Zukunft lag im Dunkeln, aber eines war sicher: Ihre lieben Freundinnen aus dem Hippodrom würde sie nie mehr vernachlässigen und auch nicht die Freundschaft mit dem treuen und ergebenen Narses.

Im folgenden Frühling des Jahres fünfhundertsechzehn brachte sie eine Tochter zur Welt, die sie Eudoxia nannte. Narses und Chrysimallo standen Pate. Der Eunuch fühlte sich für das Kind verantwortlich, schließlich hatte er zu seinem Überleben beigetragen, wenn auch nicht zu seiner Empfängnis.

Sie war wieder einmal im Aufbruch, hatte einen falschen Weg eingeschlagen und war doch eine andere geworden. Sie hatte das Leben im Luxus entdeckt und genossen, schöne Kleider, gutes Essen, erlesene Weine, kostbares Geschirr, Gärten, Empfänge, untertänige Bittsteller. Und sie war fest entschlossen, dieses Leben erneut zu genießen.

Sie arbeitete jetzt wieder als Schauspielerin, spielte aber neue, weniger lüsterne Rollen als früher, nämlich das artige Mädchen, das sich fürchterlich ungeschickt und unbeholfen anstellte, während sich Ardalion, ein liebestoller Greis, alle Mühe gab, eine gute Dienerin aus ihr zu machen. Am Ende goss er einen Kübel Wasser über ihr aus. Ein ungemein begeisterter junger Mann rief: »Frucht der Sünde! Wir sind dir ja so dankbar!«

Der Beiname blieb an dem Stück hängen, das von nun an als »Frucht der Sünde« in das klassische Repertoire der Theaterpossen aufgenommen wurde.

Eines schönen Abends musste die Schauspielerin plötzlich husten und fragte ins Publikum: »Hat jemand eine trockene Tunika für eine arme Schauspielerin?«

»Ich«, rief ein großer, dicker Mann.

»Her damit, sonst bekomme ich noch eine Erkältung«, gab sie kokett zurück.

Pothos, so hieß der Mann, verschwand sofort mit Theodora hinter den Kulissen und die beiden waren nicht mehr gesehen.

Er war ein neureicher Kaufmann und wohnte unfern der langen Kette, mit der man bei drohender Gefahr das Goldene Horn absperren konnte. Pothos war wie Kaiser Anastasius und sein Gefolge Monophysit und war schnell hochgestiegen und reich geworden. Er wirkte gutmütig und täuschte so seine Handelspartner, die ihn für arglos und beschränkt hielten, bis die Rede auf Preise und die Menge der einzukaufenden Ware kam. Dann wurden seine Augen hart wie die ehernen Tore des Palastes.

Einige Zeit später schlug er Theodora vor, seine Konkubine zu werden, und sie nahm an. Nicht weil der gute Mann so unwiderstehlich war, aber er war zärtlich, sehr stolz auf sie und reich. Sie hatte begriffen – auch wenn die Zukunft ihr Unrecht geben sollte – dass Liebe nicht alle gesellschaftlichen Schranken überwinden konnte.

In ihrer ersten Liebesnacht mit Pothos weinte sie leise und unaufhörlich. Die Zärtlichkeiten, die sie früher mit so viel Gefühl ausgetauscht hatte, weckten Erinnerungen an den Senator. Pothos maß ihren Tränen keinerlei Bedeutung zu und fragte auch nicht nach, ob nun aus Achtung oder Gleichgültigkeit, sein Stillschweigen in dieser ersten Nacht legte die Art ihrer Beziehung fest. Jeder hatte sein eigenes Leben mit seinen Geheimnissen, aber sie teilten Vertrauen, Verbundenheit und Vergnügen an Gesellschaft und Alltagsleben.

Kapitel acht

Der Seidenhändler brachte Theodora am Theodosius-Forum dicht bei seinen Lagerhallen in einer großen Wohnung im ersten Stock unter, deren Balkon auf den Platz ging. Sie wollte genauso erlesene Möbel haben wie bei Libanius, aber Pothos hatte etwas gegen Mosaike, Wandmalereien, Truhen aus Ebenholz, Vasen aus Jade und bot ihr stattdessen Seide in Hülle und Fülle an. Theodora setzte jedoch bei diesem Neureichen, der aus einer bescheidenen Fischerfamilie in Syrien stammte, ein Speisezimmer im römischen Stil mit Klinen durch, wie es Edelleute mit langem Stammbaum hatten.

Wie früher mit Libanius musste sie sich mit Pothos nicht mehr zurückhaltend benehmen, sondern konnte wieder mit Handwerkern, Ladenbesitzern und Leuten aus dem Volk schäkern. Sie lud zu wunderbaren Gastmählern ein, und da sie nun auch nicht mehr allzu gebildet tun musste, konnte sie mithilfe von Chrysimallo und Indaro Fröhlichkeit, Theater, eine ausgefallene Küche und einen lockeren Umgangston pflegen.

Manchmal nahm auch Narses an den Festgelagen teil. Dieser dicke ungebildete Mann konnte ihn bei Theodora nicht verdrängen, aber es tat ihm Leid, dass sie schon wieder kein ihr gemäßes Leben führen konnte. Er redete wenig, trank wenig und hörte gut zu. Und weil seine Augen so klug blickten und so funkelten, erklärte Indaro jedem, der es hören wollte, »Kastration macht leuchtende Augen«. Theodoras Abendgesellschaften waren schon bald Stadtgespräch, man munkelte, dass sie recht unterschiedliche Genüsse böten.

Eines schönen Nachmittags spielte sie mit Basilius Schach, fing plötzlich an zu weinen und stammelte zwischen zwei heftigen Schluchzern: »Ich will ja vergessen, ihn mir aus dem Kopf schlagen. Wenn er mich doch endlich in Ruhe lassen würde. Aber es geht nicht, es geht einfach nicht … Entschuldige … Wir spielen ein anderes Mal.«

Und schon war sie in der Menge der abendlichen Spaziergänger verschwunden.

Als der Frühling kam, verbrachte sie zu Pothos' großem Ärger viele Stunden auf ihrem Balkon und betrachtete das Forum, und er warf ihr vor, sie stelle sich zur Schau.

»Ich stelle mich nicht zur Schau«, gab sie zurück.

In Wahrheit bildete sie sich weiter. Auf der anderen Seite des Forums stand nämlich der Palast, und dort wurden die fremdländischen Gesandten empfangen und untergebracht. Theodora lernte das Zeremoniell der Prozessionen auswendig, ganz gleich, ob sie nun weltlich oder geistlich waren. Sie lernte auch, die Barbaren zu unterscheiden: Angelsachsen hatten rote Haare und nackte Beine, Pannonier trugen mit goldenen Glöckchen besetzte Gewänder, Waräger aus Russland hüllten sich in Pelze, Bulgaren rasierten sich den Schä-

129

del, trugen Lederhäute und hatten Kupferketten um den Leib, Araber kamen in langen Tuniken angeflattert, dazu gesellten sich Franken, Hunnen, Armenier, Awaren, sie sah alles, was aus den Kaiserpalästen mit Silberstäben, Diademen, Schuhen mit Goldornamenten oder Chlamys aus weißer Seide heraus kam.

Theodora lernte und dachte nach, denn dicht neben Theodosius stand Josuas Statue und stimmte sie nachdenklich. Narses hatte ihr von Josua erzählt, der als Moses' Nachfolger die Hebräer ins Gelobte Land geführt und die Mauern von Jericho mit Trompetenschall zum Einstürzen gebracht und dann ausnahmslos alles in der Stadt, Einwohner, Vieh, Mutterschafe und Esel abgeschlachtet hatte. Anfänglich war sie entsetzt gewesen, aber nun erkannte sie die unterschwellige Verbindung zwischen extremem Glauben und extremer Gewalt.

Theodoras mondänes Leben war fast so schön wie ihr früheres mit Libanius, eher noch fröhlicher und abwechslungsreicher. Doch die Kurtisane wollte mehr, sie wollte von der Kaiserin empfangen werden wie Libanius' Frau. Und so ging sie nach einer Abendgesellschaft mit einer Ikone Christi in der Hand lässig durchs Zimmer.

»Stell das Ding auf den Hausaltar und komm schnell, Frucht der Sünde«, sagte der Kaufmann.

Er hielt an diesem Namen fest, weil der ihn an ihre erste Nacht erinnerte. Sie blies eine Lampe aus und setzte sich im Halbdunkel auf das Fußende des Bettes.

»Du willst mich zappeln lassen«, stöhnte er.

Sie kitzelte seine Fußsohlen, er brummte und entzog ihr seine Füße.

»Mein dickes Wildschwein«, sagte sie lachend. »Ich habe mir gedacht …«

»Jetzt wird nicht gedacht. Los, komm her.«

»Ich habe mir gedacht«, wiederholte sie, »dass du einen deiner Geschäftskontakte um eine Einladung bei der Kaiserin bitten könntest. Du weißt doch, wie gern ich mal in die Kaiserpaläste möchte.«

Der Kaufmann blickte sie an wie ein Kind, das den Gegner beim Versteckspiel beobachtet. »Du Schlingel! Willst den armen alten Pothos herumbekommen, weil er dir ja doch nichts abschlagen kann.«

»Dann tust du es also?«

»Du weißt sehr gut, dass ich das nicht kann«, sagte Pothos ernst. Er setzte sich auf und schob sich Kissen in den Rücken, weil er eine gute Verteidigungsposition brauchte.

Theodora machte es sich neben ihm bequem und gab ihm einen Kuss auf die Nase. »Knurrst du etwa, mein bärbeißiges Wildschwein.«

Das Wildschein nahm sie in die Arme, wollte sie an sich drücken, aber sie entschlüpfte.

»Dann bist du also einverstanden?«

»Vergiss es«, sagte er zärtlich.

»Warum sollte ich es vergessen?«

»Jetzt reicht es aber! Weißt du nicht mehr, woher du kommst?«

Sie schluckte ihren Stolz hinunter und schmiegte sich an ihn. »Wenn ich nicht käme, woher ich komme, würde ich wohl kaum in deinen Armen liegen.«

»Stimmt. Das spricht für deinen gesunden Menschenverstand!«

»Warum sollte nicht auch ich einmal im Empfangszimmer der Kaiserin stehen?«

Weil er sich schon auf eine Liebesnacht freute, wollte er sie auf keinen Fall erzürnen.

»Theodora, bitte denk ein wenig nach. Da hinein kommst du nie im Leben.«

»Und? Ist ein netter, dicker Mann nicht auch bei mir hineingekommen?«, gab sie zurück.

Damit stand sie auf, ging in ihr Schlafzimmer und schob den Riegel vor.

Das war der Gipfel! Dieser ungehobelte Klotz, dieser Fischersohn, wagte es, sie zu beleidigen. Schließlich kam er geschäftlich ja auch in die Kaiserpaläste! Warum also nicht sie? Weil Frauen immer schlechter behandelt wurden als Männer! Ihr Zorn wuchs und wuchs und da setzte sie sich auf den Balkon und betrachtete Josua auf seiner Säule vor dem funkelnden Sternenhimmel.

Und als Pothos am nächsten Abend zu ihr wollte, stand er vor verschlossener Tür. »Mach auf, du Hexe!«

»Nein.«

Er wetterte vergeblich. Nach einer Woche drohte er: »Wenn du nicht aufmachst, nehme ich mir eine andere Kurtisane. Und du kannst ausziehen und zu deiner Mutter zurückgehen.«

»Wenn du das möchtest, bin ich ganz schnell weg.«

Er gab sich geschlagen. »Ich kann nicht verlangen, dass man dich während der Fastenzeit empfängt, das ist doch eine Zeit der inneren Einkehr.«

Sie lachte. »Dank mir hältst du endlich die christliche Fastenzeit ein: kein Fleisch und keine Fleischeslust!«

Zwei Wochen nach Ostern hatte Pothos endlich Erfolg.

»Hör gut zu, mein Häschen«, sagte er. »Kaiserin Ariana empfängt dich am kommenden Dienstag (im Beisein ihrer Hofdamen und einiger Beamtenfrauen. Ich habe die Einladung.«

Theodora stürzte sich auf das Pergament, das mit roter Tusche unterzeichnet war, und las:

Ihre Majestät Ariana, Römische Kaiserin, bittet Theodora am Dienstag, den zweiundzwanzigsten April, um vierzehn Uhr in den kaiserlichen Empfangssaal.

Am nächsten Tag wussten alle Händler an der *mese*, am Goldenen Meilenstein, auf dem Rinder-Forum und alle im Hippodrom von der vornehmen Einladung und Theodora versprach, in allen Einzelheiten zu berichten: über die Einrichtung, die Kammerherren, das Zeremoniell und natürlich über die Kaiserin.

Narses versuchte, sie zu beruhigen. »Setz dir keine Flausen in den Kopf. Es doch nur ein protokollarischer Empfang. Du musst dich vor der Kaiserin verneigen und dann platzieren dich die Kammerherren ganz nach hinten, hinter all die wichtigen Edeldamen. Du bist nichts weiter als ein Gast, den die alte Kaiserin aus welchen Gründen auch immer empfangen muss, und das ist für sie sehr langweilig. Glaub ja nicht, dass alle über deine Anwesenheit staunen und dass du einen triumphalen Auftritt hast.«

Trotzdem war es für sie ein Triumph. Sie hatte nicht lockergelassen, und nun öffneten sich ihr die Tore des *kalke*, des Ehernen Hauses.

Am Morgen des Zweiundzwanzigsten wirbelten alle Diener durchs Haus, denn die Hausherrin probierte sämtliche Tuniken an, verwarf, ließ ändern, bügeln, sodass die Dienerschaft das Ende des Tages herbeisehnte.

Um zwölf Uhr kam die Mutter mit Eudoxia. Sie setzten sich in das Zimmer, in dem Theodora sonst ihre Freundinnen empfing, ein Zimmer mit einer recht schlichten Möblierung aus drei niedrigen Ruhelagern und Kissen, Behängen an den Türen und einer Truhe aus Buchenholz.

»Wie bist du nur auf die Idee gekommen, gerade heute Eudoxia mitzubringen!«, sagte Theodora ärgerlich. »Das passt mir überhaupt nicht!«

»Die Amme ist krank, ich muss ihr also Eudoxia abnehmen. Kind, du bist aber wirklich durcheinander.«

»Mehr aufgeregt. Ihre Majestät soll ja sehr gütig sein, aber ich bekomme bestimmt kein Wort heraus.«

»Wann hätte es dir jemals die Sprache verschlagen?«

»Mutter!«, sagte Theodora entrüstet, »die Erhabene ist von Gott erwählt worden.«

Die Mutter setzte Eudoxia auf ein Lager und musterte eingehend das Zimmer. »Alles Seide, wie ich sie noch nie gesehen habe! Ist er nicht nett zu dir?«

»Aber ich muss betteln, ständig betteln, und das macht mich wahnsinnig. Er hat mir doch wahrhaftig eine Tunika aus rosenfarbener Seide abgeschlagen, weil diese Farbe dem Purpur zu ähnlich ist, und der ist dem Kaiser und seinen Würdenträgern vorbehalten.«

»Kind, du hast keinen Grund zur Klage, du lebst wie eine Erlauchte.«

Theodora zeigte ihr zwei kleine runde Goldohrringe.

»Die da hat er mir geschenkt, aber das sind Ohrringe für eine Bettlerin. Er sagt, die tun es und man solle seinen Reichtum lieber nicht zur Schau stellen.«

»Damit hat er Recht. Im Gegensatz zu dir hat der Mann nämlich gesunden Menschenverstand.«

»Vielleicht habe ich keinen gesunden Menschenverstand, aber ich komme in den kaiserlichen Palast.«

Die Mutter schüttelte betrübt den Kopf.

»Basilius!«, meldete ein Sklave.

Basilius kam mit einem Päckchen. Eudoxia trippelte, so schnell es ihre Beinchen erlaubten, zu ihm hin und warf sich in seine Arme.

»Deine Tochter hat mich lieb«, sagte der junge Mann entzückt.

»Anders als ich hat sie Glück mit ihren vielen Vätern«, sagte Theodora und seufzte.

»Was willst du hier?«, fragte die Mutter den jungen Mann. »Du kommst sehr ungelegen.«

»Ganz im Gegenteil«, sagte Basilius und setzte Eudoxia auf dem Lager ab. »Theodora, mein Arbeitgeber möchte dir für deinen Besuch im Palast dieses Ohrgehänge leihen, aber nur leihen.«

Und er gab ihr zwei lange Ohrringe aus Amethysten und Perlen, die Theodora sofort vor einem Bronzespiegel an ihren Ohrläppchen befestigte.

»Sind die schön«, sagte sie leise.

»Viel zu schön«, meinte die Mutter. »Für was hältst du dich eigentlich? Besitzt du etwa riesige Ländereien in Asien? Das erregt doch nur Neid.«

»Natürlich bin ich schöner als die alte Kaiserin.«

»Aber es sind auch Edelfrauen da, und die werden wütend, wenn du schöner bist als sie.«

»Umso mehr Grund, sie zu demütigen.«

»Kind«, sagte die Mutter bedächtig, »wie oft tust du etwas, auf das ich nicht in meinen kühnsten Träumen gekommen wäre, und daran habe ich mich endlich gewöhnt, aber in diesem Fall hast du, glaube ich, nicht Recht. Die Mächtigen behandeln unsereins gern von oben herab.«

»Dann müssen sie sich für ihre Herablassung jemand anders suchen«, sagte Theodora und lächelte in den Spiegel.

Sie ging zu ihrer Tochter, die ihre großen dunklen Augen geerbt hatte.

»Na, wie findest du deine Mama?«, fragte sie.

Eudoxia wollte nach den Kugeln greifen, die rund um das Gesicht ihrer Mutter funkelten, als von allen Kirchen die Hämmer schlugen.

»Sieh nach, was los ist«, sagte die Mutter zu Basilius.

Der trat gefolgt von Theodora auf den Balkon. Auf dem Forum rauften sich weinende Frauen die Haare und heulten und kreischten. Mönche in langen braunen Wollkutten tauchten auf, und die Läden wurden geschlossen.

»Ich gehe nach unten und erkundige mich«, sagte der Goldschmiedelehrling. Er kam mit hängendem Kopf zurück.

»Also, was ist?«

»Die Kaiserin ist tot.«

Die Mutter sank auf ein Lager. Theodora standen die Tränen in den Augen und langsam nahm sie die langen Ohrgehänge ab. Eudoxia erschrak über das plötzlich eintretende Schweigen und fing an zu weinen.

Kaiser Anastasius konnte sich nicht über den Verlust seiner Frau trösten, schließlich verdankte er ihr die Kaiserkrone, denn die Witwe seines Vorgängers hatte ihn geheiratet und dadurch zum Herrscher aller Römer gemacht. Er versank in tiefste Trauer. Und in diesen unruhigen Zeiten wollte jeder die Zukunft gedeutet haben. Astrologen, Traumdeuter, Propheten, heidnische römische Wahrsager hatten großen Zulauf und machten ein Vermögen in düsteren Prophezeiungen: Der Antichrist, Hungersnot, Epidemien und Überflutung Konstantinopels, das alles würde eintreten.

So ging es das ganze Jahr fünfhundertsiebzehn bis zum Beginn des Jahres fünfhundertachtzehn. Der fünfundachtzigjährige Anastasius hatte keine Kinder, und selbst wenn er welche gehabt hätte, es wäre unerheblich gewesen. Die byzantinischen Kaiser wurden nicht nach Verwandtschaft berufen, Vererbung des Thrones durch königliches Blut gab es nicht, sie wurden von Gott auserkoren, vom Senat gewählt, vom Heer bestätigt und vom Volk bejubelt. Ihre absolute Macht gehörte in den großen göttlichen Plan.

Trotzdem brauchte Gott für seine Wahl auch die Beteiligung von Menschen, und da gab es viele, die für ihren Günstling Ränke spannen. Der Papst, also Rom, machte seinen Einfluss geltend, damit ein orthodoxer Mann Kaiser wurde, während die Monophysiten für einen künftigen Kaiser ihrer Glaubensrichtung kämpften.

Theodora ging in Begleitung von Narses in den südlich ans Marmarameer grenzenden Wandelhallen spazieren.

»Ich habe Pothos und seine Freunde herzlich satt«, sagte sie missmutig. »Sie haben nichts anderes mehr im Kopf als

Verschwörung gegen die Regierung. Der dicke Kaufmann hat Angst vor der Zukunft und wird immer eifersüchtiger. Sein Geld hat er ja immer gut zusammengehalten, aber jetzt wirft er mir meine Fehltritte vor und will nicht nur Provisionen für Seide haben, sondern auch für Tugendhaftigkeit.«

»Ich mag diesen Wind«, sagte Narses und atmete tief durch.

»Vielleicht ändere ich mein Leben«, meinte sie halb im Scherz, weil sie wusste, ihr Freund würde bei diesen Worten hellhörig werden.

Und Narses blieb tatsächlich stehen und musterte sie.

Sie lächelte, freute sich und ließ sich mit der Antwort Zeit. »Pothos hat einen Freund, der mich mit den Augen verschlingt. Er pirscht sich an mich heran wie der Jäger an die Beute, aber er wollte noch nie mit mir schlafen. Mal etwas anderes und auf gewisse Weise schmeichelhaft. An einem Abend hat er doch tatsächlich gesagt: ›Eines Tages wirst du mich nicht mehr verlassen können.‹ So was von selbstsicher! Bestimmt hat er einen triftigen Grund für seine Überzeugung!«

»Und wie heißt er?«

»Hekebolos und er ist Beamter.«

»Hüte dich vor ihm.«

»Du kennst ihn also!

»Ja. Wenn ich im Bad bin, setzt er sich oft neben mich und fragt mich nach deinem Leben, deiner Kindheit aus. Du weißt ja, ich bin nicht gerade gesprächig und gebe nur kurz Auskunft. Aber jedes Mal fragt er mich: ›Gibt es noch andere Liebhaber als Pothos?‹ Einen Eunuchen so etwas zu fra-

138

gen, zeugt nicht gerade von Feingefühl«, sagte Narses, aber mit einem belustigten Lächeln.

»Und was ist an dieser Frage Schlimmes? Ich habe dir doch gesagt, dass er mich liebt. Er möchte einfach wissen, ob er bei mir landen kann.«

Sie erreichten den Hafen des Stadtviertels Eleutherius, wo der Lykos-Bach ins Meer mündete. Die Masten der großen Schiffe schaukelten im Wind.

»Lass uns bis zum Julians-Hafen gehen«, meinte Theodora.

»Das ist aber noch ein ganzes Stück.«

»Na und, ich mag die Marmortreppe bis hoch zum Palast. Erzähle mir mehr über Hekebolos.«

»Manchmal ist er sehr starrsinnig, das macht ihn nicht gerade sympathisch. Gestern haben im Bad zwei junge Leute miteinander gerungen, und einer ist dummerweise auf Hekebolos gefallen, aber dem ist weiter nichts passiert. Trotzdem hat Hekebolos auf den jungen Mann eingeschlagen und immer wieder gesagt: ›Du Tölpel, du bist ein Tölpel, und Tölpeln muss man es zeigen, die verdienen keine Bürgerrechte.‹ Das hat niemand gut gefunden, und zwei Badewärter mussten ihn dann um Ruhe bitten. Ich halte ihn für gefährlich.«

»Meiner Meinung nach übertreibst du«, beschwichtigte Theodora. »Du bist immer noch furchtbar eifersüchtig auf meine Liebhaber. Bei Libanius kann ich das ja noch verstehen, denn den habe ich mehr geliebt als mich selbst, aber auf die anderen musst du nun wirklich nicht eifersüchtig sein. Und im Übrigen solltest du die lieben, die mich lieben.«

»Ich werde den lieben, der dich verdient. Deine leichtlebige Ader gefällt mir überhaupt nicht.«

Aus einem Kloster wehten fromme Gesänge bis zu ihnen herüber.

»Ich sage es noch einmal: Hüte dich vor diesem Mann«, beharrte Narses.

»Und ich sage noch einmal, er hat mich nicht gefragt, ob ich mit ihm schlafen will, und das reizt mich und schmeichelt mir. Also schätzt er mich und hat ernste Absichten.«

»Wenn du doch bloß nicht so furchtbar eitel wärst, das wird dich noch teuer zu stehen kommen.«

»Dich deine Miesepetrigkeit auch. Warten wir also ab, was das Schicksal mit uns zwei liebenswerten Menschen noch alles vorhat.«

Im Jahre fünfhundertachtzehn gab es im Juli ein so furchtbares Gewitter, dass die Römer das Ende der Welt gekommen sahen und in die Keller flüchteten, wenn vorhanden. Entfesselte Wellen krachten ans Ufer und die Wolken waren so dick und dunkel, dass der Tag zur Nacht wurde. Blitze zuckten wie Höllenfeuer. Acht Stunden lang suchten die Bewohner Konstantinopels Zuflucht in ihren Häusern und hielten die Fenster trotz der schwülen Luft bis zum allerletzten Blitz geschlossen. Der war noch ohrenbetäubender als die vorhergehenden und schlug in den Kaiserpalästen ein. Dann herrschte Totenstille. Nach und nach wagten sich ein paar Menschen aus dem Haus und aufs Augusteum. Dort ging es so leise zu wie in der Kirche, denn der Zorn des Himmels hatte ein deutliches Zeichen gesetzt. Dann wurde geflüstert, dann hallte lauter und lauter die Nachricht in den Wandelgängen: Der Kaiser ist tot.

Anastasius' Tod versetzte die Stadt in einen Freudentaumel. Prozessionen zogen umher, schwenkten Kreuze und beteten: »Herr, gib uns einen orthodoxen Kaiser! Vater im Himmel, gib uns einen Kaiser mit dem rechten Glauben.«

Auch Theodora und ihre Freundinnen gingen aufs Augusteum, sie wollten unbedingt wissen, wer der künftige Erhabene sein würde. Eine große Menschenmenge wartete auf den Beschluss der Senatoren, die den Erwählten Gottes aussuchen würden. Doch wie sollte man den göttlichen Willen erkennen, wenn es weder eine verwitwete Kaiserin gab, die sich einen neuen Ehemann nahm, noch einen Kaiser, der seinen Nachfolger bestimmen konnte? Die Römer auf dem Platz wurden ungeduldig, während im Thronsaal Würdenträger, Senatoren und der Patriarch verhandelten und sich nicht einigen konnten. Und so beschlossen am folgenden Morgen zwei Parteien, nämlich die Prätorianergarde und die Scholes, die Situation selbst in die Hand zu nehmen. Die Nachrichten aus dem Kaiserpalast waren noch immer widersprüchlich, erregten die Menschenmenge und beunruhigten. Gerüchte aus dem Hippodrom besagten, dass die Prätorianergarde unter Justin einen gewissen Johannes auf den Schild gehoben hätte, um ihn zu krönen. Aus dem Palast verlautete, die Scholes im Saal der Neunzehn Klinen, der Speiselager, hätten Patricius aufgestellt und wollten ihn ihrerseits krönen. Die fehlende Absprache ärgerte die Prätorianer, sie stürmten mit der Doppelaxt auf der Schulter wütend zum Palast, um Patricius abzuführen und ihren Anwärter einzusetzen. In dem Kampf gab es Verwundete, und auf einmal schrie jemand, der aus dem Palast kam: »Sie haben Johannes gewählt.«

Man dankte Gott, bis sich herausstellte, dass die Eunuchen in den kaiserlichen Gemächern Widerstand leisteten. Sie weigerten sich, Johannes mit Kette und Krone, den unabdingbaren Insignien der Macht, zu krönen. Die Wahl des Kaisers gestaltete sich so schwierig, dass die Menge kopflos wurde. »Gott hat die Römer verlassen«, hörte man überall, und die Panik wurde so groß, dass viele auf die Knie sanken oder in die Kirchen strömten.

Vielleicht schafften es die Gebete einer ganzen Stadt, jedenfalls schlugen die Senatoren nach einer durchwachten Nacht Justin, den Präfekten der Prätorianergarde, als Erwählten Gottes vor. Der wiederum staunte über die Wege der Vorsehung und wurde, verwundet wie er war und mit gespaltener Lippe, ins Hippodrom geführt, damit ihm das Heer zujubeln konnte.

Und dann hob man Justin auf der Plattform unter der kaiserlichen Tribüne vor Würdenträgern, Soldaten und dem Patriarchen auf den Schild, und er empfing die Kette des Befehlshabers über das Heer. Dann bauten die Soldaten mit ihren Schilden eine »Schildkröte«, und hinter ihr krönte der Patriarch Justin mit der Krone und kleidete ihn in die purpurne Chlamys.

Die Parteien jubelten dem sechzehnten Kaiser Ostroms mit den rituellen Zurufen zu. Theodora in der Wandelhalle sagte ärgerlich: »Ich bekomme von hier nichts mit. Er sieht alt aus.«

»Er ist achtundsechzig«, sagte Narses, »und er ist Soldat und stammt aus Dakien in Illyrien. Von Haus aus spricht er Latein.«

»Ich kann kein Latein. Ist die Kaiserin auch da?«

»Ich glaube nicht. Aber gewiss seine beiden Neffen, Germanus und Justinian.«

»Zum Verrücktwerden, ich kann sie aus dieser Entfernung nicht erkennen.«

»Das ist ja ein anderer Patriarch, der da ist ganz klein!«, staunte Indaro.

»Dann ist er bestimmt orthodox«, meinte Chrysimallo.

»Worauf wartet der Kaiser noch, er muss seine Partei wählen«, sagte Theodora ungeduldig.

»Der ist sicherlich noch benommen, dass man ihn überhaupt gewählt hat«, meinte Narses. »Er hat keine Zeit gehabt, seine Schärpe zu holen.«

Jetzt reichte ein Kammerherr dem Kaiser eine Schärpe und die war blau. Theodora jubelte vor Freude zusammen mit der einen Hälfte des Hippodroms.

Konstantinopel feierte die ganze Nacht. Man tanzte, man dankte Gott, die Kirchen waren voll, es gab eine Kerzenprozession, und bei Sonnenaufgang summte und brummte die Stadt noch immer.

Theodora ging im Morgengrauen zum Theodosius-Forum zurück und da sah sie, dass die Seidenbehänge aus ihrer Wohnung zusammengefaltet auf einem Karren lagen. In diesem Augenblick traten zwei kräftige Männer mit Kissen und Tischchen beladen aus dem Haus.

»Diebe! Schämt ihr euch nicht! Macht euch die Proklamation des neuen Kaisers zunutze und brecht ein. Schafft das sofort wieder ins Haus!«

»Anordnung von Pothos. Er ist oben!«

Theodora stürmte in den ersten Stock und fand dort den

Kaufmann, wie er gerade das Silbergeschirr in eine Truhe packte.

»Du Unmensch!«

»Ach! Da bist du ja wieder!«, bedauerte er. Und dann sagte er: »Wie du siehst, schließe ich das Geschäft. Sag nichts, es hat nämlich keinen Zweck. Ich habe mich zu viel mit den Monophysiten um Kaiser Anastasius abgegeben. Jetzt wird es zu Verfolgungen kommen.«

»Du glaubst doch nicht im Ernst, dass der Kaiser sich für einen gewöhnlichen Kaufmann wie dich interessiert?«

»Doch. Du hast mich immer unterschätzt. Seide ist bares Geld, viel Geld für jemanden, der sie kaufen und verkaufen kann. Ich gehe mit meiner Familie nach Asien.«

»Wirst du lange fortbleiben?«

»So lange, bis sich hier die Wellen beruhigt haben. Ich habe für vier Jahre Seide auf Lager.«

Theodora kannte diesen harten Blick und wusste, sie könnte zu seinen Füßen sterben, er würde sich nicht von seinem Entschluss abbringen lassen.

»Und ich, was wird aus mir?«

»Du, du wirst wieder Schauspielerin. Das kannst du doch am besten. Und zügele deinen Ehrgeiz. Spiele das Stück mit dem alten Ardalion, eine sehr gute Idee, diese dumme Person. Und kümmere dich endlich um deine Tochter, eine Tochter braucht die Mutter.«

Er kam zu ihr, und ganz kurz wurde seine Miene weicher. »Ich vergesse dich nicht. Du wirst mir fehlen.« Er gab ihr zehn goldene Solidi und ging.

Theodora setzte sich auf den Fußboden, doch anstelle des Teppichs war da ein großes kahles Rechteck. Über Fenster-

und Türrahmen hingen noch die Haken für die Wandbehänge. Die Ikonen hatten als Einzige ihre Seidengewänder
behalten und brachten noch ein wenig Farbe in den Raum.
Auf dem Forum jubelten die Blauen, und man hörte die Dan-
kesgesänge der orthodoxen Christen.

Sitzen gelassen. Man hatte sie wieder einmal sitzen lassen,
und das machte ihr schwer zu schaffen. Schließlich hatten
sie zusammen gelebt, wenn auch ohne Leidenschaft, und das
verband. Sie hatte sich an den dicken Kaufmann gewöhnt.
Mit welcher Leichtigkeit Männer eine Frau einfach verließen, auch wenn sie diese mehr oder weniger geliebt hatten!

Wieder einmal musste sie ihr Leben neu erfinden. Aber in
Zukunft würde sie Vorsichtsmaßnamen treffen, würde sich
nicht wieder von den Launen der Männer abhängig machen.
Ob sie heiraten und sich damit finanziell gegen das Verlas-
senwerden absichern sollte? Pothos' Flucht zwang sie zum
Umdenken, und das konnte sich als durchaus heilsam erweisen.

»Es gibt noch andere Freuden für mich«, machte sie sich
Mut.

Bevor sie aufbrach, bekam Josua ein Abschiedslächeln,
schließlich hatte der auch lange auf den Sieg warten müssen.

Kapitel neun

Komito und Anastasia schliefen noch, als Theodora mit Tuniken und Umhängen beladen in ihre Kammer kam.

»Ach! Da bist du ja wieder«, sagte Komito. »Mit dem Kurtisanenleben ist es wohl vorbei!«

»Ich freue mich, dass du zurück bist«, sagte Anastasia. »Mit dir ist es im Haus gleich viel fröhlicher.«

»Pothos hat mir meine Tuniken, meine Umhänge und meine Sandalen gelassen. Wenn ihr wollt, könnt ihr sie auch anziehen. Warum lasst ihr bloß bei Sonnenaufgang alles offen?«, sagte Theodora und schloss die Läden.

»Lieber Gott, erbarme dich«, murmelte Komito. »Sie ist noch genauso herrisch wie früher.«

»Komm, iss etwas!«, rief die Mutter.

Theodora ging ins andere Zimmer, wo ihre Mutter Wolle spann, und nahm sich Brot und Käse.

»Kind, habe ich dir nicht immer gesagt, komm nach Haus und zurück ins Hippodrom. Das ist deine richtige Familie. Und dann heirate Uranius. Er ist zärtlich, und er hängt an dir. Uranius verdient mal sehr gut, denn der göttliche Justin ist für die Partei der Blauen. Hör auf deine Mutter. Die weiß, was Unglück ist. Als dein armer Vater gestorben ist und das Elend an unsere Tür geklopft hat …«

»Mutter, ich weiß«, unterbrach sie Theodora. »Ich muss nachdenken, bitte sei einen Augenblick still, ja.«

»Seit wann hindere ich dich am Nachdenken?« Der Faden riss, die Mutter schimpfte. »Eine Tochter sollte Vertrauen zu ihrer Mutter haben.« Andererseits musste sie das Gesicht wahren, und so schnitt sie schnell das Thema Kaiserreich an. »Bin ich froh, dass Gott einen schlichten Bauern ausgesucht hat, der seine Kindheit nicht vergessen hat und die Not der armen Leute kennt. Der göttliche Justin wird die Erlauchten und Reichen bestimmt auf ihren Platz verweisen …«

Theodora hörte nicht zu, sondern betrachtete ihre Tochter, die im Bett der Großmutter schlief. Sie erinnerte sie einfach zu sehr an Libanius.

»Mama, danke, dass du dich um Eudoxia gekümmert hast. Ich weiß, dass ich eine Rabenmutter bin, aber ich kann nicht anders.«

Die Mutter lächelte mit einer gewissen Genugtuung. »Und was willst du jetzt machen?«, fragte sie vorsichtig.

»Weiß ich noch nicht. Aber ganz gewiss nicht hier bleiben.«

»Wohin willst du? Und wie?«

»Ich könnte mich in Kappadokien um Pferde kümmern, bei dem Onkel von Uranius.«

Die Mutter drehte energisch die Spindel. »Dein Leben ist hier. Auf dem Land gehst du ein vor Langeweile.«

»Mama!«, rief Eudoxia. Sie war aufgewacht und streckte ihrer Mutter die Ärmchen entgegen.

Theodora ging zu ihr, blieb jedoch vor dem Bett stehen. »Hast du letzte Nacht auch Spaß gehabt?«, fragte sie die Kleine.

»Ja. Bleibst du jetzt zu Hause, Mama?«

»Weiß ich noch nicht. Bis bald.«

Damit ging Theodora. Unterwegs sah sie hier und da Monophysiten, die von Wachen ins Gefängnis gebracht wurden. Pothos hatte Recht gehabt mit seiner Angst vor plötzlichen Veränderungen. Das bedeutete, sie musste sich vorsehen und abwarten.

Eines schönen Mittags, als die Arbeit auf dem Forum in den Werkstätten ruhte und jeder einen Bissen aß, lief ihr Melone über den Weg

»Ich habe dich gesucht«, sagte er.

»Und hast mich gefunden«, sagte Theodora lachend. »Möchtest du Käse und Brot abhaben?«

»Man sagt, dass die Getreideernte in Ägypten sehr gut ausgefallen ist und wir diesen Winter genug zu essen haben.«

Theodora amüsierte sich wieder einmal über die gewundenen Gedankengänge des Bettlers, die immer so schön lange um den Kern einer Nachricht kreisten. Aber es waren unsichere Zeiten, daher wollte sie rasch Bescheid wissen.

»Hast du mich gesucht, nur um mir diese frohe Botschaft auszurichten?«

»Nein, ich wollte dir nur sagen, dass man Hekebolos in Afrika zum Gouverneur ernannt hat.«

»Woher weißt du das?«

»Ich habe ihn heute Vormittag im Bad getroffen und habe das Gespräch mit seinem Nachbarn belauscht.«

»Und was geht mich das an?«

»Er hat gesagt: ›Ich will Theodora fragen, ob sie mitkommt.‹ Da bin ich los, weil ich dir das doch schnell sagen wollte.«

Theodora biss in das knusprige Brot. »Kein Mensch in der ganzen Stadt ist so gut unterrichtet wie du! Wieso macht die Stadtpolizei eigentlich keinen Gebrauch von deiner Begabung?«

»Hekebolos sagt, dass er, seit er dich kennt, keine einzige Frau angerührt hat.«

»Was, keine einzige Frau? Melone, findest du das normal?«

Der Bettler schüttelte den Kopf. »Es bietet sich nicht immer eine Gelegenheit.«

Theodora gab ihm zwei schallende Küsse. »Du bekommst nur einen bronzenen Follis, ich habe nämlich im Augenblick kein Geld. Und du berichtest weiter, was sich in der Stadt so alles tut.«

»Worauf du dich verlassen kannst, schönste aller Frauen.«

Offizielle Geliebte eines Gouverneurs war eine beneidenswerte Stellung, vorausgesetzt, man heiratete ihn irgendwann. Hekebolos interessierte sich schon länger für sie, dieser Plan war also durchaus machbar. Und wünschenswert.

Zwei Tage später klopfte Hekebolos an die Tür des Hauses mit dem tönernen Bären. »Sei gegrüßt«, sagte er. »Ich heiße Hekebolos und bin Gouverneur.«

Die Mutter legte sofort die Schürze ab und breitete ein Tuch auf dem Tisch aus, stellte einen Teller mit Obst hin und bot dem Gast den einzigen Stuhl des Hauses an.

Er nahm Platz. »Ist Theodora da?«

»Sie holt Wasser vom Brunnen und ist sicher gleich zurück.«

Der Gouverneur wartete schweigend. Die Mutter setzte sich auf einen Schemel, putzte weiter Gemüse und musterte ihn forschend. Der Gouverneur war um die dreißig, und kein Lächeln konnte sein hageres, kantiges Gesicht freundlicher machen.

»Im Palast gibt es bestimmt Veränderungen«, sagte die Mutter, weil sie das Gespräch in Gang bringen und gleichzeitig Neuigkeiten in Erfahrung bringen wollte. »Es wird gemunkelt, dass der Adel den göttlichen Justin nicht recht mag! Das will ich gern glauben. Hochnäsige Leute, diese Adligen. Ja, ja, wie der Vater der kleinen Süßen da. Ach! Da ist sie ja endlich …«

Theodora trat mit dem Wasserkrug auf der Schulter ein und tat erstaunt. »Hekebolos! Willst du mit meiner Mutter plaudern?«

»Ich muss mit dir reden.«

Theodora stellte den Krug bedächtig auf den Tisch, holte drei Näpfe, bot Wasser an, zog sich einen Schemel heran und setzte sich.

Hekebolos musterte sie ausdruckslos und sagte wie gewohnt tonlos und schroff: »Ich habe Kaiser Justin gekannt, als er noch Prätorianerpräfekt war. Ich bin orthodox, und deswegen hat er mich zum Gouverneur von Pentapolis in Nordafrika ernannt.«

»Nordafrika, das ist aber sehr weit weg«, erschrak die Mutter.

»Nordafrika!«, wiederholte Theodora enttäuscht. »Ein ziemlich trockenes Land!«

Hekebolos störte sich nicht an ihrer Bemerkung. »Pentapolis in Afrika nennt sich auch Kyrenaika und ist eines der beiden Libyen. Kyrene liegt dicht am Meer. Ich möchte Theodora mitnehmen. Ich kenne keine Frau wie dich«, sagte er zu dem jungen Mädchen. »Du wirst bei mir leben und bekommst ein schönes Haus mit Dienerschaft, Sklaven, prächtigen Kleidern und Schmuck.«

»Bleibst du lange dort?«, fragte Theodora besorgt.

»Nein. In zwei, drei Jahren kehre ich nach Konstantinopel zurück und bekomme einen wichtigen Posten im Palast. Das hat mir Justin zugesagt.«

»Wann reist du ab?«

»Bald. So um Neujahr herum.«

»Und vorher wird geheiratet«, sagte die Mutter.

»Das machen wir in Afrika, wo uns niemand kennt und wo ich der Stellvertreter des Kaisers bin. Ich erwarte deine Antwort«, sagte er zu Theodora. Er stand auf, verbeugte sich und ging.

»Uranius ist mir lieber«, sagte die Mutter rasch.

Theodora dachte schweigend nach. Sicher, der Mann war steif, sie konnte also auf keinen zärtlichen und lustigen Liebhaber hoffen, aber sie hatte genug gelacht, und zweimal war sie schon verlassen worden. Sie spürte, dass dieser Bewerber zuverlässig war und ihr eine sichere Zukunft bot. Er wirkte zwar immer ernst und streng, andererseits aber auch gesetzt und rechtschaffen, und das gefiel Theodora durchaus.

Am nächsten Tag besuchte sie Antonina und bat sie um Rat.

»Sei gegrüßt«, sagte Antonina. »Ich bringe Photius in die Kirche, er muss lesen lernen, schließlich ist er schon acht und kein Kleinkind mehr. Komm mit, wir können ja unterwegs plaudern.«

Der Junge war eher zart, und er begrüßte Theodora mit einem Lächeln.

Sie erzählte von Hekebolos. »Er hält so viel von mir, dass er seit langem keine Frau mehr angerührt hat.«

»Ist das wirklich noch normal?«, fragte Antonina besorgt, aber ihr belustigter Blick sprach Bände.

»Er will erst mit mir ins Bett gehen, wenn wir in Kyrene sind. Das macht mich etwas misstrauisch.«

Antonina lachte – was blieb Theodora denn für eine Wahl? – und sagte abschließend: »Also, du bist Schauspielerin und Kurtisane. Zudem willst du höher hinaus. Das ist nicht einfach. Ich weiß Bescheid. Am besten heiratest du. Natürlich keinen hohen Beamten, das ist verboten, aber zum Beispiel einen Mann, der bislang noch nicht Erlauchter ist. Wenn Hekebolos dich heiraten will, lohnt sich die Mühe bestimmt.«

Theodora war noch jung, daher gefielen ihr weder die kühlen Schlussfolgerungen Antoninas noch das Bild im Spiegel, den die ihr vorhielt. »Ich habe noch keine Lust zu heiraten, wo ich doch erst so wenig erlebt habe. Er ist schon so gesetzt!.«

»Ich hatte das Glück, ich habe Florentinos geheiratet, Gott sei seiner Seele gnädig. Der war zärtlich und weich wie Wachs. Merk dir, man muss einen Mann um den Finger wickeln können. Kommst du mit ins Bad?«

»Nein, ich treffe mich mit Narses.«

»Endlich mal eine gute Idee, dieser Eunuch. Den hatte ich ganz vergessen.«

Am Ufer des Lykos-Baches war es im glutheißen Juli einigermaßen kühl, und so ging Narses auf und ab und trällerte
ein bekanntes Liedchen. Dann sah er seine Freundin und
seine Augen leuchteten auf. »Ich habe eine gute Nachricht.
Man hat die monophysitischen Eunuchen fortgeschickt, und
ich bekomme eine Stelle im Palast.«

Theodora gab ihm einen Kuss.

»Der Schatzmeister«, fuhr Narses fort, »hat sich oft bei
mir in der Bibliothek Auskunft geholt und mir jetzt einen
Schreiberposten in der Schatzkammer angeboten. Das Ge-
halt ist bescheiden, aber das ist nichts Neues. Wie das Leben
doch spielt! Hätte man einen anderen Kaiser ernannt, könnte ich bis ans Ende aller Tage in der Bibliothek hocken.«

»Mein Leben ändert sich auch. Hekebolos ist zum Gouverneur der Kyrenaika ernannt worden. Er nimmt mich mit.«

Narses blickte sie entsetzt an. »Tu das nicht, geh nicht mit
diesem Mann! Er liebt dich nicht. Mir kommt er wie ein
Raubvogel vor, der mit seiner Beute davonfliegt und sie dann
verzehrt.«

Aber sie ließ sich ihre gute Laune nicht verderben. »Wenn
er doch Flügel hätte, dann wäre er sicherlich lockerer.«

»Das war kein Witz.«

»Antonina hat gesagt …«

»Antonina ist auch so ein Raubvogel. Aber sie ist einfühl-
samer und klüger. Hekebolos ist hartherzig, ich mache mir
wirklich Sorgen um dich.«

»Du willst ja nur, dass ich hier Kurtisane bleibe. Er heiratet mich, wenn wir da sind.«

»Es gibt nicht nur Hekebolos.«

»Dir gefällt ja doch keiner. Wenn man dich so hört, bist

du der Einzige, der mein Vertrauen verdient. Alle anderen taugen nichts, abgesehen von dem armen Uranius! Denk mal ein wenig an mich, ich habe nämlich die Schauspielerei und die Komödien satt! Ich habe das Leben als Kurtisane satt, denn da wirst du weggeworfen wie ein angefaulter Apfel.«

»Und wer sagt dir, dass ich dich nicht auch wegwerfe wie einen angefaulten Apfel?«

Sie sah ihn ärgerlich an und sagte trocken: »Ich gehe für zwei, drei Jahre, komme zurück, und dann sind wir Freunde wie früher. Stell dich nicht so an, ich bin doch nur kurz weg.«

Narses ging besorgt am Ufer des fast ausgetrockneten Baches hin und her und sagte mehr zu sich als zu seiner Freundin: »An dem Tag, als ich dich kennen gelernt habe, hatte ich einen Traum. Ein kleiner Affe hat sich vor mir aufgerichtet, hat das Kreuz geschlagen und ist so groß geworden wie die Goldene Pforte. Von dieser erstaunlichen Höhe herab hat er gesagt: ›Erkenne die, die unter dem Schutz der Heiligen Vorsehung steht.‹ Isadora die Lahme hat diesen Traum gedeutet. Der Schützling der Vorsehung stehe unter dem Stern des Affen, hieße Theodora und würde eines Tages auf perlenbestreuten Pfaden wandeln. Ich habe sehr schnell begriffen, dass du das nicht sein kannst, aber da hatte ich dich schon ins Herz geschlossen.«

»Ich bin es aber! Schauspieler stehen unter dem Stern des Affen, und ich reise mit einem Gouverneur. Wenn er nach Konstantinopel zurückkommt, sind wir verheiratet, er erhält ein wichtiges Amt, wir haben ein schönes Haus, vielleicht einen Palast, und du wirst bei mir Kammerherr.«

Und als sich der Eunuch ausschwieg, sagte sie: »Ich weiß, du magst Hekebolos nicht. Aber bislang hat sich noch keiner so um mich bemüht.« Und dann lächelte sie ihr kindlich hinreißendes Lächeln. »Und was weißt du schon über die Beziehung zwischen Frauen und Männern und Männern und Frauen.«

»Ein wenig. Die antiken Schriftsteller haben viel zu diesem Thema geschrieben.«

»Bücher sind nicht das Leben.«

Als sie ging, dachte er, das Schicksal ist mir nicht immer wohl gesonnen. Auf der einen Seite die große Freude, dass ich endlich einen Posten in den Kaiserpalästen habe, auf der anderen Seite der große Kummer: Theodora verlässt mich. Er hatte miterlebt, wie aus einem jungen Mädchen mit unklaren Sehnsüchten eine entschlossene und kluge Frau geworden war. Was war, wenn der steife Hekebolos sie so reizte, dass sie sich danebenbenahm und es gefährlich für sie wurde?

In diesem Jahr waren die Neujahrsfeierlichkeiten besonders prächtig. Justin hatte nämlich eine gut gefüllte Schatzkammer vorgefunden und versorgte das Volk großzügig mit reichlich Lebensmitteln. Bei den Wagenrennen gewann Uranius alle Rennen. Er kaufte sich einen kleinen Palast und gab dort am letzten Tag der Festwoche einen großen Empfang.

Theodora sah mit gemischten Gefühlen die Fassade aus rosigem Marmor, die beiden kleinen Giebeldreiecke, auf dem einen das Letzte Gericht, auf dem anderen die Auferstehung, ein Palast fast so schön wie der von Libanius! Was

155

für eine Ironie! Sie brauchte nur zuzugreifen und alles gehörte ihr. Und gerade da musste sie sich auf eine unsichere Zukunft einlassen!

Der Blick vom Garten aus war einmalig. Das Haus stand auf dem siebten Hügel, tief unten schimmerte das Goldene Horn.

Theodora ging zu den anderen Gästen und schon kam Uranius und nahm sie in die Arme.

»Ich habe auf dich gewartet. Jetzt kann das Fest beginnen.«

Die Orgel der Blauen auf der Estrade stimmte eine fröhliche Melodie an, Diener trugen auf Tischen Tongefäße herein, die zur Feier des Tages wie Pferdeköpfe geformt waren. Es gab Gemüse, Fleisch und viele Sorten Fisch, Gewürze, Käse und Weine aus allen Gegenden des Römischen Reiches. Dann wurde ein Karren hereingeschoben, und Antonina stellte sich daneben, blickte triumphierend in die Runde und verkündete: »Für Uranius, den Stolz unserer Stadt, von dem göttlichen Kaiser Justin.«

Rasch zog sie das Tuch herunter und enthüllte eine Statue des Wagenlenkers mit erhobener Peitsche, stolz gerecktem Kinn und prachtvollem Körper.

Uranius standen die Tränen in den Augen. »Das war schon immer mein Traum, mein Traum.«

»Und diese Statue«, so sagte Antonina jetzt, »wird schon bald im Wandelgang des Hippodroms stehen. Was hatte ich dir versprochen?«

Sie küsste den Wagenlenker und ging zu Belisar. Theodora überlegte, wer wohl bewundernswerter war, der Wagenlenker oder die gerissene Frau, die ihm diese Statue verschafft hatte und nun den Kopf an die Schulter eines jungen und schönen Offiziers legte. Belisar war mit seinen neunzehn Jahren schon ein ausgezeichneter Soldat, bestach durch eine stolze Haltung und ein strahlendes Lächeln.

»Wie macht sie das bloß, vierunddreißig Jahre und verhext einen so schönen jungen Mann?« fragte Indaro leise. »Zaubertränke, anders klappt das nicht.« Und zu Theodora: »Erkundige dich mal, du kennst sie doch gut.«

Der Dichter der Blauen stellte sich vor den Wagenlenker und deklamierte: »O Uranius, der seinen Wagen rasch in die Arena lenkt/Wie Gott uns jeden Morgen seine Sonne schenkt/Und der dort kreist als leuchtendes Gestirn ...«

Gänsegeschnatter unterbrach den Dichter, Basilius trug eine Gans in den Raum. »Für dich, Theodora. Sie hat Hunger, hat seit gestern kein Futter mehr bekommen.«

»Liebe Freunde«, sagte Theodora lächelnd, »ich spiele nicht mehr mit Gänsen.«

Die Gäste ließen nicht locker.

»Für Uranius!«

»Für den neuen Kaiser!«

»Der täte gut daran, eine Gans an seine Stelle zu setzen, Großes bringt der nämlich nicht zustande«, verkündete Indaro laut und mit einem gewissen Erfolg.

»Liebe Freunde«, wiederholte Theodora, »meine lieben Freunde, bald breche ich mit Gouverneur Hekebolos nach der Kyrenaika auf. Ich will endlich ein ruhiges Leben führen. In ein paar Tagen geht es los. Aber ich komme schnell zurück, bestimmt. Der Kaiser hat Hekebolos einen wichtigen Posten im Palast versprochen.«

Der Nebel wollte sich einfach nicht heben, als sich Theodora auf dem Augusteum von Narses verabschiedete, weil der nicht zusehen mochte, wie sie abfuhr.

»Pass gut auf dich auf«, sagte er und tat so, als müsse er Theodoras Schleier zurechtzupfen.

»Ja, so gut es geht.«

Sie blickten sich wortlos an, er zwang sich zu einem Lächeln, ihre Augen strahlten hoffnungsfroh.

»Bitte kümmere dich um Eudoxia.«

»Das tue ich, versprochen.« Dann sagte er: »Unten im Süden wird es schnell dunkel.«

»Ich schreibe dir. Und nicht vergessen«, sagte sie lachend, »du bist mein einziger Freund.«

Sie küsste ihn und ging zu ihrer Familie zurück, ohne sich noch einmal umzudrehen.

Man überlebt so manches, dachte er.

Das Schiff nach Afrika war eines der letzten, das vor dem nächsten Frühling noch den Hafen verließ. Der Dichter auf dem Kai nutzte schnell die gute Gelegenheit.

»Du brichst jetzt auf nach Afrikas Gestaden/So wie Kyrene einst in Lieb' zu Apollon/Und wie die Nymphe der Kykladen/Kehrst du zurück mit einem Sohn.«

Die Mutter, Anastasia und Eudoxia weinten.

»Noch bin ich nicht gestorben«, sagte Theodora vorwurfsvoll. »Ich will nur ein mir angemessenes Leben führen.«

»Wenn du doch bloß Uranius geheiratet hättest, wer fährt schon zu diesen Barbaren?«, sagte die Mutter.

»Diese Barbaren gehören zum Römischen Weltreich.«

Theodora gab Mutter, Tochter, Schwestern, Freundinnen und allen Freunden vom Hippodrom einen Kuss.

Hekebolos wurde ungeduldig. »Theodora, das Schiff will segeln, beeile dich.«

Aber sie konnte sich kaum losreißen und ging endlich unter dem wütenden Blick des Gouverneurs über die Laufplanke. Die Seeleute hissten die Segel, das Schiff stach in See.

Bald war die Hauptstadt des Römischen Reiches nur noch eine dunkle Linie am Horizont, aber Theodora nahm sie im Herzen mit. Sie würde nichts vergessen, nicht die Wandelgänge, nicht die Plätze, die Häuser, die Einwohner. Sie ging nicht, weil sie vergessen, sondern weil sie als geachtete Ehefrau heimkehren wollte.

Die Winde bliesen günstig, und einen Monat später erblickte sie zum ersten Mal die libysche Küste. Sie war flach, grässlich flach und einheitlich hellgelb.

»Ist es überall so flach?«, fragte sie besorgt.

»Aber natürlich«, erwiderte Hekebolos. »Dahinter kommt doch die Wüste.«

Theodora bedauerte schon ihren Entschluss und hatte auf einmal Sehnsucht nach üppig grünen Hügeln. Aber dann kam der Hafen von Apollonia, und ihre gute Laune kehrte zurück. Männer mit goldbrauner Haut spielten zu Ehren der Ankömmlinge Trommel und Flöte. Ein Beamter verbeugte sich und hielt eine lange und schmeichelhafte Rede.

Das Paar wurde zu einem Wagen geführt, der es nach Kyrene ungefähr zehn Meilen inlands brachte. Das Haus war luftig und hell. Zwei Höfe hintereinander, einer überdacht, der andere ringsum mit einem Wandelgang, dann ein großer

Garten. Springbrunnen, Tamarisken, Blumen. Mosaiken oder farbenfreudige Bilder schmückten Wände, Fußböden und Decken. Rings um die Höfe gab es kleine Schlafzimmer, der Speisesaal mit seinen ockerfarbenen und roten Wänden öffnete sich auf der ganzen Länge zum Hof hin. Theodora fand, das Haus versprach Fröhlichkeit und Glück, außerdem musste der Gouverneur oft im Amtsgebäude, etwa fünfhundert Schritt entfernt, anwesend sein.

Ab morgen würde sie als seine offizielle Geliebte die Zimmer einrichten, denn sie waren zwar ausgeschmückt, aber nicht möbliert. Von zwei Dienerinnen begleitet, kaufte sie Seidenbehänge und Teppiche. Kyrene war eine Enttäuschung, klein und trist. An den Straßen reihten sich zwar schöne und ziemlich gut erhaltene Häuser, auf den Foren standen Statuen, doch Kyrene hatte seine beste Zeit hinter sich. Der Läden gab es nur wenige, und die waren schlecht bestückt, die Bevölkerung verhielt sich eigenartig still. Theodora war abergläubisch, fröstelte und befahl dem Kutscher, sie sofort nach Haus zu bringen.

»Ich brauche Stoffe und finde hier nichts«, erklärte sie Hekebolos während des Mittagessens. »Ich fahre nach Apollonia, in Häfen bekommt man alles.«

»Wehe, du mischst dich in den Läden unter das Volk. Bleib in deinem Wagen und schicke deine Dienerinnen. Ich nehme dich nur zur Ehefrau, wenn man dich achtet.«

Das Wunderwort Ehefrau nahm dem Befehl die Schärfe, und so ließ sie sich am nächsten Tag in den Hafen fahren. Gerade hatte das letzte Schiff vor der Winterpause angelegt und auf dem Kai türmten sich afrikanische, ägyptische und persische Stoffe. Theodoras Wagen hielt vor einem Stand,

160

der etwas mehr Waren anbot als die anderen, und sie bat ihre Dienerin, auszusteigen und ihr Stoffe zu bringen. Die Dienerin, eine Schwarze, die nicht gut Griechisch sprach, gehorchte langsam und linkisch. Ungeduldig ging Theodora zu ihr, entfaltete die Stoffe, wählte drei aus und wollte gerade wieder in ihren Wagen steigen, als sie Hekebolos' Diener sah, der seinen Esel ein paar Schritt vor ihr zum Stehen gebracht hatte.

»Was tust du hier?«, fragte sie.

»Der Herr hat gesagt, ich soll dir folgen und dich beschützen, falls es Ärger gibt.«

»An einem so elenden Ort kann mir nichts zustoßen. Verschwinde! Ich brauche dich nicht!«

Während der Rückfahrt ärgerte sich Theodora über den Gouverneur. Wahrhaftig, er ließ sie überwachen wie eine Verbrecherin. Vor seinem Amtssitz stieg sie aus und stürmte in sein Amtszimmer, ohne Rücksicht auf den anwesenden Beamten zu nehmen.

»Du lässt mich überwachen! Lass dir eines gesagt sein, so etwas kannst du mit mir nicht machen! Wenn das so weitergeht, wird dein Sklave festgenommen und ins Meer geworfen.«

Hekebolos beachtete seine Geliebte nicht, sondern erklärte dem Beamten: »Ich sagte gerade, was Ehebruch angeht, so ist Auspeitschen …«

»Muss ich dich auch auspeitschen lassen, damit du mich überhaupt anhörst?«

»Schweig!«, sagte er wütend. »Du störst mich bei der Arbeit.«

Und dann diktierte er seinem Untergebenen auf Latein.

161

Theodora knallte die Tür hinter sich zu. Dieser steinerne Mann verunsicherte sie. Sie wusste einfach nicht, was er wollte, was er dachte. Warum hatte er sie überhaupt mitgenommen? Bislang hatten die Männer in ihrem Leben immer klare Wünsche geäußert. Aber der hier war und blieb ein Rätsel. Und sie seufzte insgeheim erleichtert, als er mitten in der Nacht in ihr Schlafzimmer trat, das war nämlich vertrautes Gelände. Er kam mit einer Lampe in jeder Hand. Sie stand zu seinem Empfang unbekleidet auf, und er musterte sie unbewegt von Kopf bis Fuß.

»Du siehst mich an wie ein exotisches Tier«, sagte sie.

»Weil ich noch nichts Vergleichbares gesehen habe.«

»Ich bin eine gewöhnliche Frau mit einem Mund, zwei Brüsten und zwei Händen.«

»Und das alles benutzt du nicht wie andere.«

Und schon warf er sie aufs Bett und nahm sie heftig und wortlos, danach ging er, kam aber an jedem darauf folgenden Abend wieder. Nach und nach wurde es für Theodora zur Qual, dieses Zusammensein mit einem eiligen, gewalttätigen und stummen Körper.

Narses hörte fast ein ganzes Jahr nichts von Theodora. Aber er hielt sein Versprechen und besuchte die kleine Eudoxia einmal in der Woche, und sie stürzte sich jedes Mal beglückt in seine Arme. Er nahm sie mit in die Wandelgänge des Hippodroms, wo man sie im Spaß als »Eunuchentochter« grüßte. Narses verstand nicht recht, warum ein Unglück wie seines so viel Heiterkeit auslöste. Fand man etwa auch Blinde, Taube und Stumme lustig?

Die Post, ein kaiserliches Privileg, erlaubte es dem ge-

162

wöhnlichen Bürger nicht, einfach Briefe zu schicken, und so kamen nur wenig Nachrichten aus der Kyrenaika, einer ziemlich ruhigen und armen Gegend im Vergleich zum benachbarten reichen und unruhigen Ägypten. Endlich brachte ein Schiff aus Libyen ein paar Pergamentblätter. Herzensbotschaften und Staatsgeheimnisse las man lieber an einem abgeschiedenen Ort, daher wartete Narses ungeduldig auf einen ruhigen Augenblick.

Kyrene. Theodora an Narses.

Narses, mein liebster Freund. Das Leben hier ist nicht so angenehm, wie ich es mir erhofft hatte. Zum einen ist die Kyrenaika eine ziemlich langweilige Gegend, sehr kalt im Januar und im Sommer anscheinend sehr heiß. Außerhalb der Stadt kann man überhaupt nicht spazieren gehen, weil ringsum Wüste ist. Hekebolos ist sehr streng, befiehlt oder verbietet mir vieles, aber die Frau eines Gouverneurs muss sich ja auch untadelig benehmen. Wie ich Dir damals sagte, hatte ich gedacht, ich könnte seine Sorgen und Pflichten teilen. Aber er ist meinen Vorschlägen ausgewichen und hat gesagt: »Alle Dinge außerhalb des Hauses hat Gott den Männern anvertraut, und alle im Haus den Frauen.«

Ich weiß noch nicht, ob ich im Frühling heirate. Vielleicht reise ich ab, wenn wieder Schiffe gehen. Ich frage mich, warum ich es nicht schaffe, so zu leben, wie ich es mir wünsche. Ist das Gottes Wille? Bin ich selbst Schuld an den Enttäuschungen, die ich erlebe? Habe ich vielleicht zu viel sträflichen Ehrgeiz? Du fehlst mir. Hier gibt es niemand, mit dem ich offen reden kann, alle fürchten sich vor dem Gouverneur, weil der sehr herrisch ist.

Ich habe nur die Gesellschaft meiner Dienerinnen, drei schwarze Afrikanerinnen, eine Gotin und eine Italikerin. Alle sprechen Griechisch mit einem lustigen Akzent. Wir spielen die Komödien von Aristophanes, bauen uns die Kulissen und nähen die Kostüme selbst. Wir haben schon

Die Weibervolkversammlung *für Hekebolos und seine Beamten aufgeführt. Als ich mich zum Schluss verbeugt habe, hat er seinen Lieblingssatz gesagt: »Dieses hätte selbst der liebe Gott nicht länger ertragen.«*

Ich habe einen kleinen Affen gekauft, und er folgt mir auf dem Fuß. Ach wie gern wäre ich genauso frei wie er.

Ich warte sehnsüchtig auf den Frühling, dann wärmt mir die Sonne hoffentlich das Herz.

Geht es Dir im Kaiserpalast gut? Gehab Dich wohl.

Theodora

Der Winter ging zu Ende, und Theodora dachte nicht mehr an Heirat. Sie bemühte sich zwar, Hekebolos' Grobheit, und schlimmer noch, seine Kleinlichkeit zu ertragen, aber ihre Überraschung war in Empörung und ihre Empörung in Abneigung umgeschlagen. Sie verabscheute Hekebolos jetzt. Doch sie durfte ihn nicht misstrauisch machen, sie verbarg also ihren Hass, denn sie plante die Flucht. Wenn die Schifffahrt wieder aufgenommen wurde, wollte sie nach Antiochia in Syrien fahren, das Land, aus dem ihre Familie ursprünglich stammte. Dort würde sie wieder einmal ein Leben erfinden, ein geachtetes und reiches, ehe sie nach Konstantinopel zurückkehrte.

Ende Februar fuhr sie häufig zum Hafen von Apollonia, wollte herausfinden, wann wieder Schiffe gingen. Anfang März erfuhr sie, dass das erste Schiff in Richtung Osten den Hafen am übernächsten Tag verlassen würde. Sie weinte vor Freude. Fort von hier! Fort aus diesem Land, von diesem Mann, das Buch Zukunft aufschlagen, darin blättern und Freuden und Überraschungen entdecken, aufs Neue mit einem Leben nach ihren Wünschen beginnen.

Bei ihrer Rückkehr nach Kyrene versperrte ihr auf der Hauptstraße eine Menschenmenge den Weg. Wachsoldaten drängten die Menge zurück, man ließ einen Mann und eine Frau auf einem Esel durch. Zwei Sklaven peitschten auf ihre Rücken und Nacken ein, dass dicke rote Striemen zurückblieben. Die Unseligen ritten an Theodoras Wagen vorbei, und die aufgebrachte Menge folgte.

»Was haben sie getan?«, fragte sie eine Dienerin.

»Die Frau ist verheiratet und hat mit dem Mann die Ehe gebrochen. Der Gouverneur hat sie gerade zum Tode verurteilt.«

Die ganze, seit Monaten aufgestaute Wut kam jäh hoch, und Theodora, die sich bereits auf dem Schiff wähnte, schlug alle Vorsicht in den Wind und platzte beim Abendessen heraus: »Warum hast du die Frau zum Tod verurteilt? Das ist in Konstantinopel nicht üblich. Dort darf der Ehemann die Strafe für seine Frau wählen. Aber du verachtest Frauen, du willst sie unterwerfen, sie zertreten, ihnen die Lebenslust rauben ...«

Hekebolos lief vor Wut rot an und stand auf. »Elende, verteidigst du diese Verbrecher etwa? Ja, das gefällt dir, du Sünderin. Es gefällt dir, wenn dich jeder beschnüffelt. Ob Mann, ob Tier, alles geilt dich auf, es ist eine schändliche Lust und vom Evangelium verdammt. Ich beobachte deine Lüsternheit schon seit Jahren und verfolge dich, du Dämon, du. Ich habe mir gesagt, eines Tages besitze ich dich, das Ungeheuer, und bestrafe dich, wie du es verdienst. Ich weiß, ich habe mich von deinem weichen Bauch verführen lassen und dafür meine Seele geopfert. Und wie innig habe ich zu Gott gebetet, dass er sich meiner erbarme und aus meiner Lust Abscheu mache. Aber jetzt wirst du deine Verworfenheit büßen.«

Theodora merkte, dass ihre Pläne zunichte geworden waren. Sie floh in ein kaltes und kahles Schlafzimmer, scheuchte die Dienerinnen bis auf eine alte Sklavin aus Germanien fort, die kein Wort Griechisch konnte, dafür aber Latein, denn sie hatte jahrelang in einer römischen Familie gedient.

Und so lernte Theodora aus Langeweile denn Latein, die Amtssprache des Römischen Reiches, vor allem aber machte sie die alte Sklavin zu ihrer Verbündeten. Die ließ sich vom Schreiber alte Papyri und Pergamente geben, sodass Theodora Texte zum Lesen hatte und sich auf dem Laufenden halten konnte. Und das Lernen der lateinischen Sprache machte ihr Spaß.

Zum Schlimmsten kam es eines Abends, als Hekebolos ihr einen Besuch abstattete. Er war erregt und sagte gehässig:

»Dir fehlt ja nur ein Mann. Du wolltest nichts weiter als meine Männlichkeit, du Elende, aber die bekommst du nicht. Warum sollte ich dir Lust bereiten?«

Aber gleichzeitig wuchs seine Erregung an und schon stürzte er sich mit aufgerissenen Augen auf die junge Frau. Sie kämpfte wie eine Wilde, kratzte, biss, doch er war stärker. Im Hinausgehen drehte er sich um und sagte angeekelt: »Dieses hätte selbst der liebe Gott nicht länger ertragen.«

Eines Abends biss sie ihn so ins Ohr, dass er stark blutete.

»Du bist vom Teufel besessen«, sagte er. »Wenn das nicht besser wird, übergebe ich dich dem Zauberer.«

Sie erschrak furchtbar, denn gegen die Macht der Zauberer half nichts, da konnte man noch so willensstark und klug sein.

Sie war derart verstört, dass sie sehr krank wurde und um einen Priester bat, weil sie beichten wollte.

»Wenn der findet, dass du vom Teufel besessen bist«, sagte Hekebolos, »lasse ich dich exorzieren.«

Der Priester war gütig. Sie erzählte ihm, was sie erdulden musste, nahm kein Blatt vor den Mund und bat ihn, ihr bei der Flucht zu helfen. Er hatte Mitleid mit ihr und log dem Gouverneur etwas vor. »Sie ist irre, aber ihre Sünde steckt an. Jage sie fort.«

Was als Strafe gedacht war, wurde ihre Erlösung. Sie floh nur in Tunika und Sandalen und lief zu Fuß bis Apollonia, hatte aber natürlich kein Geld für eine Schiffspassage.

Apollonia. Theodora an Narses.

Mein geliebter Narses, ich diktiere diesen Brief einem Schreiber, ehe ich aus der Kyrenaika fliehe. Das Leben hier war furchtbar. Das Meer tobt, kein Schiff verlässt den sicheren Hafen. Ich habe solche Angst, dass der Gouverneur nach mir sucht, dass ich lieber mit einer Karawane aufbreche, die nach Alexandria zieht. Bete für mich.

Theodora

Kapitel zehn

Der Karawanenführer, ein hochgewachsener Schwarzer aus dem Süden, setzte sie auf einen Esel. »Aber schlaf ja nicht ein, sonst schert dein Esel nämlich aus der Karawane aus und verirrt sich in der Wüste.«

Es war eine ziemlich kleine Karawane: drei Kamele, eines für den Anführer, die anderen für Vorräte und Waren, und fast ein Dutzend Sklaven, die barfuß gingen und von drei Wärtern auf Packeseln bewacht wurden.

Die Sonne verschwand hinter dem Horizont und die blauroten Farben der Abenddämmerung erinnerten sie an die zarten Farben erlesenster Seide. In der Wüste wurde es schnell kalt. Sie schlotterte in ihrer Tunika vor Kälte und konnte es kaum erwarten, sich hinzulegen und mit Sand zu bedecken. Als endlich der Mond die endlose, bleiche Landschaft erhellte, befahl der Anführer, für die Nacht zu halten und ließ sein Zelt aufbauen.

»Schlaf bei mir, damit kannst du den Esel abbezahlen«, sagte er.

Sie hatte keine Kraft mehr sich zu wehren, und außerdem war es im Schutz des Zeltes und an der Seite eines Mannes deutlich wärmer. Zum Glück tat er ihr nicht weh, sondern war nur ein wenig grob und unwirsch.

Die nächsten Tage hatte sie keinen anderen Gedanken, als

sich trotz schmerzenden Muskeln in Rücken und Kehrseite, trotz der dumpfen Müdigkeit, die ihr das Hirn vernebelte und ihre Lider schwer machte, auf ihrem Esel zu halten. Nur nicht einschlafen, nur nicht die Karawane verlieren!

Eines Abends sah sie in der Ferne ein Feuer. Ein Leuchtturm. Alexandria. Freiheit.

Am darauf folgenden Tag zog die Karawane durch die weißen Stadtmauern ein und verteilte sich in einem riesigen Hafen. Theodora schöpfte Mut. Endlich wieder Menschenmassen, Lärm, Fröhlichkeit und viele Rassen, kleine, aber sehr kräftige Schwarze, Ägypter mit brauner Haut, Griechen, Araber, Juden, Italiker. Die meisten sprachen Griechisch, die Schwarzen mit rollendem Akzent, die Italiker im Singsang. Auf den Kais gab es alles zu kaufen: Kristalle, Porzellan, kostbare Steine, Seide, Elfenbein, buntfarbige Gläser, Töpferwaren, Schleier, Gold, Gewürze, Wohlgerüche, Salz, Essig, Wein, Honig, Datteln, Bier, Obst, Gemüse, Fische, Esel, Schafe, Sklaven, Teppiche aus Memphis und selbst Natron zum Einbalsamieren der Toten. Der Karawanenführer hielt bei einem Lagerhaus, gab zwei Männern ein Zeichen, dass sie die Sklaven abholten, dann packte er Theodora beim Arm. »Komm, wir gehen in das Haus da drüben unter den Palmen. Du bist schön und jung, du bringst viel Geld.«

Theodora blieb wie angewurzelt stehen und starrte ihn ungläubig an.

»Na mach schon«, sagte der Anführer ungeduldig.

Da kehrte ihre Geistesgegenwart zurück, und ihre schnelle Auffassungsgabe half auch. Schreien würde nichts nutzen, der Mann hatte gewiss Helfershelfer, und im Hafen hier war

Frauenhandel nichts Ungewöhnliches. Er hielt zwar noch immer ihren Arm gepackt, doch sie machte sich schwer, ließ sich nur widerstrebend mitziehen, war bereit, bei der ersten Gelegenheit zu fliehen. Die bot sich beim Anblick eines Gewürzstandes mit großer Auswahl. Theodora schnappte sich einen Korb mit Pfeffer und schüttete ihn ihrem Häscher über den Kopf. Und während er hustete, sich räusperte und fluchend die Augen rieb, war Theodora schon in der Menge untergetaucht.

Als der Hafen hinter ihr lag, zögerte sie. Zu ihrer Rechten erstreckte sich die Stadt, zu ihrer Linken eine lange, verlassene Landstraße. Die schlug sie ein, denn sie musste sich zunächst verstecken, Menschen aus dem Wege gehen, vor allem Männern. Ins Hurenhaus! Der Karawanenführer hatte sie an ein Hurenhaus verkaufen wollen, und sie hätte zu den Unseligen gehört, wie sie im Viertel um das Hippodrom lebten. War sie der alten Hurenmutter nur deshalb entkommen, um hier in Alexandria ein Freudenmädchen zu werden? Hatte ihr der Himmel einen solchen Unglücksort zugedacht? Welche Ironie! Da wollte sie ehrbar werden und heiraten und wäre fast in einem Hurenhaus geendet. Ach, wo waren die perlenbestreuten Pfade, die Isadora die Lahme prophezeit hatte?

Als sie niemanden mehr entdecken konnte, setzte sie sich am Wegesrand nieder und betrachtete ihre Umgebung. Zu beiden Seiten der Landstraße erstreckten sich zwei große Häfen, einer nach Westen, wo die Karawane angehalten hatte, und einer nach Osten. Am Ende der Straße war eine Insel und im Osthafen der Leuchtturm, der berühmte Leuchtturm von Alexandria. Den hatte sie sich nicht so hoch und mächtig vorgestellt. Er war weiß wie die Steine des Landes und hatte drei jeweils kleiner werdende Stockwerke, die durch große Treppen verbunden waren. Oben in der Kuppel mit der Statue, die sie nur schlecht erkennen konnte, brannte das Leuchtfeuer. Rings um den Leuchtturm standen noch mehr Statuen und Säulen, und einige erinnerten sie an den Obelisken im Hippodrom. Es war wohl am besten, wenn sie sich auf die Insel flüchtete.

Die Leuchtturminsel war verlassen. Nur ein paar Fischer lebten hier in armseligen Hütten.

Theodora erklärte der ersten Frau, die ihr begegnete: »Ich komme von sehr weit und bin müde. Bitte, behalte mich ein paar Tage bei dir, und ich helfe dir dafür, so gut ich kann.«

»Sei willkommen.«

Die Familie bestand aus Großvater, Vater, fünf kleinen Kindern, dem Bruder des Vaters und seiner Frau. Alle aßen einen Brei aus Weizenmehl, und dann schliefen sie auf Matten im einzigen Raum des Hauses.

Im Augenblick fühlte sich Theodora nicht stark genug für die Stadt. Das Leben mit Hekebolos hatte sie misstrauisch und empfindlich gemacht. Und so blieb sie mehrere Monate bei den Inselbewohnern und half ihnen nach besten Kräften. Sie lernte, Netze zu flicken, den Boden für die Frühlingsaussaat vorzubereiten, sie spielte mit den Kindern Pantomimen und brachte ihnen etwas Lesen bei.

Erst im Frühling war sie bereit, auf ihrem verschlungenen Lebensweg weiterzuwandern, sie bedankte sich bei den Fischern und ging nach Alexandria.

Alexandria. Theodora an Narses.

Mein bester Freund, ich schreibe dir in der Taverne von Makedonien, wo ich ein winzig kleines Zimmer habe. Diesen Brief gebe ich einem Kaufmann mit, der morgen nach Konstantinopel aufbricht. Ich habe den Winter bei Fischern auf der Leuchtturminsel verbracht und lebe jetzt in der Stadt, um Freunde zu finden und Geld zu verdienen. Doch warum bin ich so müde und ohne Hoffnung? Die Stadt ist schön und würde dir gewiss auch gefallen. Die Straßen sind viel breiter als in Konstantinopel und kreuzen sich im rechten Winkel. Es gibt ein Theater und ein Hippodrom, aber ich kann mich zu nichts aufraffen: Ich mag weder essen noch mich ankleiden, geschweige denn lachen. Manchmal lasse ich mich für Liebesdienste bezahlen. Ich verbringe ganze Tage im Dämmerzustand in den schönen Gärten, Du würdest mich kaum wiedererkennen: Deine Theodora ist mager, traurig und hässlich und schrecklich blass wie immer, wenn es ihr schlecht geht. Die Frau, die ich in Konstantinopel war, gibt es nicht mehr. Ich möchte so gern jemanden verführen und mich wie früher am Leben freuen. Der Gedanke ist wohl da, aber mir fehlt die Kraft. Narses, weißt Du noch, wie lustig ich einmal war? Meine Taverne ist in der Nähe von Kleopatras Palast. Wenn ich daran denke, wie viel Macht und verführerischen Zauber diese Frau einst hatte, komme ich mir noch elender vor. Hilf mir, ich möchte so gerne nach Haus! Und vor allem bete für mich zur Jungfrau Maria, ich habe so große Angst, dass ich von einem Dämon besessen bin, der mich in den Tod zieht.

Theodora

Nach Ostern feierte man in Alexandria ein Fest zur Rückkehr der hohen Würdenträger, die im Süden des Landes auf Elefantenjagd gewesen waren. Die allgemeine Aufregung hatte auch Theodora angesteckt, und so drängte sie sich mit anderen Zuschauern in den Wandelgängen. Plötzlich sah sie einen mageren Mann an der Mauer sitzen, dem der

Lärm ringsum nichts anzuhaben schien, er trug einen abge-
wetzten ägyptischen Lendenschurz und flocht einen Korb
aus Palmblättern. Trotz seiner armseligen Aufmachung fielen ihr die anmutigen Bewegungen, die elegante Haltung,
die strahlenden Augen auf. Ein gebildeter Mensch. Doch da
war noch mehr. Er strahlte eine so gelassene Ruhe aus, dass
Theodora tief beeindruckt war. Sie musterte den Unbekannten beharrlich, doch er hielt ebenso beharrlich den
Kopf gesenkt. Dann jedoch musste er Palmenzweige ent-
wirren und murmelte auf Syrisch: »Heilige Jungfrau, steh
mir bei.«

»Bist du Syrer?«, fragte sie schnell.

»Ich komme aus Antiochia.«

Und er fuhr schweigend mit seiner Arbeit fort. Eine laute
Horde junger Leute schob sich zwischen sie. Als sie fort
waren, hakte Theodora nach. »Kehrst du bald nach Antiochia zurück?«

»Nein. Man verfolgt die Monophysiten noch zu sehr.«
Und dann fügte er heftig hinzu: »Auf Befehl von Kaiser Justin haben Soldaten die Pforten der Klöster gewaltsam geöffnet, die Mönche verbannt, gefangen genommen und abgeschlachtet. Ich bin nach Ägypten geflohen, weil ich in der
Wüste leben wollte.«

Schon wieder drängte eine Gruppe durch und schubste
Theodora auf die Straße. Aber der Syrer interessierte sie.

»Was wolltest du da?«

Als er nicht antwortete, wiederholte sie: »Warum wolltest
du in die Wüste?«

»Weil ich zu Gott beten und Buße für meine Sünden tun
will.«

Der Mann gefiel ihr, und sie hatte auf einmal Lust, ihn ein wenig zu necken. »Willst du etwa wie in der syrischen Wüste auf eine Säule klettern, auf einer kleinen Plattform hocken und dir mit einem Korb und einem langen Seil Wasser und Brot nach oben schicken lassen?«

Als er antwortete, blickte er sie noch immer nicht an. »Nein, die Säulenheiligen haben etwas Aufreizendes, das gefällt mir nicht. Sie sind auf Ruhm aus, und Eitelkeit finde ich verwerflich. Während ich auf den Segen von Patriarch Timotheus warte, bringe ich mich mit Körbeflechten durch. Der Patriarch ist dieser Tage krank. Danach breche ich in die Wüste der Heiligen auf!«

»Diese Wüste kenne ich nicht.«

»Viele Menschen ziehen sich nach dort zurück. Ich will beten und fasten, weil ich meinen Körper beherrschen und meine Seele erlösen möchte.«

»Wie heißt du?«

»Thomas!«

»Ich heiße Theodora.«

Der Korb war fertig, der Einsiedler stand auf und sagte: »Gott behüte dich.«

»Wohin gehst du?«

»Ich will zum Patriarchen, er erwartet mich.«

»Darf ich dich begleiten?«

»Erspare mir diese Qual.«

In diesem Augenblick kamen die Elefanten, und das Gedränge wurde noch schlimmer. Theodora wurde mitgeschoben und gegen eine der Kaiserstatuen gedrückt. Sie betrachtete die Elefanten zerstreut, denn der Satz von Thomas »Erspare mir diese Qual« tat weh. Sie war also zu einer Qual geworden! Hatte sie sich so verändert? War sie so hässlich und elend geworden, dass man sie wie eine Pestkranke zurückwies? Aber wie fand sie aus diesem jämmerlichen Leben heraus? An wen konnte sie sich wenden, allein wie sie war? Da fiel ihr Timotheus der Patriarch ein, den Thomas aufsuchen wollte. Der heilige Mann würde einem verirrten Schaf bestimmt helfen.

Der heilige Markus hatte Ägypten evangelisiert und war in diesem heidnischen Land zum Märtyrer geworden, und seitdem gab es in Alexandria eine Bischofskirche. Am nächsten Morgen ging Theodora dorthin und fiel vor dem Patriarchen auf die Knie. Der segnete sie und sagte: »Steh auf, meine Tochter, und setze dich.«

Der Raum, in dem sich Timotheus aufhielt, war halb karg und halb religiös-verschwenderisch ausgestattet mit vielen Ikonen und frommen Statuen, bot aber nur wenige Sitzgelegenheiten aus schlichtem Holz. Timotheus war um die vierzig, trug eine schlichte, dunkle Tunika, seine ganze Fröhlichkeit strahlte aus seinen Augen, und er lächelte gern, vor allem, wenn er eine neue Sünderin vor sich hatte. »Ich habe auf dich gewartet, Theodora«, sagte er ganz selbstverständlich.

»Woher weißt du, wer ich bin?«

»Thomas aus Antiochia hat gestern von dir gesprochen.«

»Der hat mich doch nicht einmal angesehen und könnte mich gar nicht beschreiben«, widersprach Theodora empört.

Timotheus lächelte. »Für eine verwandte Seele im Kampf gegen den Satan genügt ein einziger Blick. Er hat sofort begriffen, dass du seine Begierde wecken und ihn zum Sklaven seiner Sinne machen wolltest.«

Theodora wurde blass. »Das hat er gesagt?«

»Ja«, antwortete Timotheus noch immer lächelnd. »Und er hat auch gesagt, er würde Gott gern so eifrig dienen wie du dich der Verführung von Männern widmest. Und mit Frauen kennt er sich tatsächlich aus. Seine Familie in Antiochia ist sehr reich, er hatte ein angenehmes Leben und hat es auch genossen. Aber er verzichtet auf diese ganze Lust, weil er sich ganz Gott weihen will.«

Als er Theodoras bestürzte Miene sah, legte er ihr beruhigend eine Hand auf die Schulter. »Mein Kind, mache dir seinetwegen keine Sorgen. Du kannst ja nicht wissen, wie sehr eine Frau Menschen in Angst und Schrecken versetzt, die das Leben der Engel leben wollen und sich bei Gott für uns verwenden. Und wir armen Sünder sind wiederum abhängig vom Gebet dieser Heiligen, die weder auf Hunger, Durst, Begierde noch auf Gesundheit Rücksicht nehmen, damit ihre Seele ganz rein wird. Aber erzähle mir von dir, meine Tochter. Was tust du in Alexandria? Wonach suchst du? Woher kommt dieser dumpfe Schmerz, den ich in dir spüre?«

Bei diesen Worten wurde es Theodora etwas leichter zumute und sie schüttete ohne zu zögern ihr Herz aus.

Als sie fertig war, wiegte Timotheus nachdenklich den Kopf. »Du besitzt viele gute Eigenschaften, meine Tochter, aber du kennst dich nicht sehr gut. Warum willst du dich zerstören? Weißt du nicht, dass die Philosophen jedes Übermaß verdammen und dass nichts im Leben Sinn ergibt außer der Liebe Gottes?«

»Was soll ich denn tun?«

»Gott wird dir seinen Rat geben, wenn er es für richtig hält. Deine Aufgabe ist es, zu erkennen, was er von dir erwartet. Du bist klug, fast so klug wie die Männer, und das solltest du richtig nutzen. Erinnerst du dich an die Parabel von den Begabungen? Christus fordert, dass wir mit den Pfunden wuchern, die wir vom Himmel empfangen haben.« Der Bischof schenkte zwei Becher Wasser ein, reichte einen Theodora und fuhr fort: »Du wirst aus der Taverne ausziehen und bei einer sehr frommen Patrizierin namens Clara wohnen. Sie hat von ihrem Vermögen ein Kloster gegründet.«

Timotheus schrieb ein paar Worte auf Pergament, faltete es, reichte es ihr und sagte: »Hast du noch Fragen?«

Theodora nickte. »Ja. Du hast gesagt, ich kenne mich nicht gut. Warum ist das wohl so?«

Der Patriarch wiegte wieder nachdenklich den Kopf. »Es ist noch ein wenig zu früh, dir das zu erklären, aber eines kann ich dir jetzt schon sagen: Du bist ein Mensch, der Durst hat, wie unser Herr sagt, und willst diesen Durst durch den Besitz von Dingen und Menschen stillen. Diese Gier führt zu nichts. Dinge und Menschen gehören allein Gott. Dass du eine leidenschaftliche Frau bist, ist an sich nichts Schlimmes, vorausgesetzt, du dienst damit dem allmächtigen Vater. Geh, meine Tochter, und Gott sei mit dir.«

Theodora verabschiedete sich erleichtert. Sie freute sich schon auf den nächsten Besuch bei Timotheus und dachte darüber nach, was er gesagt hatte. Seit langer Zeit – eigentlich seit Narses – hatte sie mit niemandem ein offenes und ehrliches Gespräch führen können.

Das Haus der Patrizierin war ganz in der Nähe. Und Clara beeindruckte sie: Spitzes Gesicht, große wasserfarbene, fast durchsichtige Augen, hochgewachsen, auch wenn die Tunika nicht verbarg, dass sie mager war.

»Der Patriarch von Alexandria schickt mich«, sagte Theodora und reichte ihr das Pergament.

»Sei willkommen, Schwester, und Gott segne deinen Aufenthalt in diesem Haus.«

Sie traten auf einen dunklen Flur.

»Ich wohne hier«, sagte Clara und zeigte auf eine geschlossene Tür, »und du kannst dort schlafen.«

Es war eine winzige Kammer mit einem Strohsack auf dem Lehmfußboden, einem Schemel, einem Tischchen und einer Lampe.

»Ich esse sehr wenig, du wirst also deine Mahlzeiten bei den Schwestern im Kloster nebenan einnehmen. Drei Hammerschläge sagen dir, wann es Essen gibt.«

Claras Stimme war so lieblich, dass Theodora sie fast aufreizend fand. Und sie nahm Clara diese unendliche Sanftheit fast übel, denn sie meinte, darin eine gewisse Gleichgültigkeit zu erkennen. Clara lächelte abbittend und erklärte: »Ich bete jeden Tag lange zum Herrn. Aber wenn du etwas benötigtst, darfst du natürlich an meine Tür klopfen.«

Theodora war schwindlig, sie ging in ihr Zimmerchen, legte sich auf den Strohsack und schloss die Augen. Wann war endlich Schluss mit dieser Müdigkeit?

Darüber hätte sie gern auf der Stelle mit dem Patriarchen gesprochen, doch sie musste sich gedulden.

Im Refektorium des Klosters mit seinen ockerfarbenen Wänden und Decken traf sie zehn Nonnen in braunen Wollkutten und sehr unterschiedlichen Alters an. Sie sprachen gerade das Tischgebet an einem langen Tisch aus rohem Holz. Danach kam die Älteste auf die Neuangekomme zu und neigte leicht den Kopf. »Gesegnet sei, wer da kommt im Namen des Herrn. Setze dich zu uns.«

Die Mahlzeit bestand aus einer klaren Suppe, Brot und Käse, und alle aßen bedächtig. Theodora wartete darauf, dass man sie in das Klosterleben einführte und etwas zu Clara und vor allem Timotheus sagte. Doch das Essen verlief schweigend, nur eine junge Nonne las aus der Epistel des Paulus vor. Dann gingen alle zur Komplet in die Kapelle.

Theodora war diese Welt ständiger Frömmigkeit fremd, sie kam sich vor wie nach einem Schiffbruch, jedoch noch weit, sehr weit vom rettenden Ufer entfernt.

Zwei Tage später saß sie endlich wieder in dem Raum mit den vielen Ikonen an den Wänden und dem staunenswerten Patriarchen.

»Wie ist das Leben bei Clara, meine Tochter?«, fragte er fröhlich.

Sie seufzte. »Ich habe den Eindruck, ich bin gar nicht vorhanden!«

Timotheus tat erstaunt. »Sie haben dich aufgenommen und dir ein Bett und zu essen gegeben.«

»Ja, aber sie interessieren sich nicht für mich. Sie stellen keine einzige Frage.«

»Das ist ganz richtig, meine Tochter, ihr erster Gedanke gilt nämlich Gott. Und weil sie Gott lieben, helfen sie jedem, der sie um Hilfe bittet, ganz gleich, woher er kommt, denn er ist ein Lamm Christi. Und von oben betrachtet, ähneln sich die Lämmer einer Herde sehr.«

Theodora errötete ein wenig und senkte den Kopf.

»Du kannst es glauben oder nicht, aber sie beschäftigen sich durchaus mit dir und beten zum Herrn um Hilfe. Was können diese armen Nonnen wohl Besseres tun, damit einer so großen Sünderin wie dir geholfen wird?«

Die Sünderin gab sich empört. »Und woher wissen sie das?«

Timotheus lachte schallend, ein herzliches offenes Lachen, das sie überraschte und gleichzeitig verzauberte, er blickte der jungen Frau in die Augen und sagte: »Meine Tochter, das ist doch völlig unwichtig. Wir sind allzumal Sünder. Überlege einmal, wie du ihnen helfen kannst.«

»Mit nichts«, wehrte Theodora ab, »denen kann nur Gott allein helfen. Erzähle mir lieber von dir«, fügte sie hinzu.

»Du willst mich verführen, sogar mich«, tadelte Timoteus sanft.

»Nein … nein. Aber Thomas hat mich zurückgewiesen, und …«

»Du kennst die inneren Kämpfe nicht, die Männer ausfechten müssen. Ach, dein Stolz, dein zu großer Stolz!« Er beugte sich vor. »Hör mir gut zu. Du brauchst zwar noch Ruhe und Geborgenheit, aber auch deine Seele braucht Nahrung. Geh zu Severus, dem alten Patriarchen von Antiochia, den man seit Beginn der Verfolgungen jagt. Er ist das hellste Licht unserer Kirche, du kannst viel lernen, wenn du seinen Predigten und den Disputen mit seinen Schülern über das Wesen Christi aufmerksam folgst. Er wird dir Bücher leihen, die wirst du lesen und mit ihm darüber sprechen.«

180

Timotheus war ihr so nahe, dass Theodora seinen männlichen Duft wahrnahm, und ihr wurde heiß. Sie blickte auf seine großen Hände, die er auf den Knien gefaltet hatte, und unterdrückte mit aller Macht das Verlangen, sie zu streicheln. Ihre Gedanken schweiften ab und ihr Blick wurde weich.

Auf einmal stand der Patriarch auf, legte ihr väterlich die Hand auf die Schulter und schob sie zur Tür. »Geh in Frieden, meine Tochter, und komm in einer Woche wieder.«

Severus war hochgewachsen, klug und ein wortgewaltiger Prediger. Theodora begeisterte sich schnell für die Ideen, Argumente und Streitgespräche, und es machte ihr Spaß, seinen Gedankengängen zu folgen. Sie ging jetzt jeden Tag in die Kirche, um sich die Predigt anzuhören oder mit Jüngern und Gegnern des monophysitischen Theologen zu disputieren. Severus staunte über ihren scharfen Verstand und ließ sie oft zu Wort kommen. Außerdem durfte sie die religiösen Schlussfolgerungen der theologischen Auseinandersetzungen aufschreiben, und das machte sie froh und stolz.

In dieser frommen Umgebung kam sie zu der Erkenntnis, dass Gott das Wichtigste im Leben war. Die Nonnen mit ihren ruhigen Stimmen und dem sanften Lächeln wuchsen ihr ans Herz, und sie bewunderte sie, weil sie zur höheren Ehre Gottes und zum Wohl der Menschheit auf die Welt verzichteten.

Und die Keuschheit, das merkte sie nach und nach, fiel ihnen auch nicht gerade leicht. Das konnte sie gut nachvollziehen, denn sie hatte selbst hart zu kämpfen. Timotheus! Wie oft wälzte sie sich schlaflos vor Verlangen auf ihrem Strohsack! Wie oft wurde ihr in seiner Gegenwart plötzlich heiß! Wie musste sie sich anstrengen, damit ihr Körper nicht mehr seinen Trieben gehorchte! Jetzt lernte sie zu verzichten, denn das forderte ein christlicher Gott in seinem Dienst. Doch gleichzeitig wurde sie eifersüchtig. Die vielen Sünderinnen, die zum Patriarchen kamen! Wie er sich bei ihnen wohl verhielt? Und fand er sie interessanter, bezaubernder als die anderen? Konnte sie es wagen, ihm diese dumme Eitelkeit einzugestehen?

Anfang August brachte ihr ein Sklave der Taverne von Makedonien einen Brief.

Narses an Theodora.

Gegeben zu Konstantinopel, im vierten Jahr des Kaisers Justin.

Es betrübt mich, dass ich Deine letzte Botschaft recht verspätet empfangen habe, meine liebste Theodora. Ich habe über Deinen Zustand Erkundigungen eingezogen, man nennt das Melancholie. Es ist eine Krankheit der Seele, die Gott dem Sünder schickt, damit dieser seinen Stolz ablegt. Vertraue Dich der göttlichen Barmherzigkeit an, und Du wirst bald wieder fröhlich sein. Der Freund, der Dir diesen Brief bringt, gibt Dir auch Geld für die Rückreise nach Konstantinopel.

Aber noch einige Neuigkeiten aus der Stadt. Kaiser Justin hat nach seiner Krönung die Staatsgeschäfte sehr vernachlässigt, schließlich ist er alt. Aber er hat einen Neffen, Petrus Sabbatius, wie er aus Makedonien, den liebt er und hat ihm den Namen Flavius Petrus Sabbatius Justinian gegeben. Dieser Neffe hilft ihm jetzt bei der Regierung. Ich begegne ihm zuweilen, er bittet mich, ihn in die Bibliothek zu begleiten, wenn er dort bis spät in die Nacht arbeitet. Justinian ist ein sanfter und liebenswürdiger Mensch, noch keine vierzig Jahre alt und sehr gebildet. Und er schätzt meine Arbeit! Nach seiner Ernennung zum Konsul gab er das übliche Fest am fünften Januar, und das war so prachtvoll, wie man es selbst im christlichen Rom bislang nicht kannte. Stell Dir vor, ein Kampf zwischen zwanzig Löwen und dreißig Leoparden, alle kraftvoll, schön und geschmeidig! Aus vielen Ländern dieser Erde kamen Gesandte. Ihre Unterschiedlichkeit beeindruckt mich sehr, ich muss sie immer wieder ansehen, die aus dem fernen Orient mit Schlitzaugen und platter Nase, die aus dem Norden ganz in Pelz und gegerbtem Leder, die aus dem Süden mit dunklem Gesicht und langen, farbigen Tuniken, die aus dem Westen mit langen Haaren und hohen Hüten, ganz zu schweigen von Hunnen, Goten, Herulern und Persern, die uns vertrauter sind. Dann erhob sich der Kaiser, grüßte erst die rechten, dann die linken Ränge, und da regnete es im ganzen Zirkus Rosen, die Orgeln stimmten eine Triumphmusik zu Ehren Gottes, und wir sangen: »Lob und Ehre sei Gott, dem Allmächtigen Herrscher.« Es war sehr bewegend, die Frauen hatten Tränen in den Augen.

Natürlich sind alle jene entrüstet, die den neuen Kaiser und seine Familie verabscheuen und für gewöhnliche Emporkömmlinge ansehen. Sie glauben, der Konsul hätte viertausend Pfund in Gold ausgegeben, weil er sich damit Beliebtheit erkaufen will. Aber Justinian wird von der Kirche unterstützt, er begeistert sich für die Theologie, und überall in der Hauptstadt und ihrer Umgebung entstehen Klöster und Kirchen.

Deiner Familie geht es gut. Ich habe Eudoxia eine Ikone der Gottesmutter geschenkt, die ist so schön, dass sie kaum von menschlicher Hand geschaffen sein kann.

Ich glaube fest daran, dass Dich die Vorsehung leitet. Komm schnell nach Hause.

Narses

Bei dieser Schilderung überfiel Theodora drängendes Heimweh. Vier Monate eines beinahe klösterlichen Lebens hatten ihren Glauben gestärkt, ihre Erwartungen gedämpft und ihre Gedanken geklärt, und so sprach sie mit Timotheus.

»Du hast Recht, meine Tochter, wenn du heim willst, du bist wieder gesund und guten Mutes. Das kontemplative Leben ist nichts für dich, du bist eine Kämpferin, aber deine Seele ist liebevoll, hellsichtig und fromm. Ich möchte, dass du an deinem Platz für Frieden unter den christlichen Brüdern sorgst. Geh jetzt, kümmere dich um deine Abreise und sage mir dann Lebewohl.«

Am Abend vor ihrer Abfahrt ging Theodora ein letztes Mal zu Timotheus.

»Du wirst mir fehlen, meine Tochter.«

»O Thimotheus, ich wäre so gern deine liebste Sünderin gewesen.«

»Das bist du und das bleibst du.« Und dann nahm er sie in seine Arme und sagte leise: »Ich werde jeden Tag für dich beten.«

Am anderen Morgen, dem letzten Tag des Monats, begleiteten Severus, der Wortgewaltige, und Clara, die Fromme, Theodora zum Hafen, und sie weinte, weil sie Menschen verlassen musste, die ihr die Lebensfreude wiedergegeben und ihr klar gemacht hatten, wie sehr Gott die Menschen liebte.

Kapitel elf

Während der Überfahrt blies ein günstiger Wind, die Segel blähten sich, die sanfte Dünung wiegte die Schiffe. Trotzdem brauchten sie fünf lange Wochen, bis sie die Dardanellen erreichten.

Im Hafen von Eleutherius, dem größten der Stadt, jubelten die Einwohner über die Ankunft der »Glück bringenden Flotte«, nun würde man für das kommende Jahr genug Brot haben. Im Getümmel auf dem Kai wurde Theodora von ihrer Vergangenheit eingeholt. Andererseits weckte diese lebendige Stadt wieder ihre angeborene Abenteuerlust und den Lebensmut, die bei den friedlichen Ägyptern eingeschlafen waren.

Gleichzeitig fühlte sie sich etwas fremd im Konstantinopel ihrer Jugend. Aber der Patriarch hatte ihr eine Mission anvertraut, und sie war durch Prüfungen gereift und würde nun ein anderes, gottgefälliges Leben in dieser Stadt führen. Außerdem war sie fünfundzwanzig Jahre alt und noch immer nicht verheiratet!

In einer Tunika aus grobem, selbst gewebtem Leinen irrte sie mit ihrem Bündel unter dem Arm auf dem Kai herum, vernahm wieder den römischen Akzent, die flinken Wortwechsel, sah die abergläubischen Gesten – Kreuzeszeichen, Küsse auf heilige Medaillen. Auf einmal rief jemand ihren

Namen, und da sah sie Melone, wie er auf kurzen, stämmigen Beinen auf sie zulief.

»Heilige Jungfrau, bei allen Heiligen, Theodora, du bist wieder da! Und wie schön du bist! Und wie dumm muss der Gouverneur sein, dass er dich davongejagt hat! Wir haben schon gedacht, dich hätte irgendein Barbarenkönig entführt!«

Und dann war Melone genauso schnell verschwunden, wie er gekommen war, versteckte sich hinter dem Stand eines Olivenhändlers. Auf der Straße trabte jetzt nämlich die kaiserliche Leibwache zu Pferd heran.

»Los, los, macht Platz!«, riefen die Soldaten.

Hinter ihnen rollten, umgeben von Eunuchen, drei von Mauleseln gezogene Wagen. Die Gaffer zogen sich zurück und ließen sie passieren, erst dann hagelte es Kommentare.

»Was will der eigentlich für eine Frau haben? Ist der niemals zufrieden?«

»Schöne junge Mädchen, frisch wie Fisch nach Rückkehr der Fischer, jung wie Vögelchen, die zum ersten Mal die Flügel öffnen! Die Kaiserin lässt unter den anständigen Familien des Landes nach so was suchen, aber Justinian will nicht.«

»Warum ist er nicht verheiratet? Er muss doch schon fast vierzig sein.«

»Vielleicht hat er keine Zeit. Er arbeitet wie ein Verrückter. Man sagt, dass er niemals schläft.«

»Wenn ihr mich fragt«, warf der Olivenverkäufer ein, »so mag er Frauen, aber nicht die Ehe, ist dann ja auch immer mit derselben. Der wechselt lieber nach Lust und Laune.«

»Das ist aber nicht im Sinne der Kirche, schließlich ist der Neffe des göttlichen Kaisers sehr fromm.«

Das verstand der Olivenhändler nicht. Melone kam aus seinem Versteck hervor und sah sich besorgt um. »Sind sie weg?«

»Ja«, sagte Theodora lachend. »Aber warum hast du dich versteckt?«

»Betteln tut man heute lieber heimlich. Weißt du nicht, dass Justinian mit Faulpelzen kurzen Prozess macht? Wer nicht arbeitet, wird zu öffentlichen Arbeiten herangezogen oder aus der Stadt gejagt. Nichtstun ist verboten. Und Arbeit gibt es genug, der Neffe des Kaisers lässt ja überall Kirchen, Klöster und Zisternen bauen.«

»Justinian hat Recht. Der Mensch soll arbeiten, so steht es in der Bibel.«

»Das glaube ich nicht. Ich erkundige mich bei einem Priester, das muss der mir erst mal beweisen. Und jetzt«, sagte er und richtete sich auf, »bin ich die Leibwache für die Königin des Hippodroms und begleite dich nach Haus.«

Ganz am Ende der Straße tauchte jemand auf und winkte wie verrückt.

»Wer ist das denn?«, fragte Theodora verblüfft.

»Das könnte Basilius sein.«

Der junge Mann war in der Tat kaum wiederzuerkennen, so komisch hatte er sich herausgeputzt: Bart und Schnauzbart wie ein Perser, Haare wie ein Hunne vorn geschoren und hinten wild auf die Schultern fallend. Er trug die Hosen und Stiefel der Barbaren und dazu weite Ärmel, die am Handgelenk geschlossen waren und ihm wie ein Umhang um die Schultern flatterten.

»Was soll die Verkleidung?«, fragte Theodora. »Hast du den Schmuckhandel aufgegeben und bist Schauspieler geworden?«

Basilius lachte schallend. »Ich habe oft an dich gedacht, schöne Theodora. Deine spitze Zunge hat mir gefehlt.«

»Was nicht diese ungewöhnliche Aufmachung erklärt!«

»Das ist heute die große Mode. Die Mode der Blauen. Ich gehöre jetzt ihrer Partei an.« Und dann öffnete er seinen Umhang und zeigte ihr den Kurzdegen, der in seinem Gürtel steckte. »Wie findest du mich?«

»Sehr erwachsen! Du bist nicht mehr der kleine verliebte Junge, sondern ein junger Mann … und etwas lächerlich«, sagte sie und lachte.

»Für dich vielleicht, aber ich will heiraten.«

»Also, heute wird wohl nur noch übers Heiraten geredet. Kenne ich sie?«

»Nein, aber Mutter und Vater sind sehr zufrieden. Meine zukünftige Frau arbeitet gern im Garten. Ich muss jetzt los und einem reichen Edelmann ein Schmuckstück bringen. Ich bin so froh, dass du wieder da bist! Konstantinopel ohne dich, das ist wie blauer Himmel ohne Sonne.«

Als er gegangen war, meinte Melone: »Die Blauen stehen beim Kaiser hoch in Gunst, wenn du mich fragst, zu hoch.«

Die Blauen! Wie konnte sie nur die Zirkusparteien vergessen? Und sofort kam wieder der alte Groll gegen die Grünen in ihr hoch.

»Die Blauen können gar nicht hoch genug in seiner Gunst stehen«, sagte sie leise.

Der Bettler blickte sie erstaunt an, aber Theodora dachte bereits an die Zukunft. »Melone, ich kann dich brauchen.«

»Was immer du von mir willst, edle Frau. Ich bettele noch etwas mehr, und dann teilen wir die zusätzlichen Einnahmen.«

»Du sollst doch nicht ins Gefängnis kommen! Ich möchte lieber Berichte, was sich in der Stadt so tut und was die Leute so alles sagen. Ich bin lange weg gewesen.«

»Das ist ja richtig Arbeit«, stöhnte Melone.

»Du bekommst Geld dafür. Und jetzt möchte ich zu meiner Mutter und meiner Tochter. Du kannst inzwischen Narses sagen, dass ich zurück bin. Richte ihm aus, dass ich ihn auf dem Augusteum treffen möchte, wenn im Palast die Tore geschlossen werden.«

Auf dem Platz brannten bereits die Fackeln, und grüppchenweise verließen die Beamten den Palast. Theodora winkte, als sie Narses sah. Er hatte etwas zugenommen, wirkte sonst jedoch unverändert, etwas gelassener vielleicht. Jetzt strahlte er. »Meine Theodora, meine Theodora«, sagte er ein ums andere Mal und forschte im Gesicht der jungen Frau nach Veränderungen. »Du bist schöner als früher, weißt du das?«

»Und du, wie geht es dir? Sag ja nicht, dass alles gut läuft, denn dann wärst du wirklich nicht mehr der Alte!«

»Das sage ich ganz sicher nicht, aber trotzdem, alles läuft besser.«

Da mussten sie beide lachen und merkten, dass die fehlenden Jahre ihrer Verbundenheit nichts hatten anhaben können.

»Komm, setz dich und erzähle«, sagte der Eunuch.

Sie nahmen an einem runden Tischchen Platz, und Narses bestellte Wein und Dörrfleisch.

Theodora freute sich wie ein Kind. »Wein! Den habe ich seit Monaten nicht getrunken! Abgesehen vom Messwein, und der war nicht gerade erlesen. Du kannst mir glauben, ich bin heilfroh, dass ich wieder daheim und bei dir bin. Aber ich habe mich ein wenig vor unserem Wiedersehen gefürchtet.«

»Warum denn?«

»Weil ich mich so verändert habe.«

»Du bist erwachsener, aber verändert, nein … Ich glaube nicht, dass ein Mensch sich wirklich verändern kann. Wenn er Glück hat, darf er seine Gaben voll entfalten. Nur können das leider die wenigsten.«

»Stell dir vor, der Patriarch Timotheus meint, dass ich zu gierig nach Dingen und Menschen bin! Stimmt das?«

»Ein Mann mit Scharfblick, endlich!«

»Nicht für meine Mutter. Die findet, er ist nicht würdig für das Bischofsamt, weil er mich für klug hält. Arme Mutter, sie verzweifelt, weil keine von uns dreien verheiratet ist. Und dann meine Tochter. Sie hat Libanius' Charme geerbt und du hast ihr Lesen und Schreiben beigebracht. Ich danke dir dafür. Was ist aus Uranius geworden?«

»Der ist vor einiger Zeit schlimm gestürzt, und Justin hat ihn in die Prätorianergarde aufgenommen. Ein Wagenlenker lebt gefährlich, daher ist er mit dem ruhigeren Leben im Palast hoch zufrieden. Er ist verheiratet und hat Zwillinge. Ab und an treffen wir uns zum Essen, schließlich verbindet uns die Zuneigung zu dir.«

»Und du, Narses? Bist du zufrieden mit deiner Arbeit?«

»Nun ja, ich kann in der Schatzkammer lernen, wie das Reich regiert wird. Am Ende läuft alles auf Geld hinaus. Leider ist der Kämmerer sehr unschlüssig und trifft schlechte Entscheidungen. Ich stehe ja erst seit kurzem in seinem Dienst und man kreidet mir seine Fehler an. Also genieße ich den zweifelhaften Ruf eines Dummkopfs, und das ist sehr schwer zu ertragen. Glücklicherweise vertraut mir Justinian, der alle Staatsgeschäfte überwacht. Und du, was willst du jetzt machen?«, wechselte Narses das Thema.

»Ich möchte, dass die Römer meinen Hintern vergessen!«

»Nicht einfach!«

Theodora beugte sich vor und nahm seine Hand. »Anders ausgedrückt, ich möchte nicht mehr als Pantomimin oder als Kurtisane arbeiten, das bin ich einfach nicht mehr.«

»Und …?«

»Und ich will von meiner Hände Arbeit leben, dann achtet man mich und ich kann endlich heiraten.«

Narses schüttelte den Kopf: »Hier hat sich zwar viel verändert, aber das von Augustus erlassene Gesetz gilt noch immer: Schauspielerinnen, Sklavinnen oder Huren können ebenso wie ihre Töchter weder einen Senator noch einen hohen Würdenträger heiraten.«

Theodora lächelte. »Nach Libanius will ich keinen Senator mehr. Aber es muss doch Männer geben, die noch keine hohen Würdenträger sind, sondern erst welche werden. Dann färbt der Glanz und die Ehre auch auf die Ehefrau ab. Es gibt viele Frauen, die so die gesellschaftliche Leiter hochgeklettert sind. Das wäre doch auch etwas für mich.«

Narses' Augen funkelten belustigt.

»An wen denkst du?«, fragte Theodora neugierig.

»An die göttliche Kaiserin.«

»Euphemia?«

»Genau. Man hat ihr einen neuen Namen gegeben, weil ihr ursprünglicher Name Lupicina, »kleine Wölfin«, nicht mehr passte. Sie war im Heer Sklavin und Marketenderin. Justin hat sie gekauft und geheiratet. Als Gott ihn zum Kaiser erwählt hat, gab es gleich ein neues Gesetz, in dem seine Gemahlin als Freigeborene bezeichnet wurde, und schon hatte niemand mehr etwas dagegen, dass sie eine Erhabene wurde. Du bist leider keine Sklavin, und Justinian ist so sicher, dass er Kaiser wird, der heiratet nicht irgendeine.«

»Danke für diese tief schürfende Bemerkung!«

»Wovon willst du leben?«

»Ich werde Wolle spinnen wie meine Mutter. Und du besorgst mir ein ruhiges Haus. Länger als drei Nächte kann ich einfach nicht zwischen meiner Mutter und meiner Tochter schlafen.«

Narses sorgte sich: »Willst du etwa wie eine Einsiedlerin leben? Da kannst du ja gleich ins Kloster gehen.«

»Nein, nein, ich denke doch, die Bekanntschaften von früher lassen sich auffrischen. Ich habe doch gesagt, ich will heiraten. Und ich weiß auch genau, was für einen Mann: klug, mit Zukunft, liebevoll und großmütig gegenüber Monophysiten und wenn möglich auch noch reich.«

Narses presste die Lippen zusammen: Theodoras Plan ließ sich schwierig an.

Als der Mond hoch am Himmel stand, begleitete er Theodora zum Haus des tönernen Bären, und beim Abschied freuten sich beide, dass sie immer noch Freunde waren.

Antonina wohnte wie früher nahe der Irene-Kirche. Sie gab ihrer Freundin einen Kuss und sagte erfreut: »Ich weiß alles über dein Leben in der Fremde. Das musst du mir nicht erzählen. Es war richtig, dass du zurückgekommen bist. Erinnerst du dich an Belisar? Er gehört jetzt zur kaiserlichen Leibwache, ist ein Gefährte Justinians und nimmt an seinen

Festen teil. So wie ich dich kenne, kannst du da einen Ehemann finden. In deinem Alter darfst du nicht mehr zögern. Ich habe ein unfehlbares Mittel entdeckt, etwas, das unseren natürlichen Duft verstärkt. Du kannst mir glauben, wenn man einen Mann verführen möchte, kommt es nur auf den Duft an. Du reibst dich damit ein, ehe du zu einer Einladung gehst, und der Erfolg ist dir sicher!«

Als Theodora sie ungerührt anblickte, wurde sie böse. »Lass bloß diese Büßermiene, man könnte ja meinen, du hörst dem Patriarchen Timotheus zu. Du hast eine interessante, nicht gerade alltägliche Vergangenheit, aber jetzt musst du an die Zukunft denken. Der Kaiser und Justinian kommen aus dem Volk und umgeben sich mit begabten Menschen, die nicht von Adel sind. Belisar wird eines Tages Befehlshaber des Heeres. Aber die Edelleute sind wütend auf die kaiserliche Familie und setzen Himmel und Hölle in Bewegung, damit der nächste Kaiser einer der ihren ist. Und der göttliche Justin altert sichtlich.«

»Narses hat mir aber erzählt, dass Justinian große Chancen hat, Kaiser zu werden«, warf Theodora ein.

»Wenn ihm nichts in die Quere kommt! Er ist kein Hellseher, dein Eunuch, auch wenn er sich noch so allwissend gibt. Was hast du jetzt vor?«

»Ich will ein ehrbares Leben führen und Wolle spinnen.«

»Und kommst um vor Langeweile.«

»Es geht jetzt schließlich um meinen Ruf als achtbare Frau.«

Antonina wusste nicht, was sie von dieser Entwicklung halten sollte, aber nach wie vor setzte sie auf Menschen, die ihr einmal dankbar sein würden. »Ich lasse dir Einladungen zu interessanten Gastmählern schicken. Wir Frauen müssen uns gegenseitig helfen, und wir haben beide noch einen langen Weg vor uns.«

Theodora störte sich an der herrischen Art der Älteren und wechselte das Thema. »Und du, was tust du so?«

»Belisar liebt mich abgöttisch.« Sie strich sich über den Bauch: »Ich erwarte ein Kind von ihm.«

»Und Photius? Lernt er gut?«

Antonina nickte: »Belisar kümmert sich gut um ihn.«

Theodora dachte, dass ihre Freundin tatsächlich einen Mann gefunden hatte, der Wachs in ihren Händen war, sagte jedoch nichts, sondern dankte ihr für den freundlichen Empfang.

Sie zog in ein Holzhäuschen auf dem vierten Hügel in die Nähe einer Einkaufsstraße und eines öffentlichen Bades. Der Ausblick war schön, vom Balkon im ersten und einzigen Stock sah man die Konstantinsmauer, den Aquädukt und in der Ferne das Marmarameer.

Und sie, die geistige Tochter des Patriarchen Timotheus, spann tatsächlich Wolle. Und während sie spann, kamen heimlich Monopyhsiten und diskutierten über Theologie, und auch ihre alten Freundinnen Chrysimallo und Indaro kamen und natürlich Melone, der sie mit Neuigkeiten aus der Stadt ergötzte. Das Wichtigste aber war und blieb eine Heirat. Jeden Morgen betete sie zu Gott, ihr die Einsamkeit und auch einen Rückfall ins Kurtisanen-Leben zu ersparen. Dank Antonina wurde sie zu Essen bei Kaufleuten, Beamten und Offizieren eingeladen, doch niemals bei Senatoren, denn die hatten die Sache mit Libanius nicht vergessen.

194

In den ersten Wochen kehrte sie ohne Erfolg von diesen Gastmählern zurück, aber die Hoffnung blieb. Als der Winter nahte und sich immer noch kein zukünftiger Ehemann abzeichnete, wurde sie unruhig. Narses versuchte, ihr Mut zu machen. Er argumentierte, sie sei eben eine außergewöhnliche Persönlichkeit und weder Kurtisane noch Mädchen aus guter Familie, aber trotzdem gebildet, unabhängig und willensstark und falle in keine normale Kategorie der weiblichen Bevölkerung. Nur ein außergewöhnlicher Mann könne sich für eine Frau wie sie begeistern.

Doch seine schmeichelhaften Bemerkungen beunruhigten sie eher.

Ein neuer Frühling kam, der Saft stieg in die Bäume, die Vögel sangen, und die Menschen schöpften neue Lebenslust. Theodora litt unter ihrem Alltag, alles in ihr wehrte sich gegen die Einsamkeit.

Eines schönen Nachmittags schlenderte sie durch die Stadt, blieb an einer Baustelle stehen, und ein junger Handwerker rief ihr zu: »Sei gegrüßt, Theodora.«

Und wie gewohnt besserte sich ihre Laune schlagartig, sie freute sich, dass sie noch beliebt war. »Gott segne dich. Du bist doch der kleine Paul, der Sohn von Johann, dem Weber, nicht wahr?«

Paul strahlte vor Stolz, weil sie ihn erkannt hatte, und rief seinen Gefährten zu: »Hab ich es euch nicht gesagt, Mädchen vergessen mich nie! Und die da, die ist die Schönste in der ganzen Stadt.«

»Schade, dass du uns nicht deinen Hintern zeigst!«, sagte ein Maurer lüstern.

»Den vergiss lieber«, sagte Theodora lachend.

»Bei der Vorstellung schlägt meine Rute aus.«

»In deinem Alter noch? Dann stell in der Kirche Kerzen auf. Was baut ihr hier?«

»Was schon, eine Kirche natürlich, für irgendeinen Heiligen.«

»Aufgepasst, Jungen, da kommt die Stifterin!«, rief der junge Handwerker erschrocken. Und sofort machten sich die Handwerker wieder an die Arbeit.

»Theodora, verzieh dich, und das schnell«, sagte eine heisere Frauenstimme hinter dem Seidenvorhang einer Sänfte.

»Die Stadt gehört allen!«, gab die junge Frau scharf zurück.

»Aber nicht diese Gegend, die gehört mir. Ich lasse hier eine Kirche bauen. Eine Hure wie du, eine, die Dämonen anlockt, darf sie nicht beschmutzen.«

»Mit wem habe ich die Ehre?«, fragte Theodora eisig.

»Mit der Urenkelin von Kaiser Theodosius, der wohledlen Anicia Juliana«, kam die prompte Antwort.

»Dann muss Gott ihn trösten, weil er so eine unhöfliche Urenkelin hat. Auf Wiedersehen, Wohledle«, sagte Theodora mit einem hochmütigen Nicken.

»Ketzerin! Hure! Hol dich der Teufel!«

Theodora war zwar forsch aufgetreten, aber trotzdem hatte Anicia Julianas Unverschämtheit sie tief verletzt. Schlimmer noch, sie musste sich eingestehen, dass ihre Bemühungen um ein ehrbares und frommes Leben bei niemandem in der Stadt das Andenken an ihre früheren Keckheiten löschen konnten. Sie konnte das Bild, das sich die Bewohner Konstantinopels von ihr machten, einfach nicht abschütteln, und die Theodora, die es nicht mehr gab, würde sie ihr Leben lang verfolgen.

Aber da war ja eine Kirche. Sie trat ein. Doch Gott konnte heute nichts geraderichten, das Gebet hatte keine Wirkung, Kummer und Ärger wollten sich nicht vertreiben lassen. Eines Tages würde sie sich rächen, an wem, das wusste sie nicht, aber rächen würde sie sich, sonst erstickte sie noch an ihrer Bitterkeit.

Auf dem Nachhauseweg überquerte sie das Augusteum. Es war inzwischen dunkel geworden, aber in der Bibliothek brannte noch Licht. Sie klopfte auf gut Glück, vielleicht war Narses ja noch da. Er machte ihr auf, und sie stürmte ohne Begrüßung hinein. »Die Edelleute in der Stadt führen sich auf wie die Wegelagerer!«, brach es aus ihr heraus. »Kennst du eine Anicia Juliana? Die denkt, sie kann sich alles erlauben, nur weil sie von Kaiser Theodosius abstammt. Seit wann glauben Edelleute, dass sie das Salz der Erde sind? Was unterscheidet sie von uns, einmal abgesehen von ihrem Geld? Bilden die sich etwa ein, dass sie bis zum Sankt-Nimmerleins-Tag im Kaiserreich Gesetz sind? Wenn mich der Heilige Geist nicht abgehalten hätte, ich wäre in die Sänfte gesprungen und hätte diese Vogelscheuche geohrfeigt!«

»Jetzt nicht«, sagte Narses leise und sichtlich verlegen. »Im Augenblick muss ich arbeiten.«

Theodora warf einen Blick in den großen Raum, in dem das Licht flackernde Schatten auf Pergamente und Papyri warf. Hinten las ein Mann, dessen Profil von einer Öllampe angeleuchtet wurde.

Sie zuckte zusammen und sah Narses abbittend an: »Bitte verzeih! Möge dich der Himmel heute Nacht behüten.«

Kapitel zwölf

Am nächsten Morgen war es sehr kalt. Trotz Umhang und drei Tuniken übereinander fror Theodora beim Spinnen. Plötzlich hörte sie: »Erbarmen, Erbarmen.«

Sie stand auf und öffnete das Fenster. »Melone, was ist los?«

»Es ist sehr wichtig.«

»Komm herein.«

Der Bettler war völlig außer Atem, und wie üblich nahm er beim Reden die Abkürzung.

»Ich schlottere vor Kälte. Wäre es nicht schön, wir würden in einem Land mit prasselndem Feuer im Kamin wohnen, denn so was gibt es, man hat mir davon erzählt. Die sind wie geöffnete Truhen, nur aus Stein, man legt Holz hinein, das brennt dann und wärmt.«

Theodora war bedrückt, Feuer im Kamin konnte sie nicht ablenken. »Na los, sag schon, weswegen du da bist.«

»Narses hat Probleme. Du warst gestern in der Bibliothek und anscheinend sehr schlecht gelaunt. Jedenfalls hat der Neffe des Kaisers aufgehört zu lesen und ist wortlos gegangen. Der Eunuch macht sich Sorgen, ich soll dich warnen.«

»Sei bedankt.«

»Möchtest du noch mehr hören?«

»Nein. Lass mich allein. Für heute reicht es.«

198

Aber es gab ihr den ganzen Tag Stoff zum Denken. Also konnte man Justinian dort antreffen! Was war nur über sie gekommen, dass sie wie eine Furie in die Bibliothek gestürzt war! Ganz zu schweigen davon, dass sie nach dem langen Fußweg sicherlich erschöpft und ungepflegt ausgesehen hatte. Schlechter hätte sie sich gar nicht einführen können. Das war das Ende künftiger Begegnungen mit dem Neffen des Kaisers.

Andererseits: Warum sich wegen der Sache in der Bibliothek Sorgen machen? Was der Neffe des Kaisers von ihr hielt, war vollkommen unwichtig, der hockte ja doch nur im Palast, arbeitete wie ein Verrückter und war ohnehin ein Fremder – sie würde ihn nie wieder sehen, er konnte also von ihr denken, was er wollte.

Nach einer unruhigen Nacht ging sie morgens zu einem monopyhsitischen Priester, dessen Ankunft aus Alexandria man ihr gemeldet hatte. Nebel verschleierte die Sonne, und ein beißender Nordwind wehte ihr unter den Umhang. Wie schade, dass sie keinen Pelz besaß. Der Priester überbrachte ihr Nachrichten von Timotheus, Severus und anderen Glaubensbrüdern. Was er von den Freunden in Ägypten erzählte, beruhigte sie.

Dann trug sie die neuesten Schriften des alten Patriarchen von Antiochia zum vierten Hügel und begann zu lesen. Nachmittags hörte sie junge Leute singend an ihrem Fenster vorbeigehen. Von der Kirche der Heiligen Apostel schlug es vier Uhr. Pferdehufe klapperten auf dem Pflaster und blieben unter ihrem Balkon stehen. Eine warme Stimme, die sie nicht kannte, erklang: »Möchtest du mich empfangen und hast du einen herzhaften Käse im Haus?«

Theodora beugte sich über die Brüstung, weil sie das Gesicht des Besuchers sehen wollte, aber es blieb im Schatten.

»Ich bin Justinian«, sagte er.

Theodora schlug das Herz plötzlich bis zum Hals. »Komm bitte hoch«, sagte sie und zwang sich zur Ruhe.

Sie hatte kaum ihre Haare zurechtgezupft, da stand Justinian schon auf der Außentreppe. Er sah gut aus, vielleicht ein wenig zu dick, aber wohlproportioniert, mit einer geraden Nase, frischer Gesichtsfarbe und etwas Grau in den Locken.

»Möchtest du Platz nehmen?«, fragte sie und zeigte auf den einzigen Sessel mit Kissen.

Er setzte sich auf einen Holzstuhl. Sie stellte Milch und Käse auf den Tisch und musterte ihn verstohlen.

»Entschuldige das Geschirr, es ist sehr gewöhnlich. Du bist gewiss gewohnt –«

Er unterbrach sie mit einer Handbewegung. »Ich bin hier, weil ich dich sehen wollte.«

Theodora war auf der Hut. Ihr Besucher hörte sich zwar freundlich an, doch das war er gewiss zu jedermann. Er besuchte eine junge Frau von sehr bescheidener Herkunft, aber er redete ja auch mit jedem. Nur Neugier konnte ihn hergeführt haben oder die Entrüstung über ihren Ausfall gegen den Adel.

»Nicht alle Edelleute sind so wie Anicia Juliana«, sagte sie zögernd.

Aber er gab hitzig zurück: »Man rühmt sich einfach nicht seiner Herkunft. Wir sind alle aus dem gleichen Ton geknetet und werden alle zu Staub. Aber davon wollen die alten Familien, wie sie sich nennen, nichts wissen. Diese Leute sind stolz auf ihr Geld und ihre Vorfahren und vergessen dabei die römischen Tugenden und christliche Demut. Mir kommt es vor, als ob ich von lauter ausgehungerten Wölfen umgeben bin, die nur darauf warten, die kleinste Schwäche zu entdecken, und die mich insgeheim aus der Macht drängen wollen. Und gegen die helfe ich Kaiser Justin, denn der ist alt.«

Justinian begnügte sich mit einem Schluck Milch und einem Stückchen Käse. »Ich esse wenig«, sagte er zur Entschuldigung.

»Aber du hast doch einen guten Koch.«

»Das schon. Aber ich habe weder Zeit noch Appetit, seine Gerichte zu würdigen. Ich denke immer nur an die Aufgabe, die Gott mir anvertraut hat, und dafür arbeite ich Tag und Nacht.« Er musterte sie so forschend, als müsste sie ihm zustimmen, dann sagte er: »Die Regierung des Kaiserreiches muss erneut römische Größe, griechische Tugend und Erneuerung des christlichen Glaubens in sich vereinen. Und der Kaiser und ich sind dafür verantwortlich, dass es auch so bleibt. Zuweilen kommen mir jedoch Zweifel …«

Theodora musterte das Gesicht ihres unerwarteten Besuchers. Hohe Stirn, wacher Blick, fordernd, herrisch – alles ließ einen gebildeten, scharfen, gebieterischen Geist erkennen, genau so wie Narses ihn geschildert hatte. Doch hinter der ganzen überragenden Klugheit verbarg sich zu ihrer Überraschung Verwirrung, ja ein fast kindliches Flehen um Zuneigung.

Justinian stand auf, doch anstatt sich zu verabschieden, ging er im Zimmer auf und ab. »Kaiserreich und Glauben zu vereinen, erscheint auf den ersten Blick einfach, aber jeder Erfolg hat auch seine Kehrseite.«

»Was willst du damit sagen?«

»Du hast sicher schon vom Königreich Lasen gehört, um das wir uns mit den Persern streiten. Für die ist es ein Zugang zum Schwarzen Meer und für uns ein Staat, der uns vor den rebellischen Provinzen im Kaukasus schützt. Es ist uns gelungen, dieses Land zu evangelisieren. Resultat: Die Perser sind wütend, dass sich die Lasen auf die Seite der Römer schlagen, wollen den Friedensvertrag brechen und uns angreifen. Ich würde das Heer gern anders einsetzen als gegen die Perser. Die Situation ist fast ausweglos.«

»Gott ist wichtiger als die Perser«, sagte Theodora aus voller Überzeugung.

Justinian musterte sie erstaunt, doch dann fiel sein Blick auf den kleinen Hausaltar, auf dem Ikonen mit dem Abbild Gottes und zwei Öllampen standen, daneben lag ein Stapel Pergamente.

»Du liest gern«, sagte er verblüfft und sah sich die Manuskripte genauer an.

Er blätterte drei durch, dann hatte er Severus' Texte in der Hand und runzelte die Stirn. »Du interessierst dich für die Schriften der Ketzer?«

»Ich bin mehr als ein Jahr in Alexandria gewesen, ich weiß also, wie außergewöhnlich fromm die Monophysiten sind und was für ein Denker der alte Patriarch von Antiochia ist«, gab Theodora zurück. »Die Verfolgungen erschrecken mich, ich finde sie politisch falsch. Oder braucht das Kaiserreich die östlichen Provinzen etwa nicht?«

Justinian hörte ihr sichtlich erstaunt zu. In diesem Moment gingen auf der Straße junge Leute vorbei, die sich lebhaft unterhielten. Einer von ihnen sagte plötzlich: »Das

202

ist doch Justinians Pferd. Was macht der denn bei Theodora?«

»Rate mal.« Die Gruppe lachte schallend.

Theodora errötete. Sie wusste, man schloss auf eine Liebesbegegnung, und das musste sie klarstellen. »Ich bin nicht mehr Kurtisane, was auch immer geredet wird.«

Justinian fasste sie an den Schultern und blickte ihr in die Augen. »Was kümmern mich deine wenig sittsame Vergangenheit und deine wilden Jahre? Zweifellos hast du auch viel Kummer erlebt. Gott hat dich erwählt und nach seinem Willen geführt und dich zu der gemacht, die du heute bist.« Hier brach er ab und ging zur Treppe. »Hoffentlich habe ich dich nicht zu sehr gestört. Um diese Stunde wird der Palast geöffnet, die Arbeit wartet. Ich danke dir, dass du mich empfangen hast.«

Damit ließ er eine völlig benommene Theodora zurück, die sich wieder und wieder fragte: Was hat er mit seinem Besuch gewollt? Was hat er an der Unterhaltung mit mir gefunden? Und wenn sich eine gute Gelegenheit ergibt, was muss ich ihm zugestehen?

Am nächsten Tag blies ein heftiger Wind und trieb die Wolken wie aufgeschreckte Vögel über den Himmel. Narses erwartete Theodora auf dem Konstantins-Forum. Sie begrüßte ihn nicht einmal, sondern platzte sofort los: »Justinian hat mich besucht!«

Und als sie sah, dass Narses ihr nicht glaubte, wiederholte sie: »Ja, der Neffe des Kaisers hat mich besucht. Ein gut aussehender Mann.«

»Was wollte er?«

»Das weiß ich noch nicht. Er besitzt alles, wovon ich geträumt habe: Klugheit, Bildung, Frömmigkeit und Geld. Nur verfolgt er leider die Monophysiten.«

»Von einem künftigen Kaiser hast du nichts zu erwarten«, sagte Narses skeptisch.

»Für ihn zählt meine Vergangenheit nicht. Sie ist von Gott gewollt.«

Narses war beunruhigt. Er wusste, dass Theodora Fehler machte, wenn bei ihr Gefühle und Stolz ins Spiel kamen.

»Überlege einmal«, sagte er eindringlich, »falls du Justinians Geliebte wirst, wie sieht dann deine Zukunft aus? Heiraten kann er dich nicht, weil es das Gesetz verbietet, er wird also eine andere zur Frau nehmen müssen. Kein Kaiser ohne Kaiserin. Und seine Geliebte kannst du nicht bleiben, wenn er erst einmal der Erwählte Gottes und den Aposteln gleichgestellt und Herrscher des Glaubens und über alles andere ist. Was wird dann aus dir? Wer möchte bei dir wohl die Nachfolge eines Erhabenen antreten? Und mit welchem Mann wärst du nach einem Kaiser noch zufrieden?«

Seine Worte erbosten die junge Frau. »Du willst also, dass ich mich aus lauter Angst vor der Zukunft im Korn verstecke wie du damals, ja?«, fragte sie entrüstet. »Dass ich die Gelegenheit nicht beim Schopf packe, endlich das Leben zu führen, das ich möchte?«

»Gesellschaftliche Ordnung und Kirchengesetze lassen sich nicht mit einem Federstrich ändern«, sagte Narses trocken.

»Das wird schon irgendwie klappen, jedenfalls werde ich mir die allergrößte Mühe geben, denn dieser Mann ist wie für mich geschaffen. Narses, sei doch nicht solch ein Miesepeter, stell dir die hohe Ehre vor und wie unterwürfig dann alle sein müssen, die mich gedemütigt haben!«

»Theodora, ich bitte dich, hör endlich auf zu träumen!«

Empört sagte sie: »Ich bin hier, weil du mir raten sollst, wie ich das Ganze am besten angehe, schließlich kennst du Justinian, und stattdessen sagst du, dieser Besuch besagt weder für ihn noch für mich etwas. Was weißt du schon?«

Narses gab sich geschlagen. »Früher hast du einmal gesagt, dass ich nicht weiß, was zwischen Mann und Frau vorgeht. Du hast Recht, und darum bekommst du von mir auch keinen Rat.«

Bei seiner Rückkehr in den Palast traf er Justinian im Kontor der Schatzkammer an, wo dieser misstrauisch die eingegangenen Zollsteuern überprüfte.

Narses fragte sich, warum dieser peinlich genaue und argwöhnische Mann eine so hitzige und leidenschaftliche Frau kennen lernen wollte. Vielleicht hatte sich dieser besessene Arbeiter ja in die Energie und Lebenslust der früheren Pantomimin verliebt, er, der sich sonst für Recht, Geschichte und Theologie begeisterte. Darüber hinaus war die junge Frau gebildet und klug, und diese Mischung aus Nachdenklichkeit und Leidenschaft war für eine Frau wirklich außergewöhnlich.

Die letzte Adventwoche verging, ohne dass Justinian sie wieder besuchte. Zu Weihnachten feierte man zwölf prächtige Festtage hintereinander. Theodora war zwar bei Freunden und Familie und kleinen monophysitischen Gruppen eingeladen, trotzdem gab sie sich immer wieder Tagträumen hin und stellte sich die Pracht im Palast vor.

Sie rang mit sich, wie sie sich verhalten sollte, falls Justinian noch einmal kam – eher regnete es rote Rosen –, sollte sie trotz der von Narses beschworenen Gefahren seine Geliebte werden? Ach, wenn sie das doch mit ihrem Freund Timotheus bereden könnte, schließlich hatte sie ihm versprochen, den Monophysiten zu helfen. Und wenn sie den künftigen Kaiser verführte, gehorchte sie ihm dann gut? Und wenn sie ihr Kurtisanen-Leben wieder aufnahm, gehorchte sie ihm dann schlecht?

Während der Wartezeit hütete sie ihr Geheimnis, plauderte und lachte wie immer, ohne Justinian, um den ihre Gedanken unaufhörlich kreisten, auch nur einmal zu erwähnen.

Nach dem ersten Januar, dem Fest der Beschneidung Christi, dauerten die Umzüge und Gastmähler noch bis Epiphanias, dann kehrte jeder an seine Arbeit zurück. Endlich hörte Theodora eines Abends bei Einbruch der Nacht Pferdehufe unter dem Balkon. Die Erregung schnürte ihr fast die Kehle zu.

Schüchtern, ja, fast verlegen stand Justinian vor ihr. »Ich habe viel nachgedacht«, sagte er und nahm wieder auf dem Holzstuhl Platz. »Ich möchte dich bei mir haben.«

Die schlichten Worte verunsicherten die ehemalige Kurtisane, sie hatte mehr taktisches Geplänkel erwartet, doch sie antwortete ebenso offen: »Also kennst du mich nicht sehr gut.«

»Du hast auf dem Grund meines Herzens gewartet. Als ich dich gesehen und gehört habe, hast du die Leere dort augenblicklich gefüllt. Ein solches Wunder kann nur Gottes Wille sein.« Er stand jäh auf. »Ich möchte nicht, dass meine

Stellung im Palast dich beeinflusst und zwingt, meine Liebe anzunehmen. Es ist nicht leicht, den Neffen des Kaisers zu begleiten. Auf dem Weg warten Pflicht und viel Arbeit. Du sollst frei wählen, und ich habe Verständnis dafür, wenn du ein friedlicheres Leben vorziehst. In der Stadt wird genug über mich geredet, du kennst also mein Leben und meine Gewohnheiten, alles ist der Arbeit und der höheren Ehre Gottes geweiht. Was du bislang nicht weißt und was ich selbst nicht gewusst habe: du hast große Macht über mein Herz. Ich bete zu Gott, dass es ihm gefällt, wenn du zu mir kommst.«

Dann zog er einen Ring vom kleinen Finger, streckte ihn ihr hin und erklärte: »Wenn du dich entschieden hast, musst du diesen Ring nur der Leibwache zeigen. Du findest mich im Hormisdas-Palast und der könnte dann auch deine Wohnung sein.«

Damit ließ er sie allein.

Theodora saß regungslos auf ihrem Stuhl. Sie wollte diesen besonderen Augenblick ganz genießen, die vergangenen Sorgen waren vergessen und die künftigen noch nicht in Sicht. Sie bewunderte diesen Mann, dem Verachtung und Kritik nichts galten und der sie unter Tausenden zur Gefährtin erwählte. Sie würde sich seiner würdig erweisen, würde alle Pflichten und Einschränkungen seines Amtes auf sich nehmen und bis zur nächsten Woche mit ihrer Antwort warten, Zeit gewinnen, damit der Entschluss reifen konnte, den sie bereits getroffen hatte.

Als der erste Glücksrausch abebbte, bereitete sich Theodora sorgfältig auf die nächste Begegnung vor, denn sie wusste aus

Erfahrung, wie unvorhersehbar die erste Liebesnacht war. Es reichte nicht, dass Haut und Duft gefielen, es war auch die Begegnung von zwei allein geträumten Träumen, die miteinander verschmolzen, harmonierten, sich zusammen entfalteten, und das ohne Zögern und ohne Scham. Dieser Mann, dieser schöne und trotz seiner mächtigen Stellung so schlichte Mann, der die hellen und dunklen Stationen ihres Lebens kannte, der ihren Wagemut und ihre Qualen bewunderte, dieser Mann, bei dem sie sie selbst sein konnte, er war der Mann, auf den sie gewartet hatte. Aber er? Was erwartete er? Was suchte dieser unermüdliche Arbeiter, der alle Staatsgeschäfte persönlich überwachte, bei ihr? Es war bekannt, dass er keine Geliebte hatte und wenn, dann selten und heimlich. Er hatte sich eine Unschuld bewahrt, die sie fast erschreckte. Sie ahnte, dass sich hinter der nüchternen Fassade eines Beinahe-Kaisers ein kleiner Junge verbarg. Und gab es etwas Verletzlicheres als einen kleinen Jungen? Dennoch, sie würde ihn aus seiner keuschen Zurückhaltung locken.

An nächsten Tag ging sie zur südlichen Wandelhalle des Konstantins-Forums, zum berühmtesten Dufthersteller der Stadt.

»Sei gegrüßt«, sagte sie.

»Sei gegrüßt«, antwortete er und zeigte auf einen alten Schemel. »Setz dich. Was kann ich für dich tun?«

»Ich brauche einen seltenen, einzigartigen Duft, und nur du allein kannst ihn herstellen.«

Der Mann schloss die Augen und konzentrierte sich, nach einer Weile sagte er: »Ich denke da an einen Duft, den ich einmal in Indien gerochen, aber bislang noch nie selbst destilliert habe. Kopfnote Rose, Herznote Zitronenkraut,

Grundnote Jasmin und Zimt. Es wäre schön, wenn mir das Parfüm gelänge. Aber es ist sehr teuer.«

Theodora blickte ihn fragend an.

»Jasmin gibt es nämlich nur in Indien, und die Blumen müssen noch duftend in Konstantinopel ankommen. Das heißt, die Reise muss schnell sein und die Blumen müssen richtig besprengt werden. Außerdem muss ich einen Jäger um eine Bisamkatze bitten.«

»Und warum?«

»Weil man Düfte nur mit dem Geruch ihrer Exkremente fixieren kann. Aber hast du das Geld, wenn ein Schiff mit einem Leinenbeutel voll weißer Blumen anlegt?«

»Noch nicht, aber dann. Dann habe ich viel.«

Der Dufthersteller lachte jetzt, und dabei legte sich sein Gesicht in unzählige fröhliche Falten. »Aha, ich weiß schon! Du möchtest einen reichen Mann verführen!«

»Keinen reichen, einen sehr reichen.«

Das freute den alten Mann. »Und ich werde dir dabei behilflich sein, meine Schöne. Aus Achtung vor der Liebe und weil es mir Freude macht. Dieser Duft, ja, das ist ein alter Wunschtraum. Aber du musst warten können.«

»Ich brauche ihn so schnell wie möglich!«

Der Mann hob die Hände. »Du meine Güte! Dann schicke jemanden in den Hafen, er soll aufpassen, ob Schiffe aus Indien anlegen, und mich benachrichtigen, ob sie Jasmin an Bord haben.«

»Einverstanden. Ich schicke Melone. Tausend Dank und Gott behüte dich.«

»Möge dir das Glück hold sein!« Der alte Mann lächelte hinter der enteilenden Theodora her.

Sie musste zwei lange Wochen warten, bis sie das kostbare Parfüm hatte. Theodora schnupperte lange an dem leichten und dennoch sinnlichen Duft und freute sich, dass er so gut anhielt. Um Mitternacht zog sie eine schlichte Tunika an, betupfte sich mit ihrem Duft und ging zum kaiserlichen Viertel, das auch während der Nacht erleuchtet war. Hinter den Kaiserpalästen stand am Ufer der Palast des Hormisdas, in dem Justinian wohnte. Im ersten Stock war noch ein Fenster erleuchtet. Vor der Eingangstür hielten zwei Wachtposten mit Fackeln Wache.

Theodora zeigte ihnen den Ring. »Aufgewacht, Soldaten! Hier steht eine Frau und keine streunende Katze.«

Da öffneten sie ihr eilfertig die Tür.

»Du da, bring mich zu Justinian.« Und als der Soldat sie fassungslos ansah, stampfte sie mit dem Fuß auf: »Beeil dich!«

Im ersten Stock stieg sie über einen schlafenden Sklaven und öffnete geräuschlos die Tür. Justinian saß an einem Tisch und las. Sie trat hinter ihn und warf den Ring auf das Pergament. »Ich bin in deinem Palast«, sagte sie leise, »jetzt brauche ich ihn nicht mehr.«

Justinian fuhr vor Schreck zusammen.

»Kennst du mich nicht mehr? Ich bin Theodora.« Sie trat vor ihn hin, ließ sich in seine Arme sinken und wurde an eine starke Brust gedrückt.

»Ich habe schon nicht mehr daran geglaubt«, flüsterte er, »ich fühlte mich so verloren.«

»Ich bleibe bei dir, solange du es wünschst.«

Auf einmal wandte Justinian den Kopf ab und nieste. »Deinen Duft habe ich noch nie gerochen!«

210

»Es ist unser Duft«, sagte sie lachend. »Und nur für dich habe ich mich so stark betupft. Er wird eine Mauer um uns errichten. Und dann sind wir ganz allein auf der Welt und vergessen das Kaiserreich.«

»Das Kaiserreich vergessen?«

»Die eine Zeit ist für das Kaiserreich, die andere für dein Gottesgeschenk.«

Dabei blickte sie ihm tief in die Augen, ihm, vor dem jeder den Kopf senkte. Dann ergriff sie seine Hand, führte ihn zum Bett und blickte ihn immer noch unverwandt an.

Justinian redete ununterbrochen, während sie sich liebten, von ihrer Sanftheit, ihrer Wärme, von der Freude, die sie ihm schenkte. Und als er sich ganz fallen ließ, murmelte er: »Du hast mich zum Gipfel geführt! Bist auch du glücklich?«

Eine Zeit lang vergaß Justinian die Pflichten des Römischen Reiches über der geteilten Lust. Theodora verbrachte ihre Tage und Nächte im Hormisdas-Palast und ging nur in das Haus auf dem vierten Hügel, wenn sie sich mit ihren Freundinnen treffen wollte.

Etwa einen Monat später wollte Justinian dem Kaiser, dem göttlichen Justin, gern seine offizielle Geliebte vorstellen. Theodora bereitete sich tagelang auf diese Begegnung vor, machte sich kundig über Justins Vergangenheit, seine Ansichten, seine Vorlieben, denn ohne seine Zustimmung hatte sie keine Zukunft. Vor der Audienz zog sie sich ganz schlicht an, ließ sich sorgfältig schminken und begab sich mit Justinian zum Palast. Sie hatte sich zwar Dutzende Male das In-

nere des Kaiserpalastes schildern lassen, aber es war trotzdem ein umwerfendes Erlebnis, als sich die hohe Bronze-
pforte vor ihr öffnete, und sie musste einen Augenblick stehen bleiben und Luft holen. Im Vorübergehen sah sie hier
einen Garten, dort eine Kirche, weiter hinten einen Maule-
selstall. Noch mehr Treppen, noch ein Vorraum, noch eine
Bronzetür, und die Liebenden hatten den öffentlichen Be-
reich, den Empfangssaal und die Kirche Christi erreicht, in
der sie sich einen Moment lang innerlich sammelten.

Es klang fast wie eine Entschuldigung, als Justinian sagte:
»Vergiss nicht, der Kaiser ist alt und kann einer schwierigen
Unterhaltung nicht mehr lange folgen. Er wird dich nicht im
Daphne-Palast empfangen, der dem Herrscher vorbehalten
ist, sondern im kleinen Konsistorium.«

Das kleine Konsistorium mit den hohen Fenstern und den
dicken Teppichen eröffnete den Blick auf Gärten und Terrassen, die zum Meer hinunterführten. Hinter ihr schlossen
sich die Elfenbeintüren und Theodora erblickte den göttlichen Justin auf einem bescheidenen Thron, eher einem
Stuhl, der mit goldbestickten Kissen gepolstert war. Der alte
Kaiser musterte sie von Kopf bis Fuß mit einem gütigen Lächeln und bewunderndem Blick und entließ die Kammerherren mit einer Handbewegung. Theodora hielt den Blick
sittsam gesenkt, bis Justin sagte: »Setz dich zu mir, mein
Kind. So können wir in Ruhe reden. Du weißt, wie sehr ich
meinen Neffen liebe und wie ich Wert darauf lege, dass er
bei seinen Abenteuern Maß hält. Jedenfalls hat er Glück, du
bist sehr hübsch!«

Zwar ärgerte sich Theodora, dass man sie für ein Abenteuer hielt, aber sie sagte: »Ich möchte weiter nichts, als Jus-

tinian dabei helfen, das Schicksal zu erfüllen, das Gott ihm zuweisen wird.«

»Ach, und dazu noch ein heller Kopf. Oh weh!« Justin verzog gequält das Gesicht.

»Ist das die Verwundung, die du dir im Perserkrieg zugezogen hast?«, fragte Theodora und holte eilig einen Schemel, auf den er das schmerzende Bein betten konnte.

»Wie aufmerksam von dir, vielen Dank! Die Schlacht damals gegen die Perser, ja, die war schlimm! Und nun wollen diese Barbaren wohl wieder Krieg, aber wir haben gute Generäle: Sitas, ein Freund Justinians, und dann dieser junge Belisar, der weiß, wie man sich bei seinen Soldaten beliebt macht, und andere mehr.«

»Die Römer sind schon immer mutig und ehrgeizig gewesen, das hat Tradition, und die lebt noch im Römischen Reich.«

»Du interessierst dich für Politik, meine Kleine? Also, das findet man nicht häufig!« In Justins Stimme erklang zum ersten Mal Respekt.

»Wenn man sich wünscht, dass der christliche Gott überall sein Königreich auf Erden errichtet ...«

Justinian unterbrach sie. »Ich werde die Kaiserin bitten, sich zu uns zu gesellen.«

In dem trüben Blick des alten Justin glomm plötzlich ein gewisses Funkeln. »Ich kenne meinen Neffen. Er lässt uns beide allein, damit wir in aller Ruhe reden können. Erzähle mir von dir, mein Kind.«

Als Justinian eine halbe Stunde später mit Euphemia zurückkehrte, lachte der alte Kaiser schallend.

»Liebe Gemahlin«, sagte er, »lasse dir die Freundin Justi-

213

nians vorstellen. Sie besitzt ein gutes Urteilsvermögen und viel Schwung.«

Euphemia hatte ein gütiges, pergamentenes Gesicht und war stark parfümiert. Sie beachtete Theodora kaum, sondern sagte: »Vergiss nicht, dass wir den Statthalter und den Patriarchen zum Essen geladen haben.«

Justin unterdrückte einen gereizten Seufzer. »Gut. Theodora, komm bitte morgen wieder, ich möchte gern den Rest der Geschichte von dem kleinen Possenreißer hören, dessen Kopf nur bis zur Kehrseite der Prinzessin reichte.«

»Nein, morgen nicht«, widersprach Euphemia, »morgen empfangen wir die Gesandten der Hunnen.«

»Aber meine Liebe!«, rief Justin, »Kommst jetzt ausgerechnet du mir mit Regierungspflichten in die Quere?« Und er rief die Kammerherren, die hinter der seidenbespannten Tür gewartet hatten, dass sie das Herrscherpaar zum Daphne-Palast begleiteten.

»Woher hast du die Geschichte mit dem Possenreißer?«, fragte Justinian, als sie allein waren.

»Die habe ich erfunden. Dein Onkel braucht Fröhlichkeit und er mag schlüpfrige Geschichten.«

»Du bist wirklich einmalig«, sagte er belustigt.

»Ich glaube, Euphemia mag mich nicht besonders.«

»Du kennst sie noch nicht, sie ist sehr schüchtern, aber ein wahrer Engel, sie erträgt alle meine Launen.«

Sechs Monate später ging Theodora juwelengeschmückt und in prächtiger Kleidung, wurde von hohen Würdenträgern gegrüßt, empfand jedoch ihre Lage noch immer als sehr heikel. Sie kam sich vor wie eine Akrobatin auf dem Hochseil: Jeden Augenblick konnte sie fallen und den Edelleuten zum Fraß vorgeworfen werden.

Eines schönen Dezemberabends saß Justinian in ihrem Schlafgemach auf einem Holzstuhl und schwieg mit gequälter Miene vor sich hin, was sie inzwischen gut kannte. Sie setzte sich im Schneidersitz nach ägyptischer Mode zu seinen Füßen.

»Schlechte Nachrichten?«

Justinian nickte: »Man hat mir berichtet, dass Anicia Juliana Soldaten bezahlt und mit ihnen meinem Vetter zur Macht verhelfen will. Ich komme mir so verlassen vor, überall Feinde, die meinen Tod wünschen.«

»Warum bist du so besorgt? Wer herrscht im Kaiserreich und im Heer, wenn nicht du? Wieso fürchtest du diese alte Edelfrau, die keinen Aufstand mehr zuwege bringt? Die Starken findest du im Volk, nicht unter dem Adel, der ist durch seine Vorrechte verweichlicht! Die Adligen schwatzen doch nur dummes Zeug. Du bist es, der befiehlt, der handelt, der für die Zukunft des Reiches arbeitet.«

Er lächelte dankbar. »Wenn ich doch nur ihr dummes Gerede unterbinden könnte, dass eine Schauspielerin in meinem Palast von meiner schwarzen Seele und meiner Gottlosigkeit zeugt. Ihren Reden nach bin ich nicht würdig, meinem Onkel nachzufolgen.«

»Lass sie reden! Wichtig ist nur, was du glaubst.«

So ängstlich Justinian eben noch klang, jetzt wechselte er schnell von Angst zu Autorität. »Und das sagen sie auch nicht länger. Du wirst jetzt Patrizierin, bekommst den höchsten Titel in der Hierarchie der Ehrentitel.«

Theodora strahlte wie ein glückliches Kind. »Geht das

denn wirklich? Glaubst du, der Kaiser ist damit einverstanden? Der arme alte Mann, seine Diener machen sich heimlich über ihn lustig.«

»Ich werde zu gegebener Zeit mit ihm sprechen.«

Nach dem Neujahrsfest besuchte Theodora eines Sonntagsmittags das Haus des tönernen Bären.

»Da bist du ja, Kind!«, sagte die Mutter und legte ein weiteres Gedeck auf. »Gott sei gelobt! Deine Kleine fragt nach dir, und ich mache mir solche Sorgen um dich. Liebt Justinian dich noch? Nutze das gut, denn eines Tages ist damit Schluss.«

»Bei mir ist nicht eines Tages damit Schluss.«

»Kind, dein Wille ist wie Spreu im Wind. Wie war das noch mit deinem Senator und deinem Gouverneur in Kyrene? Ich sage dir noch einmal, Hochmut kommt vor den Fall. Denk an Alexandria und das elende Leben, das du dort geführt hast, ehe du dem Patriarchen Timotheus begegnet bist.«

»Mit diesem Leben ist es vorbei, Mutter, und ich verbiete dir – hörst du mich! –, ich verbiete dir, das noch einmal zu erwähnen.« Theodora klang so hart, dass ihrer Mutter keine schlagfertige Antwort einfiel.

»Isst du mit uns?«, fragte sie zögernd.

»Gern.«

Die Mutter deckte den Tisch mit Brot, Milch, Fisch, Artischocken und Obst.

Zuerst kam Komito. »Ach, bist du schon wieder da? Dein Schäferstündchen hat ja nicht lange gedauert.«

»Es dauert immer noch. Ich habe euch etwas zu sagen, aber ich will warten, bis Anastasia und Eudoxia auch da sind.«

Und als gute Schauspielerin ließ sie ihre Mutter und ihre ältere Schwester nur zu gern zappeln. Beide musterten sie forschend. Als dann die ganze Familie versammelt war, sagte Theodora feierlich: »Ich werde zur Patrizierin ernannt.«

Die Mutter machte große Augen. »Heilige Dreifaltigkeit, ist es möglich! Ein Vorrecht, das du dein Leben lang behältst und das sich nicht wie bei dir üblich in Luft auflöst.« Sie stürzte zur Tür und rief den Vorübergehenden zu: »Theodora, meine Tochter, wird zur Patrizierin ernannt! Theodora, die Tochter des Bärenwärters Akakius! Meine Tochter! Meine!«

Theodora drückte ihrer Schwester Anastasia zwei goldene Solidi in die Hand. »Geh, hol Wein und Obst für die Nachbarn. Sag dem Kaufmann, er soll seinen Laden aufmachen und dass er sein Geld bekommt, sowie deine Schwester Patrizierin ist.«

»Mama, du bist so schön!«, flüsterte Eudoxia und rieb die Seide ihrer Tunika zwischen den Fingern. »Wie wird man Patrizierin?«

Theodora geriet ins Schwärmen: »Die Zeremonie findet im Thronsaal statt, Kammerherren entzünden Weihrauch, und dann duftet es da so schön wie in der Kirche. Dann kommen die Würdenträger, die Senatoren und die Vertreter der Parteien und wollen den Namen der neuen Patrizierin wissen.«

»Und das bist du?«

»Ja, das bin ich. Dann kommt der Kaiser und setzt sich auf seinen Thron. Der Thron ist ganz aus Gold, hat einen goldenen Baldachin mit kostbaren Steinen, und auf jeder Seite ist ein Siegesadler mit ausgebreiteten Flügeln angebracht. Die Kammerherren stehen hinter der Kaiserin.«

»Narses auch?«

»Ja, aber hinter dem Kaiser.«

»Und Justinian?«

»Der steht neben dem Kaiser.«

»Und dann?«

»Dann gehe ich zum göttlichen Justin, falle vor ihm auf die Knie und küsse ihm die Hand. Und er verkündet: »Im Namen des Vaters und des Sohnes und des Heiligen Geistes ernennt Meine Majestät von Gottes Gnaden dich, Theodora, zur Patrizierin.«

»Ist das alles?«, fragte das kleine Mädchen enttäuscht, es konnte ja nicht erfassen, was für ein vornehmer Stand mit diesen wenigen Worten verbunden war.

»Das ist alles«, bestätigte Theodora, »denn das Wort des Kaisers kommt von Gott.«

»Können wir an der Zeremonie teilnehmen?«, fragte Komito.

»Aber ja doch. Und ich werde für Festtagskleidung sorgen.«

»Schämst du dich nicht unseretwegen?«, sorgte sich Anastasia.

Die Mutter fuhr dazwischen. »Das hätte noch gefehlt! Wehe, sie vergisst, dass man Vater und Mutter ehren soll, wie es das Evangelium fordert!«

Nachdem Theodora Patrizierin geworden war, kümmerte sie sich als Erstes um ihre Finanzen. Auch wenn Justinian nicht ohne sie leben konnte, wenn er sie als sein »Gottesgeschenk« betrachtete, sie wusste aus Erfahrung, dass Männer im Zweifelsfall ihre Interessen über die Liebe stellten. Sie hatte die Armut zur Genüge kennen gelernt – das reicht für ein ganzes Leben. Narses riet ihr, sich große Ländereien in Kappadokien schenken zu lassen. Nun war sie gegen das Elend abgesichert, fand aber noch immer keine Ruhe, auch wenn Justinian sie heiraten wollte.

Als sie ihm die rechtlichen Hindernisse dieses Vorhabens aufzählte, antwortete er: »Mit Gottes Hilfe ist nichts unmöglich.«

Theodora bemühte sich, ihre Verbindung zu festigen, und fand darin einen Verbündeten, nämlich den alten Kaiser.

Mittlerweile kannte sie sich in der komplizierten Architektur dieser in sich geschlossenen Stadt aus Palästen gut aus. Der Privatpalast lag höher als die anderen Gebäude, war von dicken Mauern umgeben und zweistöckig, darunter erstreckten sich große Terrassen.

Justin hatte die schweren Staatsroben abgelegt, eine schlichte Tunika angezogen und machte ein Nickerchen. Der Kammerherr kündigte die Patrizierin Theodora an, der Kaiser scheuchte ihn mit einer Handbewegung fort, setzte sich auf und drückte die zarte Hand seiner Besucherin mit seinen knittrigen Händen.

»Wie schön, dich zu sehen, Theodora. Dein Besuch beglückt mein Herz.«

»Ich bringe dir das Gebäck, das du so gern magst, Mandelgebäck vom Bäcker auf dem Rinder-Forum.«

»Was von dir kommt, ist immer gut. Und nun erzähle. Behandeln dich die Edelleute auch nicht zu schlecht? Bestimmt sind sie wütend, dass du nun Patrizierin bist. Mir haben sie auch viel Not bereitet! Für sie bin ich nichts als ein Wurm. Wenn du bedenkst, ein Bauer als Kaiser! Du weißt, wie ich nach Konstantinopel gekommen bin? Wir stammen aus Makedonien, waren drei Brüder, drei Jungen vom Land, abgehärtet und gut für das Soldatenleben geeignet.«

Das alles hatte Theodora schon mehrere Male gehört, und so unterbrach sie ihn. »Ich brauche deinen Rat, Justin, denn dir schenkt Gott so große Weisheit. Justinian will mich heiraten. Glaubst du, das ist richtig? Dass ich eine würdige Ehefrau für ihn sein kann?«

»Als wir drei Brüder aus Makedonien gekommen sind, wer hätte da gedacht, dass einer von uns eines Tages Kaiser sein würde?«

Theodora lenkte die Aufmerksamkeit des alten Mannes auf ihr Problem zurück. »Es gibt ein Gesetz, ein Gesetz von Kaiser Augustus, danach darf ich Justinian nicht heiraten. Und das kannst nur du ändern.«

»Justinian kennt das Gesetz besser als ich, er soll sich darum kümmern und mir einen Vorschlag machen.«

Der Großkämmerer trat ein und verbeugte sich. »Eure Majestät muss sich bereit machen, wir empfangen den Legaten aus Rom.«

»Blut«, brummelte der alte Kaiser. »Der und der Papst wollen immer nur Blut sehen, Heidenblut, Ketzerblut, und es muss fließen. Die beiden sind nämlich nie im Krieg gewesen.«

Die darauf folgenden Tage kamen Theodora wie eine Ewigkeit vor. Justinian musste das Gesetz erst mit Juristen prüfen, den Text mehrere Male ändern und ihn dann seinem Onkel unterbreiten. Eines Abends kam er um Mitternacht mit einem Papyrus in der Hand ins Schlafgemach.

»Möchtest du den Text hören, den ich dem Kaiser vorlegen werde?«

Ohne ihre Antwort abzuwarten, las er vor: »*Wir, Römischer Kaiser, halten es für erforderlich, Gottes Güte und große Weisheit so weit wie möglich allen Menschen zukommen zu lassen. Wenn Wir das nicht für Unsere Untertanen in die Tat umsetzen, verdienen Wir keine Gnade. Von jetzt an erlaubt die Verfassung Schauspielerinnen, sich von ihren Verfehlungen loszusagen und den Kaiser zu bitten, dass auch sie alle Vorrechte der Ehe genießen dürfen. Wenn das Gesetz geworden ist, können sie eine gültige Ehe mit Männern aller Ränge eingehen, so als hätten sie nie das unmoralische Leben einer Schauspielerin geführt. Eine ehemalige Schauspielerin, die zur Patrizierin ernannt wurde, kann jeden Mann ehelichen, alle Flecken gelten als getilgt, sodass man sagen könnte, sie ist wieder in den Stand der Unschuld versetzt worden.* Morgen lasse ich Justin dieses Gesetz unterzeichnen.«

Theodora schloss glücklich die Augen. Verheiratet! Verheiratet mit dem Neffen des Kaisers! Justinian freute sich ebenso sehr und schloss sie in die Arme.

»Wir werden immer zusammen bleiben«, sagte sie.

»Ich könnte ohne dich nicht leben.«

»Wir werden Kinder bekommen.«

»Und sie in der Liebe zu Gott aufziehen.«

»Alle werden unsere Familie bewundern.«

»Wegen unserer Güte und Gerechtigkeit.«

»Du wirst weise wie Salomo.«

»Und du klug wie Kleopatra.«

»Was für ein Glück, was für ein Glückstag!«

Und sie feierten die ganze Nacht, wie es nur Liebende können.

Justin war leidend, und daran änderte sich auch während der ganzen Karwoche nichts. Zu Ostern war er genesen, und Justinian ging nachmittags allein in den Palast, denn er wollte ihm das vorgeschlagene Gesetz unterbreiten. Theodora war im Hormisdas-Palast geblieben und wartete, und die Stunden vergingen im Schneckentempo, ohne dass Justinian zurückkam. Endlich verhielten Schritte einen Augenblick, dann stand Justinian in der Tür. Als sie seine betretene Miene sah, wusste Theodora sofort Bescheid.

»Er weigert sich?«

»Nicht er, sie.«

»Soll das heißen, die Kaiserin will nicht?«

»So ist es.«

Theodora blieb die Luft weg, doch dann entlud sich ihre Entrüstung, und sie vergaß alle Zurückhaltung, die sie sich seit Monaten auferlegt hatte.

»Typisch Lupicina, die kleine Wölfin, vor der niemand Angst hat, die Barbaren-Sklavin, die während der Feldzüge die Soldaten beglückt hat. Und so was hält mich für unwürdig, dich zu heiraten! Hat sie so völlig vergessen, erinnert sie sich denn nicht mehr an den ungehobelten Bauern, der Kaiser geworden ist und sie freikaufen und ihren Namen ändern musste, damit sie nicht zum Gespött wurde? Und die findet mich für den Neffen des Erhabenen nicht würdig genug, sie, die nichts weiß, die nicht lesen, nicht schreiben, ja nicht einmal Kinder bekommen kann! Wenn der Adel auf mir herumtrampeln will, dann weiß ich, wie ich es ihm heimzahle.

Aber diese fette, rechtschaffene, gutmütige Kaiserin bildet sich wahrhaftig ein, sie stammt aus dem römischem Adel. Nicht zu fassen!«

Theodoras Augen funkelten in der Abenddämmerung, und Justinian wusste nicht, was er ihr antworten sollte.

»Gott wird sie eines Tages in sein Paradies abrufen.«

»Und falls Gott Justin vor ihr abberuft? Justin ist wirklich krank, das weißt du. Was soll dann aus uns werden? Euphemia wählt den nächsten Kaiser, wahrscheinlich dich, aber unter einer Bedingung: dass du mich verbannst! Und du hast Recht, wenn du dann lieber das Kaiserreich nimmst! Lass uns zu deinem Onkel gehen.«

Justin wich dem vernichtenden Blick Theodoras aus.

»Ja, ich weiß! Die Kaiserin! Ich weiß, ich weiß. Euphemia ist ganz und gar gegen diese Heirat. Sie sagt, nach allem, was wir für dich, Justinian, getan haben, damit du ein gebildeter und frommer Mann wirst, musst du eine junge Frau heiraten, die mit dir den Thron besteigen kann. Und dich, Theodora, hält sie dafür nicht würdig. Sie kann nicht vergessen, woher du kommst!«

»Aber du bist der Kaiser, du regierst das Römische Reich!« Theodora ließ nicht locker.

Justin hob die Hände. »Ihr könnt alle beide von mir haben, was ihr wollt, aber verlangt nicht, dass ich Euphemia verärgere.«

Kapitel dreizehn

Aber Theodora hatte Glück. Im Jahr fünfhundertvierundzwanzig, zwei Jahre nach ihrer Rückkehr aus Alexandria, verkündeten Hammerschläge von den Kirchen dem
Volk den Tod Euphemias. Mit Ausnahme von Justin und Justinian, die Euphemia wirklich geliebt hatten, bedauerten nur
wenige Menschen ihren Tod, dazu war sie viel zu zurückhaltend und unscheinbar gewesen. Theodora nutzte die
Gunst der Stunde und bereitete alles für ihre Hochzeit nach
den Trauerfeierlichkeiten vor.

Eine Woche vor ihrem Ehrentag ging sie mit Chrysimallo
zum *Güldenen Mond*, um den Schmuck auszusuchen, den sie
an diesem denkwürdigen Tag tragen würde. Der Besitzer
schob Basilius zur Seite, er wollte die Braut des kaiserlichen
Neffen höchstpersönlich bedienen. Und während er ihr
wahre Schätze an Perlen und kostbaren Steinen zeigte,
kamen seine Kinder mit Freunden die Treppe herunterge-
poltert und sangen aus vollem Hals:

»Der Justinian mit hoher Stirne/Hat sich genommen eine
Dirne/Doch diese Schönheit ist versaut/Hat ihm sein ganzes
Geld geklaut.«

Chrysimallo unterdrückte ein Lachen, Basilius stürzte
nach draußen, wollte die frechen Bengel zum Schweigen
bringen.

»Bringst du ihnen etwa diese Liedchen bei?« Theodora war ganz blass geworden.

Der Mann stammelte: »Nein, nein, ehrlich nicht, ich war das nicht, das haben sie auf der Straße aufgeschnappt, da singen es alle. Ich finde dieses Lied unmöglich …«

»Aber du erlaubst deinen Kindern, so was zu singen. Von jetzt an kaufe ich nichts mehr in deinem Laden. Du kannst dich freuen, dass deine unverschämte Familie nicht schlimmer bestraft wird.«

Im Hinausgehen winkte sie Basilius zu sich. »Komm heute Nachmittag um vier Uhr in den Hormisdas-Palast und zeige mir deine schönsten Juwelen. Und du arbeitest auch nicht länger in dieser Bretterbude, ich verbiete es dir.«

Basilius blickte erschrocken, aber Theodora war so außer sich, dass er keine Widerworte wagte. Wutentbrannt stieg sie in ihren Wagen, und als die Pferde anzogen, meinte Chrysimallo: »Der arme Junge, wie soll er denn jetzt sein Brot verdienen?«

»Der wird nichts zu klagen haben, wenn er erst Hoflieferant ist. Meine Freunde bleiben meine Freunde. Aber den Römern werde ich noch Respekt vor Justinians Frau beibringen.«

»Du warst schon immer recht herrisch«, kommentierte Chrysimallo trocken und schüttelte missbilligend den Kopf.

Es war noch Nacht, aber Narses konnte einfach nicht schlafen. Er ging in seiner gemieteten Kammer auf und ab, vom Bett zum Fenster und vom Fenster zurück zum Bett. In wenigen Stunden würde die Hochzeit stattfinden, und das trieb ihn um wie den Bräutigam selbst. Schließlich war Theodora ja auch seine große Liebe, seine Freundin, seine Schwester und seine Schülerin.

Die Liebe Justinians zu ihr hatte ihn anfangs überrascht. Dass ein so machthungriger Mann eine ehemalige, mittellose, von den Mächtigen verachtete Kurtisane wählen würde, das schien wider alle Vernunft.

Doch mit dem sicheren Instinkt eines Kindes wählte Justinian nicht nur eine Frau, die ihm gefiel, sondern auch eine Gefährtin, die ihn bei schwierigen Regierungsaufgaben unterstützen würde.

Im Morgengrauen zog Narses eine lange Seidentunika an und ging zum Großen Palast, wo ihm Türwärter das Bronzetor öffneten. Dort begegnete er einigen Würdenträgern, die noch keine Staatsroben trugen und sich für den Kirchgang erst ankleiden mussten.

Man hatte nur die höchsten Beamten zur Zeremonie geladen, und die trafen nun einer nach dem anderen in schimmernden Seidentuniken und Umhängen mit diamantenglitzernden Goldfibeln ein. Endlich kam auch der greise Patriarch von Alexandria in einer weißen, rot bestickten Robe.

Hoffentlich beeilt sich das Paar, dachte Narses, er befürchtete noch eine Katastrophe in allerletzter Minute. Was wäre, wenn sich die Trauung als nicht durchführbar erwies, wenn Theodora noch einmal in den Staub geworfen würde? Doch dann schritt sie endlich an der Seite Justinians herein und sah schrecklich ernst aus. Die beiden gingen auf den Patriarchen zu, und der setzte Justinian als Symbol des Sieges über die Sünde eine Blumenkrone aufs Haupt und sagte feierlich: »Ich kröne dich, Justinian, den Diener Gottes, zusammen mit Theodora, der Dienerin Gottes, im Namen des Vaters, des Sohnes und des Heiligen Geistes.«

Nachdem er auch Theodora einen Blumenkranz aufgesetzt hatte, fuhr er fort: »Ich kröne dich, Theodora, die Dienerin Gottes, zusammen mit Justinian, dem Diener Gottes, im Namen des Vaters, des Sohnes und des Heiligen Geistes.«

Dann legte er die Hände des Brautpaares ineinander. Justinian lächelte, Theodora blieb ernst, doch vor Narses konnte sie ihre Gefühle nicht verbergen.

Uranius gehörte zu den Prätorianern, die das Paar schützten, und er strahlte vor Stolz, so als färbte der Ruhm seiner früheren Geliebten irgendwie auch auf ihn ab. Antonina erzählte später, die Jungverheiratete hätte ihr im Vorbeigehen zugeflüstert: »Das hat Gott gefallen.«

Das Brautpaar bog in die Allee ein, die sich durch die Gärten zum Magnaurus-Palast zog, dort würden sie die Hochzeitsnacht verbringen.

Theodora und Justinian setzten ihre Kronen im Hochzeitsgemach ab und kehrten zum Festmahl in den Saal der Neunzehn Klinen, der Speiselager zurück. Narses war noch nie hierher gebeten worden, und so ruhte er nun zum ersten Mal zum Speisen auf einem der Prunklager, das gut einem Dutzend Menschen Platz bot. Er sah, wie das Paar auf die Estrade stieg, denn dort stand das Lager des Kaisers vor einem goldenen Tisch. Silberne Säulen und Stufen trennten Narses von Theodora. Angesichts dieser demonstrativen Hierarchie bekam er es plötzlich mit der Angst zu tun. Würde seine geliebte Freundin weiter so vertraut und spontan im Umgang mit ihm sein, auch wenn er in den vergangenen Jahren ihr einziger Freund gewesen war? Diese Angst verdarb ihm den Appetit.

Am nächsten Morgen wurde gemunkelt, Theodora hätte in der Hochzeitsnacht ein Gewand aus Rosen auf Goldfäden getragen und hätte von dem strengen Justinian verlangt, sie zu lieben, ohne dass die Rosen zerdrückt wurden. Da geriet so mancher ins Schwärmen, träumte von neuen Keckheiten der ehemaligen Schauspielerin.

Und nun zeigte die Gemahlin Justinians, des Kaisers ohne Titel, ihr wahres Gesicht, vorsichtig zwar, wenn es um seine Lieblingsgebiete ging, aber mit gnadenlose Härte, wenn ihre eigenen Interessen ins Spiel kamen. Und sie hatte nichts vergessen.

Die Grünen! Die Grünen, die sie als Kind so gedemütigt hatten, merkten endlich, was es hieß, Theodora zu kränken. Justinian war wie der Kaiser ein Anhänger der Blauen und hinderte sie nicht an ihrem Rachefeldzug, sorgte sich aber manchmal wegen ihrer Maßlosigkeit. Eines Morgens beschloss Theodora – die siebenwöchige Fastenzeit vor Ostern hatte gerade begonnen –, mit einer reichen Gabe in die Kirche der Heiligen Apostel zu gehen. Auf dem Augusteum sah sie Hypathius, einen ehrbaren Anhänger der Grünen, Haken schlagen wie ein Hase und dabei Stände umwerfen, weil er in die Hagia Sophia fliehen wollte. Ein Dutzend Blaue, unschwer an ihrer Barbaren-Aufmachung zu erkennen, war ihm mit dem Dolch in der Hand auf den Fersen, doch vor dem Portal des Gotteshauses, das ihm Asyl bot, blieben sie stehen. Theodora tat so, als hätte sie nichts gesehen und setzte ihren Kirchgang fort.

Gegen Mittag verließ sie die Kirche und wurde auf dem Augusteum von einer aufgebrachten Menge mit feindseligem Gemurmel empfangen. Sie erkundigte sich nach dem Grund und erfuhr, dass man Hypathius im Asyl der Hagia Sophia erdolcht hatte. Sie bedauerte, dass es in einer Kirche geschehen war, aber über den Mord an sich verlor sie kein Wort.

Doch das Raunen wollte nicht verstummen, und das Wort »Blaue« kam immer wieder vor. Sie wären bestraft worden, und das beunruhigte ihre Gönnerin.

»Die Blauen bestraft? Wer hat das gewagt? Wo sind sie jetzt?«

»Der Stadtpräfekt hat sie in den Kerker der Präfektur gebracht und hat einige hingerichtet.«

»Hingerichtet? Aber warum denn? Mit welchem Recht? Wer hat dieses Verbrechen gebilligt?«

Niemand wagte zu antworten, weil alle wussten, dass sich Justinians Frau bei Verbrechen der Blauen blind stellte.

Die Köpfe senkten sich und Theodora ging zu den Soldaten, die den Eingang zum Palast bewachten.

»Wer hat den Befehl gegeben, die Blauen zu verhaften?«

»Der Kaiser«, sagte ein Offizier.

Gegen einen kaiserlichen Befehl konnte man nichts ausrichten, aber Theodora hakte trotzdem nach. »Und wer hat den Kaiser mit dieser Lappalie behelligt?«

»Das weiß ich nicht.«

»Der Stadtpräfekt hätte mit meinem Gemahl reden sollen.«

»Justinian konnte ihn nicht empfangen. Er fühlt sich nicht wohl.«

Theodora eilte, gefolgt von zwei Eunuchen, zum Hormisdas-Palast. Im Schlafzimmer, das aufs Meer ging, waren die Vorhänge zugezogen, damit das Tageslicht den Kranken nicht in den Augen schmerzte, und die Luft war zum Ersticken. Justinian hatte stark geschwitzt.

»Was fehlt dir?«, fragte Theodora.

»Ich habe hohes Fieber.«

»Du kannst jetzt nicht krank sein. Der Stadtpräfekt hat es gewagt, den Kaiser, diesen armen Greis, zu behelligen.«

»Eine schlimme Sache?«

»Es geht um die zehn Blauen, die Hypathius umgebracht haben. Der Präfekt hat sie mit Zustimmung Justins gefangen nehmen und einige zum Exempel hinrichten lassen. Diese Unverschämtheit verdient Strafe.«

»Wenn Justin die Bestrafung gutgeheißen hat … Ich bin machtlos gegen einen Befehl des Kaisers.«

Theodora setzte sich auf sein Bett. »Stimmt, aber dir ist hoffentlich klar, dass der Präfekt deine Autorität wissentlich umgangen hat. Er ist sich im Klaren, dass du die Blauen schützt und er hätte warten müssen, bis du wieder gesund bist. Das war eine wohl durchdachte Provokation.«

Sie wartete die Wirkung ihrer Argumente ab, denn sie kannte die Angst, die Justinian umtrieb: Verschwörungen, Verrat und das Janusgesicht seiner Umgebung. Nach einem Weilchen sagte sie: »Wenn zwei Tage Krankenlager ausreichen, deine Politik vor aller Augen zu hintertreiben, dann ist es um deine Macht schlecht bestellt.«

Das überzeugte Justinian. Er setzte sich auf. »Du hast

Recht. Irgendwie bringe ich den Stadtpräfekten dazu, dass er sich vor dem Senat bloßstellt, und dann wird er verbannt. Wir müssen auf der Hut sein.«

»Ein solches Exempel dürfte die Widerspenstigen nachdenklich stimmen«, sagte Theodora und lächelte böse.

Die meiste Zeit jedoch lebte die Jungvermählte ein Leben im Luxus.

Nach dem Morgengebet vor einer Ikone Christi badete sie zum ersten Mal, dann überließ sie sich den Händen von Dienerinnen, die ihren Körper mit Duftsalben einrieben, ihr die seidigen Strähnen flochten und die Beine enthaarten, ehe sie ihr ein Hemd aus bestickter Seide anzogen. Danach wählte sie aus ihrer Garderobe die erste sehr kostbare Tunika, dann eine zweite mit kürzeren Ärmeln, auch diese aus Seide und je nach Jahreszeit dicker oder dünner. Die Morgenmahlzeit war leicht, Brot, Käse und Obst, vorzugsweise aus fernen Ländern, und wurde vor dem Fenster aufgetragen, damit sie den Blick auf das Meer mit seinen ständig wechselnden Farben genießen konnte.

Danach prüfte sie mit ihrem Schreiber ihre Geschäfte in Kappadokien. Nach der Mittagsruhe und einem zweiten Bad ging sie nachmittags am Meer spazieren, besuchte ein Kloster oder eine im Bau befindliche Kirche oder kaufte exotische Waren aus dem hohen Norden oder dem fernen Osten.

Vor dem Abendessen badete Theodora ein drittes Mal, zog sich um und schmückte sich mit Juwelen. Ob sie nun allein mit ihrem Mann speiste oder an einem Fest teilnahm, sie wollte nur eines, nämlich Justinian gefallen, ihn durch ihre Schönheit erfreuen und erstaunen.

Sie besuchte auch ihre Freunde im Hippodrom, meistens jedoch heimlich, weil sie ihren Feinden vor ihrem größten Triumph – der Krönung – keine Angriffsfläche bieten wollte.

Eines Abends kam Justinian gleich nach der Arbeit zu ihr. Das war nicht typisch für ihn, daher schickte sie die Diener schnell fort.

Justinian blickte verdrossen vor sich hin. »Erinnerst du dich noch daran, dass sich Anicia Juliana geweigert hat, zu den Baukosten für ein Armenhospiz auf dem dritten Hügel beizutragen, weil unsere Familie nicht würdig für die Macht wäre? Stell dir vor, heute Nachmittag musste ich mir anstandshalber die Kirche des Heiligen Polyeuctos ansehen, denn die hat sie auf eigene Kosten bauen lassen und sie ist nun fertig. Ich bin gern hingegangen, weil ich mich über jedes neue Gotteshaus freue. Aber sie wollte in Wirklichkeit nur, dass ich die großen Goldtücher bewundere, die über die gesamte Decke gehen. In diesen Stoffen, so hat sie gesagt, stecke ihr ganzes Vermögen, daher habe sie nichts mehr zu spenden. Ich könne ja sehen, dass diese prächtige Kirche sogar Salomos Tempel überträfe und dass ich nie im Leben etwas so Schönes zustande brächte.

»Und was hast du geantwortet?«

»Ich wollte sie nicht vor den Kopf stoßen, sie hat viele Freunde, und die sähen mich am liebsten tot. Und sie bezahlt Soldaten, die mich an der Thronbesteigung hindern sollen.«

»Was hast du zu befürchten? Wenn sie sich gegen dich verschwört, hätten uns unsere Spione in der Stadt gewarnt. Ich werde Theodosius' Enkelin lehren, wie man sich vor dem Neffen des Kaisers und seiner Gemahlin verneigt. Kommenden Dienstag besuche ich die Kirche gegen Mittag, und wehe, sie ist nicht da oder wagt es, mich schlecht zu behandeln.«

Am festgesetzten Tag ließ sich Theodora, begleitet von fünfhundert Personen, Leibwachen, die ihr den Weg freimachten, Würdenträgern, Frauen der Würdenträger, Kammerherren, Musikern, Sklaven und Dienern zur Kirche des Heiligen Polyeuktos tragen. Die Sänfte mit den perlenbestickten Vorhängen wurde vor dem Kirchenportal abgestellt und ihre Begleiter verteilten sich auf dem Platz und in den angrenzenden Gassen. Justinians Gemahlin stieg aus und wandte sich Anicia Juliana zu. Die sechsundsechzigjährige Frau kam auf sie zugehumpelt und beide Frauen maßen sich mit eisigen Blicken. Am Ende gab die alte Römerin nach und verneigte sich vor Theodora, und die winkte dem Zeremonienmeister.

»Noch tiefer. Verneige dich tiefer«, befahl der.

Anicia Juliana zitterte, zögerte und senkte den Kopf ein wenig tiefer. »Hoffentlich erspart mir der liebe Gott, dass ich dich ein zweites Mal grüßen muss«, murmelte sie mit ausdrucksloser Stimme.

Dann drehte sie sich um, zwei Eunuchen kamen ihr zu Hilfe und geleiten sie zu ihrer Sänfte.

»Und sie werden allesamt noch Kopf senken!«, sagte Theodora am nächsten Tag erbittert zu Narses, als der nach Arbeitsschluss wie so oft auf einen Plausch im Hormisdas-Palast vorbeischaute. »Sie wissen nur noch nicht, dass es mit ihren nachlässigen Manieren vorbei ist. Justinian gibt zwar nichts auf Zeremoniell, aber ich werde sie Achtung vor dem Kaiser lehren.«

»Vergiss nicht, dass deine persönlichen Interessen hinter denen des Reiches zurückstehen müssen«, warnte Narses.

»Soll das ein Vorwurf sein?«

Narses nickte. »Wenn du die Blauen weiter so in Schutz nimmst, gebrauchst du deine Macht schlecht. Es ist doch nicht normal, wenn ein Grüner einfach so in der Hagia Sophia umgebracht werden kann.«

Theodora gab nicht nach: »Und ich verzeihe den Grünen niemals. Wenn ich erst Kaiserin bin …«

»Das bist du noch nicht.«

Auf einmal lachte sie. »Wenn ich erst Kaiserin bin, was soll ich dann deiner Meinung nach mit einem alten, brummigen Eunuchen tun?«

Der alte Eunuch beharrte auf seinem Standpunkt. »Kaum hast du es geschafft zu heiraten, schon willst du noch mehr. Nimm dir Zeit, genieße das Leben, den Luxus, die Liebe deines Mannes. Aber du hast dich schon an das große Glück gewöhnt. Gib dich mit der Gegenwart zufrieden.«

»Und wie? Überall werden die Monophysiten verfolgt, man brennt ihre Kirchen nieder, man verbannt ihre Priester. Ich habe versprochen, ihnen zu helfen, und wenn ich erst Kaiserin bin, kämpfe ich für Religionsfrieden.«

Mit dieser Antwort hatte Narses nicht gerechnet und so fiel ihm dazu auch nichts ein.

Theodora mochte den alten Justin und besuchte ihn jeden Tag, seit sich sein Gesundheitszustand verschlechtert hatte. Sie war die ganze Freude des alten Mannes, denn sie war jung, fröhlich und herzensgut zu ihm wie mit einem Vater, nicht wie mit einem Kaiser.

Eines Tages merkte sie, dass er ihr nicht zuhörte. »Hast du Schmerzen? Möchtest du anders gelagert werden?«

Justin ergriff ihre Hände. »Entschuldige, liebe Tochter, aber ich war mit meinen Gedanken woanders. Ich habe nämlich gut nachgedacht. Mir geht es von Tag zu Tag schlechter, daher sollte Justinian jetzt schon gekrönt werden, damit die Machtübernahme dann gesetzmäßig und in Ruhe vor sich gehen kann. Ich will nicht, dass noch einmal gekämpft wird wie bei meiner Krönung. Verrate deinem Mann noch nichts davon, ich möchte es ihm selbst sagen. Was ist, du schweigst?«

Theodora gab ihm einen Kuss. »Große Freude ist wie großer Kummer, man erfasst beides nicht gleich so ganz.«

Der alte Soldat lächelte. »Ich vertraue euch beiden das Römische Reich an und das wird die letzte Freude meines Lebens. Die Krönung findet am Ende der Fastenzeit zu Ostern statt. Hoffentlich lebe ich so lange.«

»Römische Kaiserin, Augusta, Erhabene, Erwählte Gottes, Herrscherin der zivilisierten Welt!« Theodora sagte diese glanzvollen Titel wieder und wieder auf, um sich allmählich an deren erhabenen und bedeutungsvollen Klang zu gewöhnen. Sie musste sich der Bestimmung würdig erweisen, die ihr die Vorsehung zugedacht hatte.

Und weil sie bei der Krönung die Schönste sein wollte, vertraute sie Antonina die Organisation der Prozession an. Die Hofdamen hatten in Staatsroben zu erscheinen: Goldene Tunika, weißer Umhang, hochgesteckte Haare, von denen ein langer weißer Schleier herabfiel. Sie selbst würde eine Tunika aus weißer, perlenbestickter Seide tragen, darüber kam die purpurne Chlamys, die man ihr überreichen würde. Trotz der Fastenzeit ging es im Hormisdas-Palast geschäftiger zu als in einem Bienenkorb.

Am ersten April, dem Krönungstag, verzogen sich die langen Wolkenschleier bei Sonnenaufgang, und die Sonne strahlte auf ein festlich gestimmtes Konstantinopel herab. Ob arm oder reich, alle hatten Blumengirlanden um die Türen gewunden, auf den Schwellen lagen Schilfmatten, von allen Amtsgebäuden flatterten Fahnen, und Mönche sangen zum Ruhme des Allmächtigen, der die künftigen Vertreter Christi auf Erden erwählt hatte.

Im Thronsaal ging es indessen ruhiger zu. Theodora wartete umgeben von ihren Damen darauf, dass Justinian im Saal der neunzehn Klinen die Insignien der Macht, die purpurne Chlamys, das Halsband des Befehlshabers und die Krone, erhielt und dann seinen Schwur leistete: »Ich verspreche vor der heiligen katholischen und apostolischen Kirche, dem orthodoxen Glauben treu zu bleiben und ihn zu verteidigen und den Pfad der Wahrheit und Gerechtigkeit zu gehen, ich, Justinian, Erhabener, treuer Diener des allmächtigen Gottes und Herrscher aller Römer.«

Danach holte der Zeremonienmeister Theodora ab und führte sie zu ihrem Gatten, der sie krönen würde. Theodora war sehr ergriffen, denn der alte, gütige Justin erhob sich mühsam und kleidete sie mit zitternden Händen in die purpurne Chlamys, und dann setzte ihr Justinian mit liebevollem und stolzem Blick die zierliche, diamantengeschmückte Goldkrone auf.

Das ist mein ganz persönlicher Triumph, dachte sie, als sie

ganz allein zur höchsten, mit Zweigen und Blumen ge-
schmückten Terrasse des Daphne-Palastes stieg, wo die
obersten Würdenträger und Vertreter des Volkes warteten.
Oben strahlte ein blauer Himmel, unten verneigte sie sich
mit einer Kerze in der Hand vor der einzigen Macht, die ihr
jetzt noch überlegen war: Christus am Kreuz. Und nun senkten sich die Fahnen und alle, Würdenträger, Widersacher,
Gesandte aus fernen Ländern, alle fielen vor ihr auf die Knie
und huldigten ihr.

»Heilig, heilig, heilig, Ehre sei Gott in der Höhe!«

»Langes Leben, Dir, Du Schützling Gottes!«

»Theodora, das Glück aller Römer, sie lebe lange und
glücklich!«

»Ehre sei Gott, der Dich gekrönt hat.«

»Ehre sei Gott, der Dich zur Erhabenen gemacht hat!«

Danach salbte sie der Stellvertreter Gottes, der Patriarch,
in der von Kerzen erhellten Hagia Sophia mit heiligem Öl.
Zur Feier des Tages rieselten Perlen auf ihre Schultern und
der Patriarch überreichte Justinian ein purpurnes Seiden-
täschchen mit Staub und ermahnte ihn, Gottes demütiger
Diener zu bleiben und nicht zu vergessen, dass auch er sterben müsse. Der Herr hätte ihm nur vergängliche Ruhmes-
jahre zwischen dem Staub seiner Kindheit und dem Staub
seines Grabes zugestanden! Theodora dachte an Timotheus
und versprach ihm im Stillen, sich der Güte des Himmels
würdig zu erweisen. Sie würde tugendhaft, treu und tapfer
sein und den Monophysiten und dem Frieden in der Kirche
dienen.

»Ehre sei Gott, dem Weltenherrscher.«

»Ehre sei Gott, der Dein Haupt bekränzt hat.«

»Ehre sei Gott, der Dich mit eigener Hand gekrönt hat.«

»Er möge Dir ein langes Leben im Purpur schenken.«

So wurde sie den Würdenträgern und Gott vorgestellt und anschließend auch dem Volk. Welche Freude, welche außerordentliche Ehre, welch ein Sieg über das Schicksal! Als Kind hatte sie die *katishma*, die Kaiserloge, mit großen Augen angestaunt, dieses am Großen Palast angebaute Bauwerk mit zwei Stockwerken. Wie weit entfernt und prächtig waren ihr damals alle vorgekommen, die unter den vier Bronzepferden Platz nahmen. Und nun saß sie neben Justinian auf einem goldenen Thron und betrachtete die anderen von oben. Und sie waren zu Tausenden gekommen, Freunde, Feinde, neugierige Gesichter, begeisterte Gesichter, alle blickten zu ihr hoch. Aber ob sie sich nun freuten, staunten oder entrüsteten, was galt das noch? Von heute an waren sie ihr alle untertan.

Vier Monate später, am ersten August, dem Tag des Heiligen Kreuzes, ging der alte Kaiser Justin heim zu seinem Gott. Das wurde angemessen bedauert, doch nur das Kaiserpaar trauerte aus tiefstem Herzen um ihn, denn es verdankte ihm alles. Man bahrte Justin drei Tage lang im Saal der Neunzehn Klinen auf. Der neue Kaiser durfte den Verstorbenen nicht bis zu dessen letzter Ruhestätte begleiten, weil er aber dem Leichenzug wenigstens mit den Augen folgen wollte, stieg er mit seiner Kaiserin auf die höchste Terrasse, die weit über Stadt und Meer ragte. Theodora war jetzt dreißig Jahre alt und Justinian fünfundvierzig, sie konnten sich auf eine lange Regierungszeit freuen.

Kapitel vierzehn

Mein Gott, wie schön war doch Macht, denn nur wer Macht hatte, konnte sich Schönheit, Glück und Ungerechtigkeit leisten.

Von jetzt an durfte sich Theodora als vergötterte Gemahlin Justinians alle Wünsche erfüllen. Als die Trauerzeit vorbei war, übernahm Theodora die Frauengemächer im Daphne-Palast und lud ihre Jugendfreundinnen ein. Schon am Einzugstag wurde in den Fluren viel gelacht und gekichert. Ihre Freundinnen aus alten Tagen führten ihre neuen Tuniken vor, schwatzten und liefen durch Räume, Höfe, Gänge, ohne sich an der Pracht des Ortes zu stören. Theodora lud ihre Familie ein, in den Frauengemächern zu wohnen, unter der Bedingung, sich in nichts einzumischen.

Narses staunte, dass Chrysimallo, Indaro und die anderen auch zum Frauengemach gehören sollten. »Warum nimmst du sie in deine Dienste?«

»Damit der Adel vor Ärger platzt«, erklärte Theodora spöttisch lächelnd. »Ich zwinge ihn, Frauen mit einer ähnlichen Vergangenheit wie meiner zu achten.«

»Das verstehe ich nicht. Du wolltest doch deine Vergangenheit loswerden.«

»Meine Vergangenheit ja. Aber darüber vergesse ich die Vergangenheit anderer nicht und auch nicht das traurige Los verschmähter Frauen. Gesellschaftlicher Aufstieg muss für alle möglich sein. Warum sollen meine Freundinnen nicht mit mir aufsteigen? Und wer lacht sonst mit mir? Und du besuchst uns natürlich ab und an. Die fröhlichen jungen Menschen werden dir gut tun und dir einen schönen Vorwand für Klagelieder liefern.«

Doch angesichts seiner besorgten Miene sagte sie: »Liebster Freund, nur du allein darfst mir sagen, was du denkst. Und jetzt hilf mir bitte bei der Auswahl der Eunuchen für meine Gemächer.«

Antonina organisierte die Auswahl der Kammerfrauen und besprach mit ihr die Führung der Frauengemächer. Die bescheidene Euphemia hatte alles belassen, wie sie es vorgefunden hatte, doch Theodora wollte einen prächtigen Palast haben. Alles wurde mit Edelsteinen ausgeschmückt und Basilius wurde kaiserlicher Hoflieferant.

Nun wollte Theodora den Aufstieg ihrer Freundinnen und Schwestern absichern und das erreichte man nur durch eine vorteilhafte Heirat. Laut Gesetz aus dem Jahre fünfhundertvierundzwanzig, das ihre Vermählung mit Justinian möglich gemacht hatte, stand dem nichts mehr im Weg, und auch der Kaiser hatte nichts dagegen.

Komito heiratete einen Waffengefährten und Vertrauten Justinians namens Sittas, der zum Befehlshaber in Armenien ernannt wurde und den schönen Palast von Antiochos in der Nähe des Hippodroms erhielt.

Die Mutter ging mit ihrer älteren Tochter, es fiel ihr zu schwer, sich nicht in Theodoras Entscheidungen einzumischen. Antonina heiratete Belisar und der wurde zum Befehlshaber des Ostens ernannt, Anastasia einen Juristen, In-

240

daro den Gardepräfekten, und Chrysimallo interessierte sich für Saturninus.

Saturninus war von Adel, führte die Geschäfte des Kaisers und war der oberste Würdenträger der Verwaltung.

Allerdings war er in seine Base verliebt und hielt wenig davon, Chrysimallo zu heiraten, in seinen Augen eine Missheirat, aber wehe dem, der ehemalige Kurtisanen verachtete! Saturninus musste sich also Theodoras Befehl fügen. Am Tag nach der Hochzeit beklagte er sich, seine junge Braut sei nicht mehr Jungfrau gewesen, und seine Bemerkung verbreitete sich wie ein Lauffeuer. Zwei Tage später wurde er gefangen genommen, als er morgens in sein Arbeitszimmer kam, und öffentlich ausgepeitscht, weil er eine Freundin der Kaiserin beleidigt hatte.

Diese Strafe und das Stillschweigen des Kaisers machten deutlich, wie mächtig die Augusta war, und Theodora hatte nichts vergessen – sie vergaß niemals –, auch nicht die Gleichgültigkeit des Adels in der *katishma* bei ihrer Krönung.

Bittsteller empfing sie jetzt im Augustus-Saal, der grenzte an den Daphne-Palast, war nicht so beeindruckend wie der Thronsaal, aber trotzdem fast so prächtig. Die Höflinge hatten in einem engen Vorraum zu warten. Und Theodora ließ sie warten! Sie zögerte ihr Baderitual hinaus, das ihrer Schönheit diente. Dann nahm sie in prunkvoller Kleidung und umringt von Hofdamen auf einem goldenen Thron Platz. Eines Tages reichte ihr der Zeremonienmeister eine Liste der wartenden Höflinge, und da ließ sie doch tatsächlich Melone als Ersten vor.

Das neue Zeremoniell verstörte den gewieften Spion sehr, denn kaum war er eingetreten, packten ihn zwei Leibwächter bei den Schultern und warfen ihn zu Füßen Theodoras auf den Teppich. Unbeholfen wollte er wieder hochkommen und glaubte schon, in Ungnade gefallen zu sein, als Theodora schallend lachte und befahl: »Bleib liegen und küsse mir den Fuß.«

Melone küsste den purpurnen Stiefel tüchtig ab, dann hob er den Kopf und wollte loslegen.

»Theodora …«

»Von nun an nennst du mich Herrin oder Majestät und wartest gefälligst, bis ich dir das Wort erteile.«

Der Bettler stand auf und blickte erschrocken um sich. Eunuchen und Hofdamen, goldbestickte Kissen und Mosaiken, eindrucksvolle Gemächer und jetzt auch noch Theodora, die ihm merkwürdige Befehle erteilte – all das war furchtbar einschüchternd.

»Melone, du weißt, dass sich die Majestät dem geliebten Volk nicht entfremden möchte. Berichte also, was du in den letzten Tagen über das Kaiserpaar gehört hast.«

Melone wurde feuerrot.

»Ist es so schlimm?«, hakte die Kaiserin nach.

»Das Volk liebt dich«, sagte Melone rasch, »und es freut sich, dass Gott dich zur Erhabenen erwählt hat.«

»Und trotzdem gibt es Redner und Schreiberlinge, die ihrer Phantasie freien Lauf lassen. Unsere Krönung hat den wachen Geist unserer Mitbürger nicht gelähmt.«

Der Bettler blickte auf seine Füße und murmelte etwas Unverständliches.

»Sprich deutlicher«, sagte Theodora ungeduldig.

»Ich habe ein Gedicht gehört …«

»Heraus damit!«

Langsam, so als würden ihm die Worte einzeln aus der Nase gezogen, sagte der Bettler: »Der heiße Hintern auf dem Thron/Lässt sich nur noch die Füße schlecken/Die duften lieblich dem zum Lohn/Der ihr sonst tät den Hintern lecken.«

»Wer sagt so etwas?«

»Niemand, jeder.«

»In Zukunft bitte genauer. Was gibt es sonst noch?«

Der Bettler wurde plötzlich gesprächig, als wollte er eine unangenehme Sache rasch hinter sich bringen.

»Dass du eine Hexe bist, dass du dank Zaubertränken Gunst gewinnst und damit unseren heiß geliebten Kaiser zerstörst, dass du ...« Er verstummte wieder.

Die Kaiserin wurde blass, ihre Augen funkelten. »Gib ihm einen goldenen Solidus«, sagte sie zu ihrem Schatzmeister. »Und du, Melone, finde heraus, wer aus diesen widerlichen Anschuldigungen Nutzen zieht. Baue ein festes Informationsnetz auf und komme jede Woche, und falls es dringend ist, darfst du auch die Frauengemächer betreten.«

»Wie der Patriarch?«

»Wie der Patriarch«, wiederholte Theodora und unterdrückte dabei ein Lächeln.

Melone war sehr gerührt, drehte sich um und wollte so schnell wie möglich gehen, aber eine Leibwache flüsterte ihm zu: »Man kehrt der Erhabenen nicht den Rücken zu und hebt auch nicht das Gesicht.«

Als Melone ins Vorzimmer kam, seufzte er erleichtert. Die Würdenträger warteten darauf, dass sie aufgerufen werden, doch der Zeremonienmeister verkündete: »Die Kaiserin empfängt heute nicht mehr. Kommt morgen wieder.«

Ein grober Versoß gegen die Etikette und man lästerte über die Augusta, was diese aber Gott sei Dank nicht hörte. Sie speiste in den Gemächern des Kaisers mit Tribonianus, der mehrere Ministerämter innehatte, gebildet und liebenswürdig war, und wollte in seinem Beisein ein heikles Thema anschneiden, nämlich den Schreiber ihres Mannes.

»Mein Gemahl, ich hörte, dass sich dein Schreiber Priskos einen prächtigen Palast gebaut hat und darin auf großem Fuß lebt. Und zu diesem Reichtum soll er durch Schiebungen und Vertrauensmissbrauch gekommen sein.«

Sie merkte nicht, dass Tribonianus sein Weinglas heftig absetzte, sie sah nur Justinians verärgerte Miene.

»Ich hänge an ihm«, sagte der Kaiser, »er ist ein sehr beflissener und treuer Diener, wie man ihn nicht oft antrifft.«

»Er ist auf unrechte Weise zu seinem Geld gekommen und außerdem hat er deinen Namen und deine Großzügigkeit missbraucht«, widersprach Theodora. »Das ganze Geld gehört dem Staat.«

»Liebste Gemahlin, du weißt, es arbeitet sich gut mit einem treuen Schreiber.«

Theodora merkte wohl, dass ihr Mann auf diesem Ohr taub war, und da ging sie aufs Ganze. »Und er verbreitet böse Gerüchte über mich, über uns! Er beschuldigt mich, ich würde das Reich wie ein driftendes Schiff steuern, und erzählt überall, der Palast wäre jetzt zum Hurenhaus verkommen.«

Justinian hörte nur, was er hören wollte. »So etwas tut kein Freund«, sagte er.

»Dein großmütiges Herz lässt sich täuschen, du glaubst zu sehr an das Gute im Menschen.«

244

»Der Kaiser ist viel zu gut«, mischte sich jetzt Tribonianus ein.

Justinian verteidigte sich wie üblich sehr beredt. »Wenn das wahr ist, verdient er eine grausame Strafe. Niemand darf meine teure Gemahlin, mein Gottesgeschenk, mit Schmutz bewerfen. Aber so etwas kann Priskos einfach nicht gesagt haben.«

Theodora ließ vom Thema ab. Doch am nächsten Tag bat sie Uranius und Narses zu sich. Uranius, der neue Prätorianerpräfekt, liebte sie zwar nicht mehr als Frau, er verehrte sie aber abgöttisch.

»Morgen holst du Priskos aus seinem Palast, am besten bei Nacht, und schaffst ihn auf ein Schiff, das ihn in ein weit entferntes Kloster bringt. Dort wird er geschoren und kann die Kutte tragen.«

Narses wollte mehr wissen. »Und welche Version über seine Amtsenthebung willst du verbreiten lassen?«

»Verunglimpfung der Kaiserin und dadurch auch des Kaisers. Alle, aber auch alle sollen wissen, dass man die Erwählten Gottes nicht straflos beleidigen kann. Wenn Priskos fort ist, ziehst du sein Vermögen ein, es gehört ohnehin der kaiserlichen Schatzkammer.«

»Und wie erkläre ich das dem Kaiser?«

»Mein Gemahl fragt nicht, woher das Geld kommt. Du kennst ja die Höhe unserer Staatsausgaben. Justinian hat gerade Palmyra neu erbauen lassen und schickt Belisar mit seiner geliebten Antonina an die persische Grenze, dort soll er in Dara eine Festung bauen, weil wieder einmal ein Kriegsausbruch droht. Und übrigens …« Sie sah Narses an und lächelte. »Und übrigens sage ich dir hiermit, ehe Justinian mit dir spricht, dass du jetzt Großkämmerer der königlichen Schatulle bist. Ich bin froh, dich an der Seite meines Mannes zu wissen, den du beschützt und berätst.«

Ihr langjähriger Freund schwieg einen Augenblick zutiefst bewegt, denn damit erklomm er die höchste Stellung, die ein Eunuch je erhoffen konnte.

Doch als er allein war, dachte er über die rasche Verwandlung der ehemaligen Schauspielerin nach. Sie regierte seit ihrer Krönung mit großer Autorität. Und an ihm würde es jetzt liegen, das gute Einvernehmen zwischen den Ehegatten zu erhalten und Missstimmungen zu beseitigen.

Aber die Kaiserin nutzte ihre Macht auch gütig und großzügig, besonders gegenüber Freudenmädchen.

Eines Abends, als die Torhüter gerade die Palasttore schließen wollten, stürzte eine vierzehnjährige, barfüßige Kreterin in die Frauengemächer und warf sich Theodora zu Füßen.»Rette mich, wie Christus die Sünderin gerettet hat!«

»Woher kommst du?«

»Von der alten Hurenmutter hinter dem Hippodrom.«

»Was, die gibt es noch?«, fragte Theodora zweifelnd.

Die Kleine nickte schluchzend. »Man hat mir erzählt, dass du im Haus des tönernen Bären gewohnt und gewagt hast, sie zu beschimpfen. Deswegen bitte ich dich um Hilfe.«

»Mach dir keine Sorgen. Ich kaufe dich, dann kannst du mir im Frauengemach dienen. Du erinnerst mich nämlich daran, wie schlimm es den Freudenmädchen geht.« Sie gab einem Kammerherrn ein Zeichen. »Man soll dieses junge Mädchen baden und ihr etwas zum Anziehen geben. Sie kann mir im Schlafgemach dienen.«

Dann ging Theodora in die Arbeitszimmer der kaiserlichen Verwaltung, denn dort saßen Justinian und Tribonianus und brüteten über einem ehrgeizigen Projekt, der Erneuerung des überlieferten römischen Rechts.

»Wir dürfen es nicht dulden, dass junge Mädchen in
einem christlichen Reich entführt und zur Befriedigung der
Männer an ein Hurenhaus verkauft werden.«

Tribonianus blickte auf und entgegnete mit gewohnter
Liebenswürdigkeit:

»Der heilige Augustinus teilte die Ansicht Ihrer Majestät
nicht. Er war der Ansicht, nach einer Vertreibung der Freudenmädchen würden die Leidenschaften überhand nehmen
und dass ihr Platz, wie verrufen auch immer, von Gott gewollt ist.«

»Das muss ich im Evangelium wohl überlesen haben«, gab
Theodora trocken zurück. »Wie kann Gott einen Platz wollen, wo Frauen missbraucht werden? Die heiligen Männer in
Alexandria haben gepredigt, dass Männer lernen müssen,
ihre Triebe zu beherrschen, sonst ändert sich nie etwas.«

»Ich bin ganz deiner Meinung«, erklärte Justinian und
griff nach ihrer Hand. »Wir erlassen ein Gesetz, dass Schän-
dung von Frauen und geschlechtliche Übergriffe selbst auf
Sklavinnen mit dem Tod bestraft werden. Morgen diktiere
ich das Dekret.«

Noch war Theodora überzeugt, dass ein einmal erlassenes
Gesetz angewandt würde und der Fall damit erledigt wäre.

Jetzt wollte sie das Versprechen einlösen, das sie Timotheus,
dem Patriarchen von Alexandria, gegeben hatte, und den
Monophysiten freie Glaubensausübung ermöglichen. Einige

Monate vor ihrer Krönung hatte sie von Severus, dem ehemaligen Patriarchen von Antiochia, einen Brief erhalten.

Patriarch Severus an Theodora.

Meine über alles geliebte Tochter, die Güte des Herrn hat Dich, die unbedeutende Jüngerin unserer Religion, an einen Platz neben den gestellt, der Herrscher und oberster Herr der Kirche ist. Die prophetische Gabe unseres Patriarchen Timotheus hat in dem verzweifelten, Hilfe suchenden jungen Mädchen Gottes Plan erkannt. Wie Du weißt, zwingt der Kaiser, weil er auf Erden ein Abbild des himmlischen Reiches schaffen will, die Heiden, den wahren Gott anzuerkennen, manchmal auch mit roher Gewalt. Doch er nimmt es dabei nicht so genau, denn nach den Dogmen des Konzils von Chalkedon verfolgt er, wenn auch nicht so verbissen, Menschen, die er für Ketzer hält, insbesondere die Monophysiten. Und Du weißt sicherlich, dass unsere Brüder in der Provinz Syrien besonders schlimm verfolgt werden. Man hat Styliten von ihren Säulen gerissen, hat treue Jünger geschlagen und gefoltert, Mönche mussten in die Wüste fliehen. Andere, weniger seelenstarke, sind ohne die Unterstützung ihres Klosters elend in Tavernen zugrunde gegangen. Und so bitten wir Dich, meine über alles geliebte Tochter, die unserem Glauben hoffentlich noch immer anhängt, dass Du den Kaiser milde stimmst, sodass er Ägyptern wie Syrern erlaubt, den Vater, den Sohn und den Heiligen Geist nach ihrer Überzeugung anzubeten. Friede sei mit Dir.

Severus

Theodora lag die Sache sehr am Herzen, und so wählte sie für das heikle Thema eine für den Kaiser gut verlaufene Woche. Der Hunnenkönig auf der Krim war nämlich Christ geworden, und die Riesenzisterne unfern der Hagia Sophia war bis auf ein paar Kapitele fertig. Daher hatte ihr Mann gute Laune. Theodora verwickelte ihn in eine angeregte Unterhaltung über Theologie und die verheerenden politischen Auswirkungen eines Religionsstreites. Am Ende der Diskussion waren sie sich einig: Er würde dem Papst im Westen die Vormacht lassen und sie konnte den Monophysiten im Osten Rückhalt geben.

Nach und nach ließen die Verfolgungen der Ketzer nach, und monophysitische Mönche durften nun auch in die Hauptstadt kommen.

Und so siedelten sich Mönche in Konstantinopel an, die teilweise feuriger und eifriger waren als die orthodoxen und daher auch viel heiliger. Man sah an allem, dass sie reinen Herzens waren, und statt in einer groben, schwarz gefärbten Kutte gingen die Heiligsten unter ihnen in Lumpen und barfuß und mit Zottelmähne, aber sie waren wortgewaltig.

Eines schönen Nachmittags plauderten Justinian und Theodora im Daphne-Palast mit ein paar Vertrauten, als ein Mönch namens Maras hereinstürmte, ein großer und starker Mann mit Stigmata am ganzen Körper. Er erwies dem Purpur keine Reverenz, sondern wandte sich sofort an den Erwählten Gottes.

»Kaiser, da habe ich dich ja endlich. Das lass dir gesagt sein, ein Mann, der Ketzer verfolgt, hat das Hirn einer Eidechse. Und wenn ich mir ansehe, wie du hier in deiner ganzen Pracht herumstolzierst, während es deinen Provinzen schlimmer und schlimmer ergeht, beflecke ich meine Seele mit dieser Unterhaltung.«

Narses wollte den Unverschämten zum Schweigen bringen, aber Justinian winkte ab.

»Dein Herz ist voller Gold wie der Magen eines Kamels voll Wasser, und so einer wie du traut sich, Gottes geliebte

Kinder zu verfolgen! Gottes geliebte Kinder! Aus Eitelkeit so fett wie ein Frauenhintern, wagst du es es, die Bande zwischen Gottes Kindern und dem allmächtigen Vater zu zerstören! Und du, Kaiserin, du bist eine Verführerin, die Heilige zur Sünde verlocken wollte, du hast weggesehen und die Verfolgungen geduldet. Du Sünderin, du hast deine Seele für Reichtum verkauft. Schande über deine Ketten, deine Perlen, deine Seidenkleider, ihr Gewicht wird dich in die Hölle ziehen.«

Beamten und Eunuchen erstarrten zu Stein und warteten auf die gerechte Strafe. Doch das Kaiserpaar lächelte.

Die Kaiserin war entzückt. »Selig sind die Heiligen, die aus ihrem Herzen keine Mördergrube machen! Gesegnet sei, wer uns an Christi Botschaft erinnert!«

»Du bist ein theologischer Philosoph«, fuhr Justinian fort. »Ein christlicher Diogenes, ein Tertullian, der auf kirchliche Ehren verzichten würde. Wenn du einverstanden bist, gehörst du ab morgen zu meinem Kronrat. Wer mir beim Regieren des Reiches hilft, wird sehr froh über deine Botschaft sein.«

»Und ich möchte mich mit dir über Theologie unterhalten«, sagte Theodora. »Du kannst im Palast wohnen, dort sind alle bedeutenden Gäste untergebracht.«

»Ich wohne lieber im Zelt«, lehnte Maras ab.

Narses wusste, wie großzügig Theodora zu Asketen war, holte einen Beutel Gold und bot ihn dem frommen Syrer für seine Almosen an.

Maras warf ihn der Kaiserin an den Kopf und sagte verächtlich: »Du hast nichts, was die Diener Gottes brauchen, es sei denn die Furcht des Herrn, wenn du die überhaupt noch empfinden kannst.«

Damit ging er und ließ eine sprachlose Gesellschaft zurück, die über die Demut des kaiserlichen Paares ebenso wie über den Anachoreten staunte.

Und Tribonianus, der ewige Schmeichler, sagte: »Göttlicher Kaiser, du hast wieder einmal die Nachsicht eines Davids, die Geduld eines Moses und die Weisheit der Apostel bewiesen und verwirklichst in deiner Person das von den Propheten vorhergesagte ideale Zeitalter.«

Doch Justinian war nicht immer so entgegenkommend, sondern leicht gekränkt, wenn man ihm nicht die nötige Achtung erwies. So bekam er eines Tages bei einer Bischofskonferenz einen Wutanfall, als ein anderer syrischer Mönch namens Zooras das Konzil von Chalkedon schlecht machte.

»So spricht man nicht mit dem Erwählten Gottes!«, fuhr er ihn an. »Wisse, dass jeder des Todes ist, der das Konzil von Chalkedon verflucht.«

Doch Zooras gab zurück: »Selbst die Engel im Himmel verabscheuen dein Konzil. Gott wird an dir ein Zeichen setzen.« Damit verschwand er hinter einem Seidenvorhang.

In der folgenden Nacht schlief Theodora tief und fest, als Narses nach ihr rief.

»Majestät, Majestät, komm schnell!«

Vor ihrer Tür stand Justinian auf einen Eunuchen gestützt und flüsterte: »Ich bin blind! Ich sehe nichts mehr! Ein Gottesurteil! Ich bin verflucht, verflucht! Theodora, meine süße Gemahlin, verwandele dich in eine Schlange und komm mit, verlasse mich nicht.«

Theodora überlegte schnell. »Narses, lege ihn auf mein

Bett und hol schnell den Leibarzt. Nur er darf von diesem Schwächeanfall wissen.«

Man brachte den Arzt, der im Palast wohnte, ins Schlafgemach, und er half Narses, den Kaiser in eine geheime Kammer der Frauengemächer zu tragen, zu der nur Theodora den Schlüssel hatte.

»Was ist passiert?«, fragte Theodora.

Narses berichtete ausführlich von der Konfrontation zwischen Justinian und Zooras, die viele mitbekommen hatten. In der Nacht hatte er dann den Kaiser schreien hören und den Augustus sofort in die Frauengemächer geschafft.

Der Arzt blickte nachdenklich. »Ich kann nichts machen, Majestät«, sagte er zu Theodora. »Nur Zooras kann die Majestät von dem Fluch befreien.«

»Hole den Mönch«, befahl Theodora Narses. »Versprich ihm, dass der Erhabene für Religionsfrieden sorgen wird und dass ich für ihn und seine Anhänger ein Kloster im Vorort Sykes bauen lasse.«

Eine Stunde später war der Mönch da, sah den Kranken triumphierend mit seinem glühenden Blick an und betete. Nach einer für Theodora unendlichen Weile schlug Justinian die Augen auf, blickte Zooras lange an und schien sich allmählich zu erinnern.

»Zooras, ich befolge deinen Rat, die Verfolgungen werden ein Ende haben«, flüsterte er.

Zooras ging, ohne die Kaiserin auch nur eines einzigen Blickes zu würdigen.

In den ersten Regierungsjahren erreichte Theodora alles, was sie sich vorgenommen und erhofft hatte, zumindest erschien es ihr so. Justinian liebte sie und entschied nichts ohne sie, Narses war und blieb ihr engster Freund, und ihre Schwestern und Freundinnen hatten sich ausgezeichnet verheiratet, die Blauen störten noch immer frech den Frieden, der Adel war unterworfen, ein Gesetz schützte Frauen vor Versklavung, die Monophysiten wurden nicht länger verfolgt und die Römer verehrten Zooras in seinem Kloster und Maras in seinem Zelt. Sie war reich, beliebt, geachtet, man gehorchte ihr und nichts konnte diesen strahlenden Erfolg schmälern – jedenfalls deutete nichts darauf hin.

Kapitel fünfzehn

Narses brauchte einige Zeit, bis er sich an seine privilegierte Stellung gewöhnt hatte. Er schlief in einem Nachbarzimmer neben dem Gemach des Kaisers und stand während offizieller Gastmähler, Audienzen und Kronratssitzungen in der *katishma* hinter ihm. Seine Pflichten ähnelten denen Theodoras, die sich um Justinians Gefühlsleben kümmerte.

Aber dennoch sah Narses seinen Kindheitstraum in seiner augenblicklichen Stellung nicht recht verwirklicht. Er hatte sich im Lauf der Zeit einen Phantasiepalast gebaut, der nichts mit der Wirklichkeit zu tun hatte, und schwankte zwischen Enttäuschung und dem Gefühl, es geschafft zu haben.

Gleichzeitig entdeckte er auch ungeahnte Freuden. Als Großkämmerer hatte er den Befehl über alle Eunuchen, musste dafür reiten lernen und kam dabei auf den Geschmack, denn Uranius machte im Hippodrom einen hervorragenden Reiter aus ihm.

So übernahm er dann mit großer Begeisterung einen Auftrag von Justinian: Er reiste in die Hauptstadt des byzantinischen Armeniens und holte dort eine Kriegsbeute ab, die in die kaiserliche Schatzkammer gehörte. Er, der die Stadt noch nie verlassen, jedoch immer von Reisen geträumt hatte!

Hoch zu Ross und mit einer Abordnung Soldaten und ein

paar Prätorianern unter dem Befehl von Uranius brach er nach Armenien auf. Die beiden Männern waren im Lauf der Jahre Freunde geworden. Die Eunuchen und Prätorianer fanden das Pärchen lustig, den Kleinen mit dem hellen Kopf und den Großen, Arglosen, die sich gegenseitig halfen.

Narses wählte nicht den kürzesten Weg, der entlang des Schwarzen Meeres führte. Er hatte wie vor allen wichtigen Entscheidungen zur Jungfrau Maria gebetet und nahm den Weg über hoch gelegene Ebenen und Berge. Um einen Vorwand war er nicht verlegen: Er würde in Kappadokien Gestüte, Goldbergwerke, Weideflächen, Marmorsteinbrüche und die Ländereien des »göttlichen Hauses«, das heißt der Kaiserin überprüfen. Im Herbst brach er auf und durchquerte die Steppe bei Kälte und Schnee. Im Frühling war er in Kappadokien, da blühte die Steppe und die Tiere kamen aus dem Winterquartier.

Alles war eine Offenbarung für Narses, den Gelehrten und Bücherwurm. Neugier und Staunen trieben ihn bis an die Quellen von Euphrat und Tigris.

Zu Sommeranfang erreichte er Armenien. Die ersten Bauern, auf die er stieß, flohen ängstlich. Da tauchte plötzlich eine kleine Gruppe auf Eseln auf, und der Anführer war an seiner Kleidung unschwer als Steuereintreiber zu erkennen. Narses, dem weder Höhe, noch Kälte, noch Gluthitze etwas hatten anhaben können, wurde schwindlig. Mit den flüchtenden Bauern tauchten seine Eltern vor seinem inneren Auge auf – die Bauern hatten seit Generationen ein ebenso elendes Leben auf einem Stückchen Land, mit einem Esel oder ein paar Schafen geführt, wenn sie nicht auf den großen Gütern als Knechte arbeiteten. Er hielt den Steuereintreiber an, entrichtete die von den Bauern geschuldete Summe und ließ ihnen mitteilen, sie könnten nach Hause gehen.

Dann erreichte er die Stadt Theodosiopolis, wo das Gold des Kaisers auf ihn wartete, und ging zu der Mauer zwischen dem armenischen und römischen Persien. Vor diesem Symbol der Trennung flehte er zu Gott, sein so grausam zerrissenes Land wieder zusammenzuführen und es im christlichen Glauben zu vereinen.

Bei seiner Rückkehr fand Narses die Kaiserin tief betrübt vor. Seine alte Freundin war so traurig, dass für ihn das Leuchten im Palast erlosch. Theodora war noch immer nicht schwanger. Es war ihr sehnlichster Wunsch, ihrem Mann einen Sohn zu schenken, den sie beide lieben und auf ein hohes Amt vorbereiten könnten. Ihr Staunen über die Begegnung mit Justinian, das Warten auf die Heirat und dann auf die Krönung hatten die böse Ahnung verdrängt, sie könne unfruchtbar sein. Ein Erbe bedeutete für sie den größten Erfolg, denn ein Kind war Zukunft in der Gegenwart, ein neuer Lebenslauf, ein verheißungsvolles Später.

Jetzt schüttete sie Narses ihr Herz aus: »Lieber Freund, jeden Monat muss ich Justinian begreiflich machen, dass es noch immer keinen Erben gibt, es zerreißt mir das Herz und ich schäme mich. Du weißt, dass Unfruchtbarkeit ein Scheidungsgrund ist, vor allem für einen Kaiser – diesen Gedanken kann ich nicht ertragen. Was ist mein Leben noch wert, wenn ich meinen Mann und den Titel Kaiserin verliere?«

Narses versuchte sie zu beruhigen. »Hast du noch keinen guten Arzt aufgesucht?«

»Dutzende. Aus der ganzen Welt. Ihre Erklärung für Fruchtbarkeit ist immer die gleiche: Die Befruchtung findet durch Samen in meinem Körper statt. Außerdem muss ich gesund, gelassen und heiter sein. Aber das wird der Dienerschaft im Frauengemach allmählich zu viel. Und mir auch, wie du siehst. Und so habe ich eines Tages auf die ganzen nutzlosen Rezepturen verzichtet.«

»Und Justinian? Was sagt der?«

»Ich kann ihn nur bewundern. Er verkürzt während der fruchtbaren Phase – von Neumond bis Vollmond – seine langen nächtlichen Spaziergänge als »Palastgeist« und schläft bei mir. Unser Schlafgemach ist sehr schön eingerichtet, eine schöne Umgebung soll ebenfalls hilfreich sein. Und ich habe inzwischen die Zaubereien aufgegeben und trinke auch keine ekelhaften Säfte mehr, die helfen ja alle doch nichts.«

Theodora standen die Tränen in den Augen, und Narses war genauso betrübt wie sie, denn er konnte ihr so gar nicht helfen.

»Und zu allem Überfluss«, sagte sie jetzt halb niedergeschlagen, halb zornig, »gibt es hier nur werdende Mütter. Eudoxia hat vor kurzem einen Neffen von Kaiser Anastasius geheiratet und ist bereits schwanger. Chrysimallo und Indaro desgleichen. Komito liegt mit einer kleinen Sophie im Wochenbett, und Antonina hat in ihrem Alter Belisar noch eine Tochter geschenkt. Ich sehe diese ganzen runden Bäuche und hätte nicht übel Lust, hineinzustechen.« Nach kurzem Schweigen fügte sie hinzu: »Die Matrona habe ich übrigens hinrichten lassen, denn vielleicht ist die Engelmacherin Schuld an meinem Unglück.«

»Du musst Vertrauen haben.«

»In was? In wen? Antonina vielleicht?«

»Ist sie denn wieder in der Stadt?«

»Ja. Wir haben Belisar zurückgerufen, er hat nach einem großen Sieg über die Perser eine schwere Niederlage erlitten. Antonina schlägt etwas ganz anderes vor.«

Narses hatte da so seine Zweifel, ließ sich aber nichts anmerken.

Antonina schlug doch tatsächlich vor, man solle bei der heidnischen Göttin der Liebe und Fruchtbarkeit Hilfe suchen. Noch in derselben Nacht begleitete sie Theodora in einer geschlossenen Sänfte zum Konstantins-Forum. Die Träger hielten den Mund, man hatte ihnen mit der Todesstrafe gedroht. Auf dem Forum war es ungewöhnlich still und die Mondschatten der Statuen und Säulen verbreiteten eine unwirkliche Atmosphäre. Alles war rund und weiblich und fruchtbar: Der runde Vollmond, die rund geschwungenen Wandelhallen, die runden Formen der Venus. Theodora schob ein Amulett aus Blei in die Hand, mit der Venus ihren Unterleib schützte. Auf dem Amulett stand: *O Venus, deren Sohn Männer und Frauen in Liebe zusammenführt, schenke mir ein Kind.*

Doch Venus half auch nicht besser als die Ärzte. Blieb nur noch Gott. Und sie hatte ihn immer wieder in Kirchen, vor Ikonen und Kreuzen im Palast, vor dem Hausaltar in ihrem Schlafgemach angefleht, und sogar der Anachoret Zooras in Galata auf der anderen Seite des Goldenen Horns hatte für sie gebetet. Eine Chance, eine letzte Chance, bot sich mit einem Brief von Sabas, dem großen Heiligen aus Palästina, der lange in der Wüste gelebt und Wunder vollbracht hatte.

Der schickte der Kaiserin einen Brief und Narses brachte ihn Theodora sofort zum Lesen.

An den von Gott viel geliebten und sehr frommen Kaiser und Freund Christi Justinian eine Bitte und ein Gesuch von Sabas, Mönch in Palästina.

Im Namen der heiligen Stadt Gottes, Jerusalem, und ihres frommen Patriarchen bitte ich den Kaiser, die Steuern für Palästina zu stunden, da die Samariter große Verheerungen angerichtet, Christen gefoltert, Kirchen niedergebrannt, den Bischof erdrosselt und die Reliquien der heiligen Märtyrer verbrannt haben. Möge Eure Erlaucht meine Bitte günstig aufnehmen.

»Was hat mein Mann geantwortet?«

»Der Erhabene freut sich auf die Bekanntschaft mit einem wohlerzogenen Mönch, der ein so demütiger und zugleich fest entschlossener Verteidiger der Wahrheit ist, und hat zu seinem Empfang kaiserliche Galeeren an den Ausgang der Dardanellen geschickt.«

Theodora schloss die Augen und flüsterte: »Gott gebe, dass er ein gutes Wort für mich einlegt.«

Die Kaiserin schöpfte neue Hoffnung und machte den Kirchen große Spenden.

Sabas traf im Frühling ein, einem verfrühten Frühling im Jahr fünfhunderteinunddreißig, als Vögel, Blumen und Knospen die Fruchtbarkeit der Erde priesen. Jede Viertelstunde ließ sich Theodora berichten, was sich in den Amtsräumen tat. Der Heilige war mittlerweile ein Greis von einundneunzig Jahren mit ausgezehrtem Gesicht und glühenden Augen. Der Kaiser warf sich ihm zu Füßen und bat um seinen Segen. Nachdem Sabas auch sein Gefolge gesegnet hatte, klagte er wieder über die Samariter, diese Heiden, die sich so grausam an den Christen vergangen hätten, und der Kaiser gestand dem Mönch zu, was er wollte: Stundung der Steuern, Wiederaufbau der Kirchen, Neubau eines Siechenhauses und einer Kirche in Jerusalem, eine Festung in der Wüste zum Schutz der Klöster, die der Heilige gegründet hatte.

Im Austausch für diese materiellen Güter prophezeite Sabas dem Kaiser: »Ich weiß«, so sagte er, »dass Gott Afrika und Rom in dein Kaiserreich heimführt und dass du Konstantinopel und die Kirche von der Pest der Ketzerei befreien kannst.«

Zum Empfang des frommen Mönches hatte Theodora eine schlichte rosenfarbene Tunika angezogen und lediglich vier Hofdamen und ihren Zeremonienmeister dabehalten. Als der fromme Mann begleitet von Justinian und Narses eintrat, warf sie sich ihm zu Füßen. »Bete für mich, Vater, dass Gott mir endlich eine Frucht für meinen Schoß schenkt.«

Der Heilige antwortete ausweichend: »Gott, der allmächtige Herrscher, wird über eurem Reich wachen.«

Theodora vergaß allen Stolz und bettelte ein weiteres Mal: »Bete, Vater, dass Gott mir ein Kind schenkt.«

»Der Allmächtige wird eurem Reich Frömmigkeit und Siege schenken«, sagte Sabas begütigend.

Theodora folgte der Unterhaltung nicht länger. Der Sendbote aus Jerusalem, der Wundermann, hatte sich ihr verweigert, wollte nicht um ein Kind für sie beten.

Narses begleitete Sabas aus dem Daphne-Palast und fragte ihn: »Warum hast du die Augusta so betrübt und nicht für sie gebetet, wie sie dich gebeten hatte?«

Und der Mönch antwortete: »Glaube mir, ihr Schoß trägt keine Frucht aus Angst, dass die Doktrinen des Severus auf die Kirche übergreifen und diese in größere Schwierigkeiten gerät als unter Kaiser Anastasius.«

Nachdem Theodora erkannt hatte, dass Sabas nicht für sie beten wollte und sie dadurch zur Unfruchtbarkeit verdammte, schloss sie sich in den Frauengemächern ein und blieb dort, solange die Mönche im Mangana-Palast wohnten. Ihr war auf ihrem perlenbestreuten Pfad die schönste Erfüllung der Frau verweigert worden. War das der Fluch des Himmels für ihre Sünden? Sie verdankte dem Kaiser alles und hätte ihm so gern ihre Dankbarkeit durch einen Erben bewiesen. Den hätte er zärtlich geliebt und so duldsam aufgezogen wie Justin und Euphemia ihn aufgezogen hatten. Und dieses Kind hätte das Band zwischen ihnen enger und dauerhafter knüpfen können.

Ohne Kind war sie schutzlos, denn laut Gesetz konnte ein Mann eine unfruchtbare Ehefrau verstoßen. Und selbst die Kaiserin war abhängig von einem Mann.

Sie war also nicht nur unfruchtbar, sondern auch als Ehefrau angreifbar. Ihre Macht war gut gewesen, um sich rächen und ihre Freunde zu fördern, doch jetzt fürchtete sie, auch diese zu verlieren.

Diese Gefahr bestand durchaus und wurde verkörpert in Johannes von Kappadokien, dem Finanzpräfekten, der sie nicht ausstehen konnte. Eines Abends besuchte sie mit einem Gefolge von fünfhundert Personen Zooras' Kloster am Goldenen Horn, und vor der Hagia Sophia kreuzte er ihren Weg, näherte sich dem Zug ohne jeden Respekt. Und in was für einem Gefährt! Da ruhte er auf Pelzen, umgeben von Frauen in durchsichtigen Tuniken, und hob den Kopf nur von ihren Schultern, wenn er Wein trinken wollte. Er winkte mit der Amphora und prostete Theodora spöttisch lächelnd zu. Die schäumte vor Wut. Wie konnte er es wagen, sich in der Öffentlichkeit ungeniert über sie lustig zu machen und, schlimmer noch, sie bei ihrem Mann in Verruf zu bringen.

Eines Tages kam sie aus dem Badehaus und wollte gerade mit den Schreibern ihre Briefe durchgehen, als Chrysimallo mit Saturninus in ihr Arbeitszimmer stürmte. Der gut aussehende Edelmann war nur noch ein Häufchen Elend, und Theodora erlaubte ihm, sich zu setzen, während Chrysimallo explodierte:

»So wird man in dieser Stadt behandelt! Da siehst du mal, was Johannes von Kappadokien aus meinem Mann gemacht hat! Mein armer Liebster hat drei Tage im Verlies geschmachtet, war an den Füßen aufgehängt, wurde geschlagen, gefoltert und rate mal, als welchem Grund? Weil er einen Teil seines Reichtums versteckt haben soll. Was nicht stimmt! Saturninus ist dem Kaiser vollkommen ergeben. Das hat euren Präfekten aber nicht davon abgehalten, sein Vermögen einzuziehen. Und weißt du auch, warum man so mit ihm umgeht? Willst du, dass ich es dir sage? Weil ich Schauspielerin gewesen bin wie du, weil er dich verabscheut und weil er deine ganze Umgebung vernichten will, ehe er sich an dich herantraut. Weißt du, dass er deinen Einfluss auf den Kaiser für verderblich und deine Gegenwart im Palast für eine Schande hält? Und du, was tust du, du kaufst Schmuck, du beschäftigst dich mit Armenhäusern, aber was tust du für die, die aus den Verliesen der Präfektur todkrank oder mausetot herauskommen? Wozu ist Justinians Liebe eigentlich gut? Falls –«

»Es reicht!«, sagte Theodora streng. »Ich bedauere das Vorgefallene und werde mit dem Kaiser sprechen.« Sie gab dem Kammerherrn ein Zeichen. »Lass Saturninus ein Bad bereiten und hole Justinians Arzt. Halte mich auf dem Laufenden über seinen Zustand.«

Chrysimallo musste aber noch etwas loswerden. »Das Geschrei dort unten ist unerträglich. Warum lässt man Johannes gewähren?«

»Ich sorge dafür, dass du einen Teil deines Vermögens zurückbekommst«, versprach Theodora. »Du musst verstehen, dass ein guter Kaiser den Reichen nimmt, damit er den Armen geben kann.«

»Ich wusste gar nicht«, sagte Chrysimallo und musterte dabei den prächtigen Raum, »dass das alles hier ein Zeichen von Armut ist.« Sie schob den Seidenbehang beiseite. »Übrigens, wenn von dir die Rede ist, heißt du bei Johannes ›die aus dem Hurenhaus‹ oder ›die Unfruchtbare‹.«

Und sie ließ die Seide wieder fallen.

Theodora verscheuchte Eunuchen und Hofdamen mit einer Handbewegung.

Wieder einmal dachte sie darüber nach, wie ungerecht das Los der Frauen aller Gesellschaftsschichten immer noch war, selbst sie hatte nur Macht durch Justinian. Und in diesem Fall stand Justinian hinter seinem Präfekten. Doch sie würde nicht aufgeben, weder die Sache der Monophysiten, noch die Rache an dem Kappadokier. Sie würde auf eine günstige

Gelegenheit warten, falls erforderlich auch lange, und ihm dann den Todesstoß versetzen.

Als Nächster beklagte sich Basilius, ihr Schmuckhändler und Freund, über den Präfekten, warf sich im Thronsaal der Augusta zu Füßen und wartete, dass sie sagte, was sie von ihm wollte.

»Basilius, ich habe dich rufen lassen, weil ich der Kirche von Jerusalem ein großes, diamantengeschmücktes Kreuz schenken möchte. Es soll prächtig sein, spare bitte an nichts, es ist schließlich zur höheren Ehre Gottes. Die finanzielle Seite besprich bitte mit Narses.«

Der Juwelier wirkte jedoch verstört und wurde rot, und das verwunderte die Kaiserin. »Willst du einen so außergewöhnlichen Auftrag etwa nicht haben?«

»Doch, doch. Im Gegenteil, ich danke dir höchst demütig.«

»Warum bist du dann auf einmal so verlegen?«

Basilius merkte, dass er sich langsam lächerlich machte. »Die Handwerker und Händler beim Konstantins-Forum wissen, wie überaus gütig du immer zu mir gewesen bist und dass ich die Blauen unterstütze, und da haben sie mich gebeten, in ihrem Namen mit dir zu sprechen.«

»Und was wollen sie?«

»Es geht um die neue Steuer. Die Luftsteuer, die der Finanzpräfekt allen Städten des Reiches auferlegt hat. Die Entfernung zwischen den Balkonen muss mindestens zehn Fuß betragen und ihre Höhe über der Erde mehr als fünfzehn Fuß. Falls nicht, muss man zehn Pfund in Gold zahlen. Zehn Pfund in Gold bedeuten für einen Handwerker oder Händler Not und Elend und zwingen ihn, sich für das Bürgerbrot anzustellen! Schließlich können wir die Häuser, die seit Kaiser Konstantins Zeiten stehen, nicht abreißen und neu bauen. Der Mann ist ein Unmensch!«

Basilius schwieg, erschrocken über seine eigenen heftigen Worte. »Majestät, entschuldige bitte, aber wir wissen doch, dass du unserem Stadtteil gewogen bist.«

»Danke für deinen Bericht. Komm wieder, wenn du es für erforderlich hälst.«

Basilius verzog sich mit verstörter, wenn auch dankbarer Miene rückwärts.

Das Thema Johannes von Kappadokien musste einen offiziellen Anstrich erhalten, daher nahm Theodora Narses mit in Justinians Arbeitszimmer und traf dort Tribonianus an. Und auf den zählte sie, denn der konnte den Präfekten nicht ausstehen. Der Codex Justinianus war fertig gestellt, und der Augustus prüfte gerade dieses Meisterwerk, das in vier Jahren entstanden war. Doch wie immer freute er sich über den Besuch seiner Frau.

»Niemand hat an ein so schwieriges Werk zu glauben gewagt, es erschien fast unmöglich«, sagte er. »Aber ich habe meine Augen zum Himmel erhoben und um Gottes Beistand gefleht, wir sind die Aufgabe im Vertrauen auf den Ewigen angegangen, der in seiner Allmacht auch die schwierigsten Dinge richten kann.«

Und dann erkundigte er sich nach dem Grund von Theodoras Besuch. Sie wollte jedoch ihre eigenen Demütigungen gar nicht erwähnen, sondern nur die politische Ebene ansprechen.

»Die Unzufriedenheit im Volk macht mir Sorgen.«

»Das sind doch nichts als ein paar ungeduldige, schwache Menschen, die nicht gern fasten. Aber Ostern, das herrliche Fest, naht, dann kann jeder nach Herzenslust schmausen.«

»Die meisten Frommen, abgesehen von den Mönchen, fasten sowieso nicht wie du an mehreren Tagen hintereinander. Ich wollte mit dir über Neuerungen deines früheren Finanzbeamten, Johannes von Kappadokien, sprechen.«

»Ein Genie. Das größte Genie überhaupt.«

»Nicht alle teilen deine Ansicht. Seine Steuergesetze lösen großen Zorn aus.«

»Aber er ist bemerkenswert tüchtig. Er hat die Arbeitszeiten der Beamten heraufgesetzt und unnütze Posten abgeschafft. Und die Steuern will er auch neu berechnen lassen, das bringt Geld in die Schatzkammer. Steuern zu zahlen ist für den Untertan die erste Pflicht.«

»Aber der Präfekt geht das, offen gesagt, sehr ungeschickt und sehr brutal an. Schlimm, wenn du dadurch die Liebe des Volkes verlieren würdest. Ich weiß doch, sein Wohlergehen liegt dir sehr am Herzen.«

Justinian blickte typisch geistesabwesend, wenn er etwas nicht hören wollte, und das entging Theodora durchaus nicht. Ihr Mann bekam nämlich keine Wutausbrüche, sondern täuschte, weil er so harmoniesüchtig war, lieber Gleichgültigkeit vor. Außerdem erreichte er damit mehr.

»Wenn der Präfekt so weitermacht, könnte es im Volk zu einem Aufstand kommen und das wiederum gäbe gewissen Leuten Anlass, die Macht an sich zu reißen.«

Tribonianus versuchte die Kaiserin zu beschwichtigen

und abzulenken, obwohl er sich, boshaft wie er war, insgeheim freute.

»Ich persönlich bedaure eher die Vorwürfe des Finanzpräfekten, dass er den Monophysiten gegenüber zu großzügig ist.«

Theodora überhörte den Einwurf lieber und blieb bei ihrer Angriffstaktik.

»Der Präfekt macht sich bereits bei Reichen wie Armen, bei Hochgestellten wie bei Arbeitern unbeliebt. Und wenn es dann zu Unruhen kommt, haben wir niemanden, der uns unterstützt.«

Justinian antwortete milde: »Johannes von Kappadokien weiß alle Schwierigkeiten zu meistern. Und jetzt ist es Zeit zum Beten.«

Theodora wollte allein sein. Nicht allein wie auf den Straßen von Alexandria, sondern allein inmitten von Höflingen, Günstlingen und selbst inmitten der Liebe. Justinian hatte nicht zugehört, genauer gesagt, er hatte nicht hören wollen und hielt zu dem früheren Finanzbeamten, nicht zu ihr. Er hatte ihr einen anderen vorgezogen, und das konnte sie nicht hinnehmen, denn bis jetzt waren sie und Justinian immer ein Herz und eine Seele gewesen.

Sie vertraute sich Narses an.

»Von nun an muss ich allein vorgehen, alles allein auf mich nehmen, allein meinen Willen durchsetzen.«

Der Eunuch pflegte weibliche Maßlosigkeit zu geißeln, wenn er sie bei seiner scharfsichtigen Freundin feststellte.

»Du musst begreifen, dass Macht nichts mit Gefühlen zu tun hat. Macht heißt, sich Ziele zu setzen und Mittel und

Wege zu finden, wie man diese Ziele erreicht. Aus diesem Grund umgibt sich der Kaiser mit Leuten, die seinem Ehrgeiz dienen. Es ist legitim, dass er sich Gebiete aussucht, auf denen er Erfolg hat. Die wichtigsten kennst du: das Römische Reich zu seiner früheren Größe zurückführen, die Welt christianisieren und Bauten zur höheren Ehre Gottes und Roms errichten. Und dafür braucht er Geld. Ohne Geld lassen sich keine Pläne verwirklichen. Und Johannes von Kappadokien schafft es heran. Dabei kümmert es diesen frommen Herrscher wenig, dass der Präfekt Heide ist, es kümmert diesen strengen Mann wenig, dass Johannes von Kappadokien ein Vielfraß und Prasser ist, es kümmert diesen verliebten Gatten wenig, dass der ehrgeizige Johannes seine heiß geliebte Gemahlin kritisiert, Hauptsache, er treibt Geld auf. Daher redest du gegen den Wind. Er kann dir keine Zugeständnisse machen.«

Dann ging Narses zu einem Gastmahl mit Gesandten und Theodora wurde richtiggehend schwindlig vor Angst. Dagegen musste sie etwas unternehmen, denn die Angst schnürte ihr die Kehle zu, und so weckte sie Kammerfrauen, Eunuchen und Sklaven, wollte mitten in der Nacht ein Fest mit Kuchen, Wein, Tanz und Gesang feiern. Sie betäubte sich mit Fröhlichkeit ohne zu ahnen, dass sich in dieser äußersten Einsamkeit die Kaiserin der kommenden Unruhen herausbildete.

Kapitel sechzehn

Die Unruhen kündigten sich im kommenden Jahr an. Nach zwei Wochen mit Festlichkeiten zur Feier der Taufe Christi im Wasser des Jordan gab es bei Hofe kaum noch Prozessionen, und auch in den Frauengemächern ließ man es etwas langsamer angehen.

So staunte man etwas, als Komito, Theodoras ältere Schwester, früh morgens hereingestürmt kam und die Kaiserin angriff. »Ich möchte dir nur mitteilen, dass gestern Männer mitten auf der *mese* meine Sänfte umgestoßen und gerufen haben: ›Nieder mit den Reichen!‹ Gott sei Dank ist mir nichts passiert. Aber als meine Eunuchen zwei der Übeltäter der Justiz übergeben wollten, da haben die beiden schallend gelacht. ›Spart euch die Mühe‹, hat einer gesagt, ›das nutzt überhaupt nichts. Tribonianus beugt ja doch das Gesetz zu unseren Gunsten, wenn wir ihm Gold bieten. Manchmal beugt er es dreimal am Tag, diese geldgierige Krake.‹«

Und als alles schwieg, fuhr Komito fort: »Du sagst ja gar nichts! Ist ein Staat ohne Justiz etwa normal?«

»Ich höre dir zu«, sagte Theodora. »Aber du hast dich schon immer gern aufgeregt.«

»Wenn ich mich aufrege, dann auch deinetwegen und aus Angst, dass die ganzen Seidenkissen da, auf denen du hockst, dir eines Tages auf den Kopf fallen und dich ersticken.«

Theodora funkelte sie ärgerlich an.

»Ich weiß«, versetzte Komito, »dass niemand in diesem Palast Kritik üben darf, aber Ihre Majestät sollte wissen, dass die gesamte Stadt ein Freudenhaus ist. Du müsstest nur einmal ohne deine untertänige, schmeichlerische Meute spazieren gehen.«

»Was genau soll das heißen? Willst du damit sagen, Justinians Verordnung wird nicht respektiert?«

»Die ist doch nie respektiert worden, nein, es gibt auf den Straßen, in den Tavernen und in den Gasthäusern noch immer genauso viel Huren wie früher. Und alle Einwohner sind wütend, weil du den Blauen Übergriffe erlaubst und die Straßen dadurch so unsicher geworden sind, dass sich niemand mehr traut, abends spazieren zu gehen. Die Scharen unseliger Steuerflüchtlinge aus den Provinzen rechne ich erst gar nicht mit. Die lungern auf den Foren herum, schlafen in den Wandelgängen und verfluchen die Minister.«

»Wie geht es unserer Mutter?«, lenkte Theodora vom Thema ab.

»Sie sagt, Schauspielerin bleibt Schauspielerin und du brauchst immer noch deine Bewunderer wie im Hippodrom. Und du solltest statt Kaiser-Komödie zu spielen endlich Kinder kriegen, dann wärst du nicht mehr so allein.«

»Ich überlege es mir. Justinian lässt mir in Asien einen Palast bauen.«

Komito hatte noch mit ihrem Zorn zu kämpfen, als Melone hereingestürzt kam, sich Theodora zu Füßen warf und ihr viermal die Füße küsste.

»Sprich!«

»Die Blauen, Majestät, die Blauen, die du schützt, haben gerade einen Skandal ausgelöst. Markus ist …«

»Welcher Markus?«

»Ein Steuereinnehmer aus Gott weiß welcher Provinz, der die Grünen unterstützt.«

»Ein böser Mensch also. Was ist ihm zugestoßen?«

»Die Blauen haben ihn ermordet.«

Theodora verzog den Mund. »Die Blauen sind manchmal etwas gewalttätig.«

»Sie haben ihn in der Hagia Sophia umgebracht! Möge Gott ihnen gnädig sein. Und dabei hatte sich der Unselige an die Elfenbeinstatue von Helena, der heiligen Mutter Konstantins geklammert! Was für eine Untat! In der ganzen Stadt begehren Gruppen dagegen auf.«

»Höre dich um, was sich tut, und berichte mir dann sofort.«

Melone verzog sich rückwärts.

»Majestät, wenn du mich fragst«, sagte Indaro, »so kann das hohe Wellen schlagen.«

»Das Volk vergisst schnell«, meinte Theodora.

Indaro flüsterte Chrysimallo zu: »Falls sie sich einbildet, das Volk hätte ihre Pantomimen von früher vergessen, so täuscht sie sich!« Und laut sagte sie: »Morgen weiß die Majestät, was das Volk denkt.«

Es war eine alte Sitte, dass die Demarchen der Parteien dem Augustus vor Beginn der Wagenrennen ihre Sorgen mitteilen durften, ohne dafür bestraft zu werden. Am nächsten Tag stieg Theodora in der Frühe die steile Treppe zur höchsten

Empore in der Kirche des Heiligen Stephanus hoch, denn von dort aus konnte sie, ohne selbst gesehen zu werden, durch ein Gitter mitbekommen, was im Hippodrom vor sich ging. Von der *katishma* zu ihrer Rechten sah sie nur die Hufe eines Bronzepferdes. Aber sie konnte hören, wie Würdenträger und Gesandte eintrafen. Auf den Rängen gärte es. Die Kaiserin schlug ein Kreuz und wartete darauf, dass sich die Leute beim Erscheinen des Erhabenen beruhigen würden. Seidene Tuniken raschelten, Stühle knarrten, der Kaiser und sein Gefolge waren da. Im Hippodrom herrschte einigermaßen Ruhe. Sänger stimmten an:

»Lang lebe Justinian Augustus! Möge er immerdar siegen!«

Darauf folgte ein eigenartiges Schweigen, dann erklärte der Demarch der Grünen:

»Wir werden ungerecht behandelt und wollen das nicht länger hinnehmen!«

Theodora staunte, denn der Kaiser antwortete tatsächlich mittels seines Herolds: »Wer unterdrückt euch?«

Nun überschritt der Grüne die Grenze des Erlaubten. »Wer auch immer uns vernichtet, er wird im Jenseits der Judas sein.«

Dieser Wortwechsel konnte nur in die Katastrophe führen.

Der Kaiser: »Bist du hierher gekommen, weil du Beamte beleidigen willst?«

Die Grünen: »Ja, der Ungerechte wird Judas' Schicksal erleiden.«

Der Kaiser: »Schweigt, ihr Juden, Manichäer und Samariter.«

Die Grünen: »Wir trauen uns nicht mehr spazieren zu gehen. Im ganzen Römischen Reich gibt es keine Gerechtigkeit mehr. Man erdrosselt uns auf den Straßen und juristisch vor Gericht. Ach! Hätte der Himmel doch deinen Vater Sabbatius nicht auf die Welt geschickt! Dann hätte er keinen Mörder gezeugt. Gestern Morgen war Markus noch am Leben und abends war er tot.«

Jetzt mischten sich die Blauen in die Auseinandersetzung: »Die Mörder sind in eurer Partei zu finden.«

Die Grünen: »Ihr mordet und entkommt der Strafe.«

Die Blauen: »Ihr mordet und redet noch darüber.«

Die Grünen: »O Kaiser Justinian! Sie beklagen sich, und dabei bringt sie niemand um. Genug! Gottvater, habe Mitleid mit uns! Es ist schlecht bestellt um die Wahrheit. Wenn es stimmt, dass Gott die Welt regiert, warum gibt es dann soviel Unheil?«

Der Kaiser: »Gott kennt keine Schlechtigkeit.«

Die Grünen: »Gott kennt keine Schlechtigkeit! Und warum werden wir dann verfolgt? Dieses Dilemma kann nur ein Philosoph oder Eremit lösen.«

Der Kaiser: »Gotteslästerer, Feinde Gottes, wollt ihr wohl schweigen!«

Die Grünen: »Wenn Deine Majestät befiehlt, so schweigen wir vor dem dreimal Erhabenen, aber nicht freiwillig. Wir wissen alles, aber wir schweigen. Lebewohl Gerechtigkeit, es gibt dich nicht mehr.«

Nun verließen die Grünen in Scharen das Hippodrom, und diese öffentliche Kränkung war schlimm für den Kaiser. Theodora wurde blass vor Wut, denn die Gesandten hatten sicher nichts Eiligeres zu tun, als ihrem König zu melden, wie der römische Kaiser, der sie manchmal bekehren und immer überstrahlen wollte, sich von seinem eigenen Volk hatte beleidigen lassen.

»Mein ganzes Leben lang haben mich die Grünen mit ihrem Hass verfolgt!«, sagte sie später zornbebend zu Narses. »Ich dachte, ich hätte sie vernichtet, aber schon erheben sie sich wieder wie eine Schlange und beißen zu! Warum hat Justinian diesen Aufrührern geantwortet? Wieso will er sich vor der Bevölkerung rechtfertigen? Hat er vergessen, dass er sich nur vor Gott rechtfertigen muss? Was für eine Demütigung! Warum hast du nichts gesagt? Warum hast zu zugelassen, dass er sich in diese unselige Auseinandersetzung verstrickt?«

»Der Aufruhr war nicht vorauszusehen.«

»Für Dummköpfe natürlich nicht. Hoffentlich geht man gegen sie vor.«

»Sicher. Sieben Parteianhänger werden noch heute im Beisein vieler gehängt.«

Theodora seufzte erleichtert, doch dann kamen ihr Zweifel. »Welche Parteianhänger?«

»Die Verantwortlichen für die Morde der letzten Tage.«

»Doch wohl keine Blauen.«

»Das weiß ich nicht. Hier entscheidet der Stadtpräfekt.«

Lange blieben sie nicht im Ungewissen. Melone kam zurück. »Majestät, ich muss leider berichten, dass sich die Blauen und die Grünen verbündet haben.«

»Das kann doch nicht sein!«

»Doch, Majestät. Wirklich. Der Präfekt hat sechs Grüne und zwei Blaue zum Tode verurteilt. Der Scharfrichter hatte die Stricke nicht gut befestigt, sie sind gerissen. Ein Blauer und ein Grüner haben sich in ein Kloster geflüchtet und die Menge jubelt.«

Theodora konnte einfach nicht glauben, dass sich so viel aufgestauter Hass zwischen den Parteien plötzlich in Luft aufgelöst haben sollte. Bestimmt würde der alte Streit bei Nacht wieder aufleben, doch am nächsten Morgen musste sie hinter dem Gitter in der Kirche des Heiligen Stephanus anhören, wie das Volk auf den Rängen schrie: »Nika! Nika! Sieg! Sieg! Lang leben die Grünen und die Blauen, die im Elend vereint sind. Nika! Sieg!«

Am selben Abend stürmten die Aufständischen mit Schwertern, Dolchen und Stöcken auf die Straßen, schlugen gegen die Palasttore und tobten:

»Nieder mit Johannes von Kappadokien! Nieder mit Tribonianus! Nieder mit dem Stadtpräfekten!«

»Mein Freund, gib nicht nach, gib nicht nach«, sagte Theodora zu Justinian. »Ich kenne den Pöbel. Wenn der in eine Richtung stürmt, kann man nichts machen. Aber wenn du auf seine Forderung eingehst, wird er es dir nicht danken, sondern nur mehr fordern.«

Narses teilte die Meinung der Kaiserin, doch Justinian wusste sich noch immer keinen Rat und lief mit düsterem Blick unentschlossen auf und ab.

»Ich werde tun, was sie verlangen«, sagte er. »Wenn sie das nicht beruhigt, steht es schlimm, schlimm … Sie haben schon Johannes' Palast gestürmt und die wunderbaren griechischen Statuen und Mosaiken zerstört. Ich werde die Minister entlassen, deren Kopf sie fordern. Dann geben sie Ruhe.«

»Würde Eure Majestät mir bitte zuhören«, sagte Narses.

»Nicht die gesamte Bevölkerung beteiligt sich an diesem Aufstand.«

»Nein, nein«, sagte Justinian ohne zuzuhören, »gib den Herolden Bescheid. Sage ihnen, sie sollen ausrufen, dass Johannes von Kappadokien, Tribonianus und der Stadtpräfekt ab morgen nicht mehr im Amt sind. Und dann berichte mir, wie die Aufständischen reagiert haben.«

Eine Stunde später war Narses zurück.

»Nun?«

»Jetzt rufen sie ›Nieder mit Justinian! Nieder mit Theodora!‹«

»Ich hatte dir ja gesagt, du sollst nicht nachgeben«, meinte Theodora vorwurfsvoll.

Justinian begab sich wortlos zum Gebet.

Am nächsten Morgen waren die Meinungen zum weiteren Vorgehen geteilt. Narses riet zu Abwarten, Theodora und Justinian wollten den Aufstand niederschlagen. Der Patriarch bekam den Auftrag, die Bürger an den Gehorsam gegenüber Gottes Stellvertreter auf Erden zu erinnern, und Belisar und Mundus sollten mit ihren Söldnern, teilweise Heiden wie Goten, Hunnen und Heruler, die öffentliche Ordnung wieder herstellen.

Belisar stürmte, gefolgt von seinen Berittenen in ihren langen, pelzgefütterten Umhängen, in die Stadt. Aber die Rebellen leisteten mit Geschossen aller Art heftigen Widerstand. Und während sie noch kämpften, tauchte plötzlich auf Anweisung Justinians eine lange, fromme Prozession auf, zog von der Kirche der Heiligen Apostel zur Hagia Sophia, an der Spitze Kinder mit Palmenzweigen, Mönche mit Kerzen, Diakone mit Ikonen, Bischöfe mit Bischofskreuz und Goldkelchen mit Brot und Wein vom Leib Christi. Der Patriarch schritt entblößten Hauptes dahin, und bei jedem Schritt klingelten die Goldschellen an seiner Robe. Die Römer fielen auf die Knie und baten um seinen Segen. Das Ganze war fast gelungen, bis die Prozession auf dem Augusteum mit den Söldnern zusammenstieß. Da die jedoch Heiden waren, größtenteils auch Ketzer und als solche vom Kaiser verfolgt, duldeten sie diese triumphale Prozession nicht und beschimpften die Priester. Dann gingen sie von Worten zu Taten über, ein Söldner zerrte an einer Stange mit der Ikone des heiligen Basilius, ein Orthodoxer griff den Barbaren an, und schon gab es ein allgemeines Handgemenge.

Narses berichtete dem Kaiser davon und schloss: »Das Volk ist aufgebracht, weil die Soldaten gewagt haben, Priester anzugreifen. Es brüllt Gotteslästerung und vereinigt sich mit den Rebellen. Jetzt ist die ganze Stadt im Aufstand.«

Minister und hohe Würdenträger, die im Palast schliefen, wagten sich nicht mehr nach draußen. Theodora wich nicht von Justinians Seite, er brauchte sie und bestand auch darauf, dass sie bei ihm blieb.

Narses genoss die Gefahr, er, der sonst nur als Mittler Einfluss nehmen konnte. Er fand es aufregend, im Mittelpunkt der Ereignisse zu stehen und Gefahren zu teilen, auch wenn er den Aufstand eines ganzen Volkes nur von den Mauern miterleben konnte.

Plötzlich warf jemand eine Fackel in den Wandelgang des

Augusteums, andere folgten seinem Beispiel, und das anfangs nur flackernde Feuer züngelte flink an den Holzverstrebungen entlang. Entsetzt musste Narses mit ansehen, wie die Flammen die Hagia Sophia erreichten und diese aufflammte wie eine Riesenfackel. Kurz darauf brannte auch der Eherne Palast. Dann griffen die Flammen über auf die Irene-Kirche, die Thermen, das große Siechenhaus, die Paläste und Läden auf der *mese* über bis hin zum Konstantins-Forum. Die Gesunden rannten um ihr Leben, Verwundete und Kranke verbrannten auf den Straßen. Wind trieb die Rauchwolken bis zum Horizont, wo Flüchtende versuchten, in Booten Asien zu erreichen. Überall stank es entsetzlich.

Angesichts dieser Katastrophe dachte Narses über die Fehler der letzten Tage nach. Natürlich war das Volk unzufrieden mit den neuen Steuern, den Krawallen und der allgemeinen Ungerechtigkeit gewesen. Aber die Not der Armen musste nicht notwendigerweise zum Aufstand führen, sondern es waren zwei taktische Fehler gewesen, die die Not zur Rebellion gemacht hatten: Erstens die gemeinsame Hinrichtung von Grünen und Blauen, denn das hatte sie zusammengebracht. *Divide et impera*, wer herrschen wollte, musste teilen. Zweitens hatte man zwei, dem Erhabenen sehr ergebene Institutionen gleichzeitig benutzt, die aber nicht gemeinsam vorgehen konnten: Die Kirche und die Barbaren-Söldner. Die Lehren aus dieser Katastrophe würde Narses sein Leben lang nicht vergessen.

Die ersten Sterne verblassten. Auf geschwärzten Hügeln glimmten letzte Brandherde. Noch dämmerte es nicht, aber der Kaiser stand bereits auf, und der Großkämmerer musste ihm berichten, was er gesehen hatte.

Doch der göttliche Herrscher hörte kaum zu, sein ratloser Blick schweifte ab, sein Mund öffnete und schloss sich, aber es kam kein Ton heraus.

Dann gingen beide in den Thronsaal hinunter, in dem sich bereits zahlreiche Würdenträger eingefunden hatten. Es gab kein Zeremoniell mehr, niemand küsste noch Purpurschuhe. Der Augustus nahm Platz.

»Lasst einen Thron für die frömmste Gemahlin bringen, die mir der Himmel schenken konnte«, sagte er. »In dieser gefährlichen Zeit brauche ich sie an meiner Seite.«

Als Theodora dann kam, verneigte sich Hypathius, ein Neffe des früheren Kaisers Anastasius, vor Justinian.

»Majestät, sei versichert, wir sind dir treu ergeben und bereit, dir zu dienen.«

Justinian erhob sich, ging zu einer Ikone, betete kurz und kam zurück. »Geh«, sagte er zu Hypathius, »verlasse den Palast.«

»Ich könnte nützlich und hilfreich sein«, beharrte dieser.

»Nein, nein. Geh.«

»Ich verlasse keinen Herrscher in Gefahr.«

»Ich will niemanden mehr sehen. Geht, alle.«

Die Leibwache begleitete die Würdenträger hinaus, und Justinian wandte sich an seine Frau.

»Ich weiß, dass sie sich gegen mich verschworen haben. Sie haben mich noch nie leiden können, diese Senatoren mit dem gehässigen Blick. Niemand anders als sie kann die Grünen durch Versprechungen zum Aufstand angestachelt haben. Sie wollen die Dynastie von Anastasius zurückhaben und uns vernichten.«

Theodora war ebenso ruhig, wie ihr Mann kopflos war. Sie

saßen beide im selben Boot, doch sie war am Ruder. Als sie allein mit Narses war, gab sie ihm einen Beutel Gold.

»Geh zu Basilius, der ist uns bestimmt treu geblieben. Er soll heute Abend die führenden Männer der Blauen zusammenrufen. Die kaufst du, und schon machen sie keine Sache mehr mit den Grünen.«

Narses war ihrer Meinung und nahm den Auftrag freudig an, Handeln und Befehlen lagen ihm. Mit dreiundfünfzig Jahren hatte er entdeckt, wie glücklich es ihn machte, all seine Gaben, seine ganze Kraft einzusetzen. So versammelte er die Blauen heimlich im Haus von Basilius' Mutter und redete offen mit ihnen.

»Warum erhebt ihr euch gegen den Kaiser und die Kaiserin, die euch immer beschützt haben? Was habt ihr von einem Kaiser zu erwarten, der seine Krone den Grünen verdankt? Nichts als Verachtung und Ungerechtigkeit. Täuscht euch nicht im Gegner, ihr werdet noch lange unter ihm zu leiden haben. Rettet dem Kaiser den Thron, er ist von Gott erwählt, er ist euch wohlgesonnen und er wird es euch lohnen.«

Die anwesenden Blauen besprachen die Sache unter sich, der Beutel Gold tat ein Übriges. Zufrieden mit seiner Vermittlung kehrte der Großkämmerer zurück.

Am nächsten Tag, einem Sonntag, machte Justinian, der eine Verschwörung der Senatoren mehr fürchtete als den Volksaufstand, Zugeständnisse an das Volk. Herolde liefen durch die Straßen und verkündeten den Römern, dass der Kaiser bereit sei, mit ihnen gegen Mittag im Hippodrom zu sprechen.

Theodora machte sich große Sorgen und nahm erneut ihren Beobachtungsposten auf der Empore in der Kirche des Heiligen Stephanus ein. Hinter dem Gitter hörte sie den Herold im Namen ihres Mannes sprechen.

»Ich schwöre auf das Evangelium, dass keiner von euch verfolgt wird, denn nicht ihr seid Schuld, die Schuld liegt allein bei mir, weil ich eure Forderungen nicht erfüllt habe.«

Ein paar Blaue riefen: »Es lebe der Kaiser!«

Zu spät! Die Menge brüllte: »Du lügst! Du bist ein Eidbrüchiger! Denk an Vitalianus!«

Der Herold versuchte vergeblich zu Wort zu kommen, aber die Menge schrie: »Nieder mit Justinian! Nieder mit Theodora!«

Theodora hörte, wie der Kaiser und sein Gefolge die *katishma* verließen, und begab sich eilig zu ihrem Mann.

»Alles ist aus«, sagte er. »Nichts mehr zu machen.«

Und jetzt hörte man die Menge auch schon auf die Palasttore einhämmern, Tore, die erreichbar geworden waren, seit der Eherne Palast abgebrannt war.

Eine Stunde später warf sich Melone zu ihren Füßen. »Die Aufständischen wollen Anastasius' Neffen Hypathius holen und ihn zum Kaiser krönen. Sie haben verbreitet, dass die Majestäten geflohen sind. Rings um Hypathius' Haus wird gerufen: ›Hypathius Augustus! Hypathius Kaiser!‹ Hypathius selbst wollte den Titel nicht, aber Senatoren und reiche Kaufleute setzten ihm zu, er solle ins Hippodrom kommen. Seine Frau Marie, eine hübsche Frau, hat sich an seinen Hals gehängt und immer wieder gesagt: ›Bleib hier, bleib hier, hör nicht auf sie, du darfst dem Kaiser nicht untreu werden.‹

281

Aber die Menge ist in sein Haus gedrungen, hat ihn aus den Armen seiner Frau gerissen und ihn zum Konstantins-Forum geschleppt. Dort haben sie ihn auf den Schild gehoben, ihm eine Ersatzkrone auf den Kopf gedrückt, eine Goldkette umgehängt und ihn zur *katishma* gebracht. Ich bin sofort hierher gekommen, weil ich euch warnen wollte.«

Gegen Sonnenuntergang – die asiatische Seite leuchtete purpurrot, während auf der anderen noch die Ruinen qualmten – stand Theodora im pelzgefütterten Umhang auf der obersten Terrasse des Daphne-Palastes und dachte nach. Es war dieselbe Terrasse, auf der man sie vor fünf Jahren zur Augusta ausgerufen hatte. Jetzt hoben die Römer die geballte Faust und riefen: »Nieder mit Justinian! Es lebe Hypathius!« Jetzt wollte das gleiche Volk sie in seinem Zorn fortschicken wie eine Magd! Was bildete sich dieser aufgehetzte Pöbel eigentlich ein? Dass er sie von einem Thron stoßen könnte, der so hart errungen war? Dass Theodora auf die Macht verzichtete, nachdem sie Jahre gebraucht hatte, sich aus ihrem Elend zu befreien? Dass sie zum zweiten Mal die Arme heben und um Erbarmen flehen würde? Nein! Niemals. Niemals würde sie sich noch einmal unterwerfen, niemals und niemandem, nur noch dem Allmächtigen.

Uranius – mit Goldschild, Lanze und Doppelaxt noch eindrucksvoller als gewöhnlich – kam die Treppe hoch und warf sich ihr zu Füßen.

»Was willst du, Uranius? Sprich.«

»Majestät, ich wollte sagen, dass dir niemand ein Härchen krümmen wird, es sei denn, man durchbohrt meine Brust.«

»Ich danke dir, Uranius. Bleibe bei mir und verlasse mich nicht. Du wirst nicht erlauben, dass mich dieser wütende Pöbel gefangen nimmt. Und wenn es zum Schlimmsten kommt, gib mir schnell einen würdigen Tod.«

Die Einwände des Prätorianerpräfekten tat sie mit einer Handbewegung ab. »Gehen wir in den Thronsaal, der Kaiser erwartet mich.«

Die Fackeln waren bereits angezündet. Theodora setzte sich auf den Thron, den man auf ihren Befehl herbeigeschafft hatte. Wie der Kaiser hatte auch sie sich umgezogen, trug die purpurne Staatsrobe, die Krone mit dem Kreuz, und sie hatte sich geschminkt, damit ihr niemand die Erschöpfung ansah. Vor ihnen saßen die Getreuen auf goldenen Stühlen: Johannes von Kappadokien, Tribonianus, Belisar, Narses, Mundus und ein paar hohe Würdenträger, die Verantwortlichen für Heer und Verwaltung.

Justinian sagte mit schleppender Stimme: »Die Lage ist wie folgt: Hypathius ist gekrönt und viele Senatoren, der Adel und die reichen Kaufleuten stehen hinter ihm. Stadtsoldaten brechen die Palasttore auf. Wir haben kein Heer zu unserer Verteidigung. Die Leibwache, abgesehen von Prätorianern und Eunuchen, kann unmöglich allein kämpfen und wird demnächst überlaufen. Die fünftausend Söldner reichen nicht aus gegen eine Bevölkerung von sechshunderttausend Mann. Ich bitte jeden um seinen Rat.«

Johannes von Kappadokien antwortete als Erster. »Die Stadt ist im Aufstand. Bislang ist nur der Eherne Palast abgebrannt, aber bald wird wieder Feuer gelegt und dieser Palast brennt auch nieder. Wir können die Situation in der Stadt nicht in den Griff bekommen. Bleibt nur noch das Meer zur

Flucht. Und das so schnell wie möglich, denn vielleicht laufen auch die Seeleute zum Feind über. Im kaiserlichen Hafen erwarten Schiffe die Majestäten.«

Theodora warf Johannes von Kappadokien einen vernichtenden Blick zu, den er jedoch nicht erwiderte.

Belisar, der ruhmreiche General, riet ebenfalls zur Flucht, ja, alle rieten zur Flucht, wenn man Leben und Schätze des Kaisers retten wolle.

Zum Schluss erhob sich Theodora und ergriff das Wort. Empört sagte sie: »Auch wenn es nur noch Flucht gibt, ich fliehe nicht. Ich will den Tag nicht erleben, an dem man mich nicht mehr mit Majestät anredet. Falls du fliehen willst, o Cäsar, so hast du Meer, Schiffe und Gold. Ich bleibe. Für mich gilt nur eines: Der Purpur ist das schönste Leichentuch.«

Kaiser, Generäle und Würdenträger staunten und schämten sich. Eine zierliche, blasse Frau stand vor ihnen und erteilte ihnen eine Lektion in Mut und Stolz, geißelte ihre Feigheit. Justinian wandte sich an seine Gemahlin, und sie blickte ihn fest an. Auge in Auge mit ihr sagte er langsam:

»Meine Majestät befiehlt ihren Generälen, die Aufständischen zu vernichten.«

Theodora kehrte mit Uranius in die Kirche des Heiligen Stephanus zurück, von wo aus sie das Hippodrom überblicken konnte. Blaue riefen vereinzelt: »Es lebe Theodora! Es lebe Justinian.«

Und von der kaiserlichen Loge schrie ein Verräter herunter: »Justinian ist übers Meer geflohen! Gott will, dass Hypathius herrscht!«

Das Jubelgeschrei wurde noch lauter. »Lang lebe Hypathius, der römische Kaiser!«

Antonina trat zur Kaiserin. »Belisar will versuchen, ins Hippodrom hineinzukommen. Die Tore sind geschlossen, und die Leibwache hat es nicht geschafft, den Zugang zur *katishma* abzuriegeln. Aber keine Bange. Mein Mann kommt über die Ruinen des Ehernen Hauses.«

Und tatsächlich strömten kurz darauf rußgeschwärzte Goten ins Hippodrom und kletterten zum Wandelgang über den Rängen hoch. Fast gleichzeitig gelang es Mundus mit seinen Herulern, die Totenpforte aufzubrechen, und Narses stieß mit seiner Abteilung Eunuchen zu ihnen. Was nun folgte, war ein Gemetzel. Die Aufständischen saßen in der Falle und versuchten vergeblich zu fliehen und die Soldaten hackten erbarmungslos auf dieses Menschengewimmel ein.

Die Schreie der Verwundeten, Bäche von Blut und zerstückelte Leichen erinnerten Theodora daran, wie sie die Statue Josuas auf dem Theodosius-Forum betrachtet hatte, der in Jericho alles, was lebte, hatte abschlachten lassen. Die ähnliche Situation hier bekräftigte für sie, dass der Allmächtige Kaiser Justinians Herrschaft wollte, eine Herrschaft, die sie gerettet hatte. Ohne ihren Mut, ihre Festigkeit würden diese dreißigtausend, diese vierzigtausend Toten noch am Leben sein. Sie verspürte keinerlei Gewissensbisse, Gott berechtigte sie zu dieser Rache.

Doch kaum war diese Gefahr gebannt, entstand eine neue. Theodora verfolgte den furchtlos kämpfenden Belisar mit den Augen, wie er sich so prachtvoll bewährte. Verärgert kniff die Kaiserin den Mund zusammen, was ihrer Hofdame durchaus nicht entging.

»Belisar kennt kein größeres Glück, als dem Kaiser gut zu dienen«, sagte Antonina schnell.

Die Kaiserin musste sich eingestehen, dass Belisars Frau rasch begriff. »Dein Mann ist ein vorzüglicher Befehlshaber. Die Majestäten werden ihn bald ins Feld schicken.«

Die Frauen maßen sich mit Blicken, Antonina gab nach und senkte ihren Blick, beide verstanden sich ohne Worte.

»Gehen wir in den Palast zurück«, sagte die Augusta.

Als dann Belisar im Fackelschein des Thronsaales Hypathius vor Justinian brachte, warf sich ihm der Aufrührer zu Füßen und rief:

»Die Majestät möge mir vergeben. Ich wollte weder Purpur noch Krone, ich habe mich der entfesselten Menge nach besten Kräften widersetzt. Ich wollte bei dir bleiben, wollte meinen Kaiser nicht verraten. Wenn ich mich schuldig gemacht habe, dann weil ich dem Druck so vieler Stimmen nachgegeben habe, nicht aus schändlicher Absicht. Im Gegenteil, ich habe das Volk im Hippodrom zusammengeholt, wo es dir schutzlos ausgeliefert war.«

»Wenn du so viel Autorität über diese Menschen gehabt hast, hättest sie dazu bewegen sollen, dass sie meine Stadt nicht niederbrennen«, erwiderte Justinian trocken. Und etwas besänftigter und bedächtiger: »Aber in meiner großen Güte …«

Theodora warf ihm einen strengen Blick zu.

»Aber«, wiederholte der Kaiser, »trotz meiner großen Güte ist es der Majestät nicht möglich, jemandem zu vergeben, der sich an Ihrer Statt hat krönen lassen. Morgen früh wirst du hingerichtet.« Und zu Narses: »Lass überall verbreiten, dass Hypathius den Aufstand organisiert hat, weil er gegen den Willen Gottes die Macht für Anastasius' Familie zurückgewinnen wollte. Die Majestäten werden so lange keine Wagenrennen mehr veranstalten, bis die Parteien wieder Ruhe und Frieden geben.« Und zu den Würdenträgern und Ministern: »Morgen gehen wir an die Arbeit, Gott hat uns beschützt und dessen müssen wir uns würdig erweisen.«

»Gibt es etwas Heiligeres, etwas Erhabeneres als die kaiserliche Majestät?«, flüsterte Tribonianus Belisar zu.

In der folgenden Nacht träumte Theodora von Toten, die sich wie eine stumme Legion erhoben und anklagend mit dem Finger auf sie wiesen. Nach dem Aufstehen befahl sie, die Opfer schnell und spurlos zu beseitigen, damit man das Massaker vergessen konnte. Und jeden Tag stieg sie auf die Terrasse und überwachte von dort aus die Arbeit der Holzfäller und Sklaven. Die schafften Hunderte von Pinien und Zypressen heran und türmten sie auf dem blutbefleckten Boden auf. Am vierten Tag steckten sie den Scheiterhaufen in Brand und warfen nach und nach Tausende von Leichen hinein. Der Gestank hing noch eine Woche lang in der Luft, während Mönche und Bischöfe zum Ruhm des Allmächtigen und des Kaisers Psalmen sangen.

Kapitel siebzehn

Theodoras Macht hatte seit ihrer Weigerung zur Flucht noch mehr zugenommen. Jetzt war sie nicht mehr die Kurtisane, die ein bis über beide Ohren verliebter Kaiser auf den Thron gehoben hatte, nein, sie hatte den Kaiser und seine wichtigsten Berater vor dem Volkszorn und möglicherweise vor einem schmählichen Tod gerettet. Justinian bezeugte das öffentlich und ließ nun auf fast alle amtlichen Dokumente seine und Theodoras Initialen setzen.

Doch Theodoras persönlicher Sieg nach dem beängstigenden Nika-Aufstand konnte gewisse Besorgnisse nicht beschwichtigen. Natürlich hatte sie keine Angst mehr, ihr Mann würde sie wegen ihrer Unfruchtbarkeit verstoßen. Justinian brauchte sie, nicht nur als Ehemann, sondern auch als Kaiser, und das band sie noch enger zusammen.

Aber mit der neuen Katastrophe waren auch alte Wunden wieder aufgebrochen: Das Volk hatte sich gegen sie erhoben. Da waren die Jubelrufe bei ihrer Krönung vor fünf Jahren, die Treue ihrer Jugendfreunde, die Zuneigung der kleinen Leute, und sie hatte sich eingebildet, Macht könne ihrer Beliebtheit nichts anhaben. Diese Illusion war jetzt geplatzt und unaufhörlich klang ihr das höhnische »Stirb, Theodora!« in den Ohren.

Von nun an ging es nicht mehr um Beliebtheit, sondern

um Machterhalt. Überall drohte Verrat, vor allem weil ihr Mann, der Träumer, zwar große Pläne hatte, sich aber oft Feinden gegenüber blind stellte oder zu gutherzig war.

Ihre Gefühle dabei waren zwiespältig: einerseits wollte sie sich die absolute Macht erhalten, andererseits machte sie sich Sorgen, weil sich diese als so zerbrechlich erwiesen hatte.

Doch wenn der Nika-Aufstand sie angespannter und ängstlicher gemacht hatte, ihrem Mann verhalf er zu ungewohnter Tatkraft. Hier und da hing noch der Brandgeruch in der Luft, doch er beschloss bereits den Neubau der Hagia Sophia – schließlich träumte er schon lange davon, eine prächtige Kirche zu bauen, und nun lieferte ihm die Vorsehung eine wunderbare Gelegenheit. Narses empfahl, zwei hochberühmte Baumeister aus Asien, einen Mathematiker, Isidorus von Milet, und einen von Zeitgenossen gepriesenen und einfallsreichen Bildhauer und Baumeister namens Anthemius von Tralles zurate zu ziehen. Diese merkten, dass der Kaiser viel von ihnen erwartete, und so schlugen sie ihm einen Kuppelbau wie in Syrien oder Persien vor, ein so origineller Plan, dass er kaum zu verwirklichen schien. Doch dem Augustus war nichts unmöglich. Geld? Geld spielte keine Rolle, man hatte ja die Vermögen von Hypathius' Parteigängern eingezogen. Ein Bauplatz? Man enteignete einfach die umliegenden Eigentümer und zahlte dafür jeden Preis. Eine lang gestreckte Basilika? Ein großer zentraler Raum konnte weitaus mehr Gläubige fassen. Eine Kuppel mit einem Durchmesser von einunddreißig Metern? Das Wagnis musste man eingehen, und das tat man auch.

Einen Monat später begannen die Arbeiten. Tausende von Armen schafften wahre Berge von Ziegelsteinen herbei, andere holten aus heidnischen Tempeln, Steinbrüchen und Bergwerken Säulen, Porphyr, Elfenbein, Silber, schwarzen, weißen, grünen, roten Marmor und Gold.

Die Kaiserin hatte zwar für den Wiederaufbau der Hagia Sophia gestimmt, doch für ein anderes ehrgeiziges Projekt ihres Mannes schwärmte sie nicht gerade. Bei einem Mittagessen in kleinem Kreis mit Narses und Tribonianus, der wieder Minister war, sagte Justinian von oben herab: »Wir machen uns einige Hoffnung, dass Uns Gott die Gebiete der alten Römer bis an beide Meere zurückgeben wird.«

»Was willst du damit sagen?«, fragte Theodora besorgt.

»Es wird Zeit, dass ich Cäsars Reich in die alten Grenzen zurückführe und Westrom und Ostrom vereinige.«

»Die Beschlüsse Seiner Majestät sind stets vom Heiligen Geist eingegeben«, mahnte Tribonianus.

»Justinian, da bin ich anderer Meinung«, widersprach Theodora. »Ostrom hat nur eine wichtige Aufgabe, nämlich die Unabhängigkeitsbestrebungen der einzelnen Provinzen zu bekämpfen und seine Einheit zu bewahren.«

Justinian aß sein gekochtes Gemüse und trank einen Schluck frisches Wasser, dann antwortete er: »Wir haben Frieden mit den Persern und den Völkern an der Donau, unsere Grenzen sind sicher, also kann ich rings um das Mittelmeer die Pax Romana erneuern.«

»Aber dann erschöpfen wir uns im Westen und werden dadurch im Osten anfällig«, beharrte Theodora. »Die unruhigen Völker im Kaukasus und auf dem Balkan warten doch nur darauf, dass wir schwach sind, und schon fallen sie ein.«

»Ich habe die Pflicht, die Katholiken Afrikas vom Joch der vandalischen Ketzer zu befreien. Ein afrikanischer Märtyrer ist mir im Traum erschienen und hat mich um Hilfe gebeten.«

Theodora fiel nicht auf die Argumente ihres Mannes herein, denn die Vandalen verfolgten die Katholiken schon lange nicht mehr. Sie wusste zwar, dass der Kaiser der römischen Tradition anhing, machte aber einen letzten Versuch, ihm dieses übergroße Projekt auszureden. »Wozu brauchen wir Italien? Dort stürmt Welle auf Welle germanischer Völker nach Süden, so ein Krieg hätte nie ein Ende.«

Justinian hörte gar nicht zu. »Als Römer muss ich die von Barbaren besetzten Gebiete befreien und als Christ darf ich den Papst und die Italiker nicht unter dem Joch der Ostgoten belassen. Dank dir, du meine weise und wunderbare Gemahlin, ist es politisch um die Monophysiten ruhig geworden. Nichts hindert mich also an diesem kurzen Eroberungsfeldzug. Wir fangen in Afrika an. Im nächsten Jahr landet Belisar in Karthago.«

»Deine Befehle sind göttliche Dekrete, deine Füße sind ihr Altar«, sagte Tribonianus.

Theodora versuchte es mit einem allerletzten Argument. »Ohne Geld kann man keine militärischen Vorbereitungen treffen und das Volk wird schon hart genug besteuert.«

»Ich habe gerade Johannes von Kappadokien erneut zum Finanzpräfekten berufen. Der weiß, wie man die Schatzkammer für meine Bedürfnisse füllt.«

Theodora hörte die schreckliche Nachricht, ohne mit der

Wimper zu zucken. Jedes weitere Beharren wäre vergebens, ja ungeschickt gewesen. Mit Kriegsführung würde sie sich nicht beschäftigen, umso wachsamer aber deren Folgen im Auge behalten. Falls Ostrom siegte, drohte unvermittelt Gefahr: zu viel Ruhm für Belisar, noch mehr Einfluss für Johannes von Kappadokien und die Vorherrschaft eines von Barbaren befreiten Papstes. Narses sagte gar nichts, denn er mischte sich grundsätzlich nicht in Auseinandersetzungen des Kaiserpaares ein.

Die Kriegsvorbereitungen und der Wiederaufbau verwandelten Konstantinopel in eine riesige Baustelle. Von der Irene-Kirche bis zum Konstantins-Forum wurde auf den Brandruinen gebaut. Das Rinder-Forum bebte vom Lärm der Ambosse, auf denen Rüstungen, Beinschienen, Kettenhemden, Helme, Schilde, Schwerter und Lanzen geschmiedet wurden. Theodora wollte einige ruhige Wochen verbringen und schiffte sich mit einem Gefolge aus viertausend Personen nach Asien ein.

Narses blieb beim Kaiser und traf gegen vier Uhr nachmittags, gerade ehe der Palast abgeschlossen wurde, einen sichtlich nachdenklichen Basilius.

»Sei gegrüßt, Basilius.«

»Sei gegrüßt. Ich komme gerade von Senator Libanius.«

»Ach, dann ist er also wieder in der Hauptstadt der zivilisierten Welt?«, wunderte sich Narses.

»Er hat mich gestern zu sich rufen lassen, weil er mir kostbare Steine verkaufen wollte. Der Unselige kommt aus den Verliesen unseres Finanzpräfekten. Er humpelt, und sein Gesicht weist lauter Wunden und Beulen auf. Höflich wie immer hat er mich auf die Terrasse geführt, und von dort haben wir eine große Zahl Schiffe gesehen. ›Was ist da los?‹, hat mich der Senator gefragt. Ich habe ihm erklärt, dass die Kaiserin in See sticht, und er hat geantwortet: ›Reichtum verleitet Emporkömmlinge zu grotesken Übertreibungen.‹ Ich habe an ihre Liebschaft gedacht und lieber den Mund gehalten. Der Senator hat mir all seine Kostbarkeiten verkauft, die Steine seiner Fibeln, seiner Ketten, seiner Gürtel und seiner Sandalen.«

»Warum erzählst du mir das alles?«

Basilius seufzte. »Ich sollte es wohl der Kaiserin persönlich sagen, aber du bist mir lieber. Zu viele Erinnerungen! Weißt du noch, die Gans Liliba?«

»Wer weiß das nicht? Du kannst gehen, du musst nicht mehr spionieren.«

Jedenfalls sagte der Eunuch der Augusta erst einmal gar nichts, er wusste, sie würde zornig sein. Warum auch alte Wunden aufreißen? Und Libanius hatte wegen seiner Liebschaft mit Theodora genug gelitten. Seit sie Justinians Gemahlin war, hatte sie alte Rechnungen beglichen. Libanius war aus der Stadt geflohen und hatte sich auf seine Güter am Schwarzen Meer zurückgezogen, und dort hatte ihn der Kappadokier festnehmen lassen, um den Staatssäckel zu füllen.

Theodora hörte nach ihrer Rückkehr durch ihr Spionagenetz von der Sache. Sie bestellte Libanius für den kommenden Tag zu sich, wusste aber nicht, wie sie sich ihm gegenüber verhalten sollte. Wie ging man mit Verachtung um? Wie mit einem unabhängigen Mann, der nichts von ihr hielt? Sollte sie streng sein, aber wie könnte sie das unter den gegebenen Umständen? Das Vermögen des Senators war bereits beschlagnahmt, und er gehörte nicht mehr dem Senat an. Zu spät erkannte die Kaiserin, dass ihr Rachefeldzug mit der Gans Liliba ihren früheren Liebhaber nur noch mehr abgestoßen hatte. Nein, sie musste es anders angehen. Mit Großmut. Sie würde ihm einen Teil seines Vermögens zurückgeben, ihm raten, nach Konstantinopel zurückzukehren, ihm ihre Unterstützung bei der Bewerbung um einen guten Posten zusichern. Wer konnte schon nach großen Entbehrungen der Aussicht auf ein besseres Leben widerstehen? Und dann, warum auch nicht, würden sie zusammen an gemeinsame, unvergessliche Wonnen zurückdenken.

Nach unruhigen Zeiten erinnert man sich gern glücklicherer Tage, denn in der Erinnerung findet man Trost und Halt. Und auch Theodora erinnerte sich an ihr Leben mit Libanius, ihrer einzigen großen Leidenschaft, und daran, wie er sie vernichtet hatte, als er sie verließ. Am darauf folgenden Tag schminkte sie sich sorgfältig, behielt nur einen Eunuchen da und weigerte sich, Höflinge zu empfangen. Der Senator verspätete sich, und das war sie nicht mehr gewohnt. Es ließ ihr jedoch Zeit, ihre Verführungsstrategie auszufeilen: Sie würde nicht die allmächtige Kaiserin geben, sondern eine Frau, die sich trotz Gold und Purpur ein großmütiges Herz und unbeschwerte jugendliche Fröhlichkeit erhalten hatte.

Doch Libanius kam nicht. Zunächst verwunderte sie das. Sie hatte ihm die Hand reichen wollen und er hatte sie ausgeschlagen. Sie saß in der Falle, war die Frau, die sie geworden war, nämlich eine gefürchtete Kaiserin, deren Bild schon lange das der heiteren Geliebten verdrängt hatte. Der Senator hatte zum zweiten Mal gesiegt. Und sie, vor der auch der

Stärkste in die Knie ging, sie hatte keine Macht über diesen unbeschwerten Mann, der seine Kraft aus der Vergangenheit zog, wo sie ihn nicht erreichen konnte. Sie war nicht nur wütend auf den Senator, sondern auch auf sich selbst. Wie konnte sie nur so dumm sein und sich jugendlichen Illusionen hingeben! Und dann ließ sie seine Häuser am Schwarzen Meer und am Bosporus und auf der Akropolis für die Schatzkammer beschlagnahmen.

Theodora brauchte Geld für ein Projekt, das ihr besonders am Herzen lag: Anerkennung der Monophysiten und Religionsfrieden im Reich. Unter ihrem Einfluss hatte der Kaiser schon seit geraumer Zeit die Verfolgungen eingestellt, doch sie musste noch mehr erreichen: Monophysiten sollten nicht nur nach Konstantinopel kommen, sondern sich dort auch niederlassen dürfen, sich unter das Volk oder die Mächtigen mischen und ihre ganze Frömmigkeit und Weisheit zeigen können. Sie ließ sich von Justinian ihren früheren Wohnsitz, den Hormisdas-Palast, schenken, der sollte nun ein Kloster werden, in dem ihre frommen Freunde leben und beten konnten.

Die Ordnung des Klosters musste den verschiedenen Ausprägungen ihrer Frömmigkeit entsprechen: Für die Eremiten benötigte man Einzelzellen, für Mönche, die Regeln und Gesellschaft brauchten, richtete man ein Kloster ein. Und für die Säulenheiligen und Anachoreten, die in der Wildnis und in der freien Natur leben wollten, baute man in den Gärten ein paar elende Hütten. Für alle jedoch ließ Theodora eine Kirche in der Nähe des Klosters bauen und weihte sie den Heiligen Sergius und Bacchus.

Aus Armenien, Kappadokien, vor allem aber aus Syrien strömten Mönche herbei und zogen in das neue Kloster ein, und bald darauf ließen sich die Römer durch die Gebete und die Frömmigkeit von fünfhundert Geistlichen erbauen. Theodora suchte sie drei bis vier Mal in der Woche auf, bat um ihren Segen und lud die Weisesten zu Unterhaltungen über Theologie ein. Die Himmelsboten hatten großen Erfolg. Ganz Konstantinopel, vom Bescheidensten bis zum Bedeutendsten, wollte sie kennen lernen, damit diese Männer, die unmittelbar mit dem Himmel in Verbindung standen und sich mit Meditation und allen menschlichen Nöten auskannten, beim Allmächtigen ein gutes Wort für sie einlegten. Selbst Severus, der »Fels Christi«, nahm endlich eine Einladung in die Hauptstadt an. Er wurde im Staatsgemach des Privatpalastes empfangen und fiel vor der ehemaligen Sünderin von Alexandria, jetzt »Kaiserin und von Gott dazu berufen, die Bedrängten zu erretten«, auf die Knie.

Für Theodora folgten friedliche Wochen. Manchmal begleitete Justinian sie bei ihren regelmäßigen Besuchen im Hormisdas-Kloster und wurde selbst von Mönchen gesegnet, die früher für ihn Ketzer gewesen waren, manchmal besuchte er abends seine Frau, weil er mit Severus disputieren wollte. Nach sechs Jahren Regierung glaubte Theodora, sie hätte das ersehnte Ziel erreicht, nämlich Religionsfrieden im Römischen Reich, und das entschärfte auch die zaghaften Bestrebungen der Provinzen nach Unabhängigkeit.

Auch Justinian war der Meinung, nur die Religion könne die verschiedenen Völker des Römischen Reiches zusammenhalten, und so betonte er gern und oft: »Es herrscht wieder Frieden in der Kirche, und nur das gewährleistet einen blühenden Staat, so wie es Gott und unser Herr Jesus Christus all denen versprochen haben, die sie wahrhaft und ehrlich anbeten.«

Theodora war so glücklich über die neue Harmonie und diesen glänzenden Erfolg ihrer Religionspolitik, dass sie und ihr Mann erneut ein fröhliches Glück genießen konnten. Sie kümmerte sich sogar um ihre Tochter, besuchte sie in ihrem Palast, interessierte sich für Eudoxias drei kleine Jungen und malte sich für sie eine glänzende Zukunft aus. In den Frauengemächern musizierten die Hofdamen und spielten Verstecken in den Gärten, organisierten Essen im Freien, in den angrenzenden Wäldern oder in den kleinen Buchten am Bosporus.

Doch Alexandria, ihr Alexandria, nutzte den Tod von Timotheus, ihrem geliebten teuren geistlichen Vater, und rebellierte.

Sie dachte einige Tage darüber nach, dann ließ sie Narses rufen und empfing ihn mit zornfunkelndem Blick. »Wie du weißt, hat Alexandria den Patriarchen meiner Wahl, der für Aussöhnung ist, durch einen anderen ersetzt! Eine Frechheit! Man verweigert sich meinem Befehl!«

Narses blieb gelassen. »Niemand hat das Recht, einen gewählten Patriarchen abzusetzen.«

»Den Vorschriften nach war meiner nicht gewählt, denn diese Verräter, diese Schurken haben es unterlassen, die rechte Hand des verstorbenen Timotheus auf das Haupt meines Patriarchen zu legen und ihm das Pallium des heiligen Markus zu übergeben. Und darum ist er für sie ein Usurpator.«

»Und nun?«

»Nun haben sie einen gewissen Gaianus auf den Bischofs-
stuhl gesetzt, und der kann die Orthodoxen nicht ausstehen
und verweigert jegliche Aussöhnung. Damit beleidigen,
provozieren sie den Kaiser und mich genau in dem Augenblick, wo es endlich keine Verfolgungen mehr gibt und Religionsfrieden herrscht. Manchmal könnte ich an der
Dummheit der Menschen verzweifeln.«

»Die Majestät weiß sehr gut, dass Religion oft nur ein Vorwand ist, weil man sich in den Provinzen der Vorherrschaft
Konstantinopels, der Getreide- und anderer Steuern entziehen will. Ich glaube, hinter ihrem religiösen Vorwand ver-
birgt sich ein solches Argument.«

Theodora schmiegte sich tiefer in den Sessel. »Ich werde
ihren Aufstand zertreten und schicke dich dorthin.«

»Mich?«

»Ja, dich! Mit einem Heer. Du wirst diesen Gaianus verja-
gen und den Patriarchen meiner Wahl wieder einsetzen.«

»Auch wenn dabei Blut fließt?«

»Wir wissen doch beide, dass man einen Aufstand nur mit
Blutvergießen niederschlagen kann. Du ziehst als kaiserlicher Abgesandter mit einem Heer von sechstausend Mann
nach Alexandria.«

Sie kannte Narses gut und sah Verwirrung, ja sogar Missbilligung, und da brachte sie das entscheidende Argument
vor. »Der Kaiser hat seine Zustimmung gegeben. Er braucht
Ägypten, wenn er Italien zurückerobern und das Römische
Reich wieder herstellen will. Ohne Ägypten keine Einheit
von Ostrom und Westrom. Das haben alle gewusst: Alexan-
der, Cäsar, Augustus! Der Krieg in Italien geht mich nichts

an, aber Ägypten ist meine Angelegenheit. Dieser Auftrag ist inoffiziell, darum vertraue ich ihn dir an. Binnen acht Tagen brichst du auf.«

Und weil sie den Eunuchen anscheinend noch immer nicht überzeugt hatte, sagte sie jetzt ironisch: »Du beklagst dich doch immer, dass du nicht reisen kannst, dass du Untergebener bist, selbst bei dem Herrscher der Welt, also sei zufrieden. Du kannst das Heer führen, wie du willst.«

Es reichte, wenn Theodora den Ton aus den frühen Tagen ihrer Freundschaft anschlug, schon verzieh ihr Narses alles.

Bevor er nach Ägypten aufbrach, überprüfte er noch in Bithynien Kloster und Kirche, die er unfern des Sommerpalastes der Kaiserin in Heria bauen ließ. Er verehrte Mönche und verspürte ein gewisses Mitgefühl, denn er erriet, wie sich ihre Seelen quälten, welche Not ihre Körper litten und wie sie angesichts eines schweigenden Gottes schier verzweifelten.

Die Expedition nach Ägypten sagte ihm ganz und gar nicht zu, er hatte dabei ein ungutes Gefühl, schließlich musste er einen Monophysiten gegen den anderen ausspielen. Doch den Kampf an sich mochte er, da konnte er befehlen, sich bei den Soldaten beliebt machen, die frische Luft genießen und seine Talente nutzbringend einsetzen. War das nicht zum Lachen? Sechsundfünfzig Jahre, und erst jetzt lernte er sich richtig kennen! Ganz im Gegensatz zu Theodora, die ihren Weg gefunden hatte.

Im Frühling brach der Eunuch mit sechstausend Mann und dem von Theodora ausgesuchten und von den Ägyptern abgelehnten Patriarchen auf. Drei Wochen später sah er den Leuchtturm von Alexandria. Ein Hafenlotse kam an Bord und leitete die Schiffe durch die Riffe in den Kriegshafen. Narses wollte unbedingt die Stadt kennen lernen, in der früher so viele berühmte Menschen gelebt hatten. Er malte sich schon aus, wie er durch die Vergangenheit schlenderte, zum Grabmal Alexanders und Antonius' und Kleopatras ginge. Doch die raue Gegenwart mit Barrikaden und bewaffneten Stadtsoldaten und Einwohnern, die ihn von den Dächern mit Steinen bewarfen, holte ihn schnell ein. Die Soldaten mussten sich mit Waffengewalt zu Gaianus, dem Aufwiegler, durchkämpfen. Narses ließ ihn festnehmen und nach Sardinien verschiffen. Der von der Kaiserin ausgesuchte Nachfolger des heiligen Markus wurde nicht sofort angenommen. Der Krieg auf den Straßen dauerte mehrere Monate und verunsicherte die Soldaten, die für den Kampf auf freiem Feld ausgebildet worden waren: Nun kämpften auf einmal auch Kinder, Greise und Frauen gegen sie. Nach mehreren Monaten mit vielen Scharmützeln schrieb Narses an die Kaiserin:

Alexandria. Narses an Ihre Majestät, Kaiserin Theodora.

Teure Herrscherin, unsere Soldaten kämpfen jetzt seit einem Jahr, um Deinem Patriarchen den Sitz des heiligen Markus zu erhalten. Doch die Einwohner verweigern sich hartnäckig dem Befehl Ihrer Majestäten und setzen den unangemessenen und mörderischen Straßenkampf fort. Es gibt schon dreitausend Tote, darunter viele der Unseren. Wenn ich diese bedauerliche Situation beenden soll, muss ich einen Teil der Stadt niederbrennen, damit wieder Ruhe einzieht. Falls die dann von Dauer ist, kehre ich demnächst nach Konstantinopel zurück. Ich freue mich, Deine Majestät wieder zu sehen. Dein Dir treu ergebener Narses.

Der Eunuch drängte zur Eile, denn Belisar errang in Afrika Sieg um Sieg, und Narses wollte unbedingt wieder an den Brennpunkt des Geschehens zurück. Zudem gingen ab Oktober keine Schiffe mehr.

Kapitel achtzehn

Auch Theodora beschäftigte sich mit Belisars Siegen. In ihren Alpträumen erschien er ihr kraftstrotzend wie bei dem Gemetzel im Hippodrom, ein Erzengel der Zerstörung. Sie dachte sogar beim Baden darüber nach, sah wieder die Abfahrt des Generals nach Afrika und das riesige Heer, das ihm der Kaiser anvertraut hatte: fünfhundert Schiffe mit zweitausend Ruderern, allein fünftausend Pferde mit den dazugehörigen Reitern, größtenteils verbündete Barbaren wie Heruler, Bulgaren, Goten, Skythen, Araber, Mauren, zweitausend Fußsoldaten und ein Tross von dreißigtausend Mann. Dienten die Siege in Afrika nun dem Kaiser oder förderten sie Belisars mögliche Absichten auf den Thron? Schließlich trieb ihn die ehrgeizige und listige Antonina an. Käme da ein siegreicher und bei seinen Soldaten beliebter General nicht vielleicht doch in Versuchung, sich den Thron widerrechtlich anzueignen? Gott sei Dank hatte sie einen Spion mitgeschickt, der das Pärchen beobachtete.

Einige Monate später erhielt Theodora Nachrichten von der Front, und die zerstreuten für kurze Zeit ihre Befürchtungen.

Karthago, sechzehnter September im sechsten Jahr der Regierung Justinians.

Antonina an Ihre Majestät, Kaiserin Theodora.

Viel geliebte Herrscherin, die Wasserquelle, die ein Soldat bei der Landung in Afrika in einem Graben entdeckt hat, war ein gutes Omen für den Sieg. Gestern sind wir in Karthago eingezogen und Belisar hat sich auf den Thron des Vandalenkönigs Gelimer gesetzt. Natürlich respektiert mein Gatte den Feind und hat Plünderungen verboten, hat den Katholiken ihre Kirche zurückerstattet und den Neubau der Mauern in Auftrag gegeben. Die Stadtväter haben sich dem siegreichen und weisen General gern ergeben.

König Gelimer steht mit sechstausend Soldaten vier Tagesreisen von hier und versucht, sein Heer neu zu ordnen. Wir werden ihm bald nachsetzen. Belisars Schreiber Prokop wird Dir Näheres von den glänzenden Siegen über einen weitaus zahlreicheren Feind berichten.

Wir haben einen jungen Mann namens Theodosius mitgenommen, unser gemeinsames Patenkind. Diesen jungen Mann, vor Gott unser Adoptivsohn, möchten wir gern fördern, doch die Zuneigung, die ich für ihn empfinde, setzt die Lästerzungen in Gang, Klatsch und Tratsch, dem Ihre Majestät kein Ohr leihen sollte.

Meine teure geliebte Herrscherin, wenn wir siegreich heimkehren, würde ich ihn Dir gern vorstellen. Antonina.

Sie hatte kaum zu Ende gelesen, als Narses, seit einer Woche aus Alexandria zurück, entrüstet in die Frauengemächer stürmte.

»Wie kann ein General nur eine solche Demütigung hinnehmen, wie unwürdig!«

»Was redest du da?« Theodora tat, als verstünde sie nicht. »Es war doch ein ganz erstaunlicher Sieg.«

»Antonina schläft mit einem jungen Mann! Sozusagen unter der Nase ihres Gatten! Theodosius ist vierundzwanzig Jahre jünger als sie, und sie ist auch noch seine Patentante! Das ist ein Hohn auf Kirche und Familientugenden.«

»Belisar wird den Liebhaber verbannen, wenn er erst einmal dahinter kommt.«

»Er ist dahinter gekommen. Er hat die beiden in reichlich unbekleidetem Zustand ertappt, und Antonina, die nicht einmal den Teufel fürchtet, hat ihm eine abwegige Geschichte aufgebunden, und der arglose Trottel hat alles geschluckt.«

»Wer weiß noch von dieser Liebschaft?«

»Jeder, nur der große General nicht. Die drei Botschaften an den Kaiser deuten alle ziemlich das Gleiche an. Aber jeder hält den Mund, weil man Angst vor Antonina hat. Das musst du dir einmal vorstellen, da haben eine Dienerin und zwei Sklaven die Ehebrecherin bei Belisar angezeigt, und der ist endlich wütend geworden und hat Theodosius' Kopf gefordert. Aber diese mit allen Wassern gewaschene Frau hat ihre Unschuld beteuert, hat sich über die Verleumdung beklagt, und der große Mann hat sich wieder einmal an der Nase herum führen lassen.«

»Er liebt seine Frau abgöttisch.«

»Weißt du, was deine Busenfreundin dann gemacht hat?« Theodora schüttelte den Kopf.

»Sie hat den Verleumdern die Zunge abschneiden und sie in Säcke genäht ins Meer werfen lassen. Belisar hätte lieber seine Gattin ertränken sollen!«

»Und das alles wegen etwas, was unser teurer Mönch Maras ›die Unzweckmäßigkeit der körperlichen Vereinigung‹ nennt.« Theodora lachte schallend.

»Ich verstehe nicht, wie die Majestät dieses Abenteuer lustig finden kann. Ich mag Belisar nicht besonders, aber ich bewundere seinen Mut. Wenn ihn seine Frau so bloßstellt, macht er sich zum Gespött.«

304

Theodora lächelte noch immer.

»Ich würde nur ungern einer Ehefrau dienen, die ihren Mann zum Gespött macht.«

Theodora warf ihm einen drohenden Blick zu. »Wenn du nicht mein Freund wärst, ich würde dich für diese Unverschämtheit einsperren lassen. Beruhige dich. Würde ist mir sehr wichtig. Was Antonina angeht, so ehrt dich deine Entrüstung, aber die ist dumm. Mir gefällt es durchaus, dass der große General so wehrlos ist, was seine Frau angeht. Und dass diese Frau mich braucht, damit ich ihren Ehebruch decke.«

»Was willst du damit sagen?«

»Dass ich den jungen Theodosius für meine Interessen einsetzen kann. Er muss ja recht angenehm aussehen, wenn er so viel Leidenschaft weckt.«

Noch gab sich Narses jedoch nicht geschlagen. »Wenn du Antonina deckst, gießt du Öl ins Feuer des Kappadokiers.«

»Wieso?«

»Weil er sagt, man soll sich über eure Freundschaft nicht wundern, ihr seid beide aus dem gleichen Stall.«

»Der Tag kommt«, sagte Theodora trocken, »an dem ich mich mit seinem Stall beschäftige, und der ist weitaus dreckiger als meiner.«

Belisar brauchte ein Jahr, bis er die Vandalen besiegt hatte. Theodora war es nicht recht, dass ihr Mann ihm einen ehrenvollen Triumphzug zugestand, andererseits wusste sie, wie sehr Justinian an den überlieferten römischen Bräuchen hing, wie gern er den Titel Augustus zu Recht tragen wollte, und so machte sie gute Miene zum bösen Spiel. Der Triumph stand natürlich dem Erhabenen zu, und weil sie ihren eigenen Triumph auskosten wollte, setzte sie sich in die kaiserliche Loge unter den Bronzepferden und bezeugte damit, dass der Sieg vor allem anderen und auch noch vor dem General dem Kaiserpaar zukam.

Und zum ersten Mal seit dem Massaker des Nika-Aufstands strömten die Römer wieder ins Hippodrom. Sie hatten es vielleicht vergessen, aber die Kaiserin erinnerte sich und misstraute dem Frieden – wenn man nicht auf der Hut war, würde der Aufstand möglicherweise wieder aufflammen.

Belisar zog durch das große Tor ein, ging bis zur *katishma* und warf sich dort zu Boden. Dann kam der Vandalenkönig Gelimer im Purpur und umringt von seiner Familie in die Arena. Er blieb einen Augenblick stehen, sah die vielen tausend Zuschauer und wie sie sich über seinen Sturz freuten, und da rief er: »Vanitas, vanitatis! Alles ist eitel!«

Unter der Kaiserloge nahmen ihm Leibwachen seinen königlichen Umhang ab und zwangen ihn, sich vor dem Kaiser in den Staub zu werfen.

Nun sang ein Sänger zum Klang der Silberorgeln: »Ehre sei Gott, der über die Vandalen triumphiert hat! Ehre sei Gott, der die Arianer vernichtet hat!«

Justinian antwortete durch die Stimme seines Herolds: »Noch niemals hat Gott den Römern solche Siege geschenkt wie unter Unserer Herrschaft. In Unserer großen Güte haben Wir, Kaiser der Römer und Vandalen, und Unsere verehrungswürdige Gemahlin Theodora beschlossen, dir, Gelimer, Ländereien in Galatien zu geben, dort kannst du mit deiner Familie in aller Zurückgezogenheit leben.«

Dem besiegten König folgten die Schätze, die man in Karthago und Hippo Regius gefunden hatte: goldene Throne, kostbare Steine, Prunkwagen, Silbergeschirr, Goldgürtel, prächtige Kleider, ganz zu schweigen von den Schätzen, die die Vandalen einst in Rom erbeutet hatten. Dann kam ein langer Zug hochgewachsener, blonder Gefangener. Die Menge jubelte, aber würde dieser launische, wetterwendische Pöbel nicht eines Tages statt Justinian auch Belisar zujubeln?

Nach dem Weihnachtsfest suchte Melone die Kaiserin auf. Mittlerweile hatte er sich an das Zeremoniell gewöhnt und hob die kleinen Beine, wenn ihn die Leibwache bis zur Augusta schleppte, zu deren Füßen er sich bewundernswert geschickt bäuchlings zu Boden warf. An diesem Tag wirkte er jedoch irgendwie verstört.

»Die Majestät erlaubt dir zu sprechen.«

Melone sagte eifrig: »Eure Majestät weiß, dass Belisar zum Konsul ernannt worden ist, dass er nach römischer Sitte von seinen Gefangenen, den Vandalen, auf einem Elfenbeinsessel getragen wird und auf der Straße Goldstücke auf die Menschen herabregnen lässt. Die Körbe und Amphoren zu seinen Füßen sind gefüllt mit goldenen Solidi. Der Sessel des Konsuls hat Löwenköpfe und Löwentatzen. Und Kissen. Sein Fußschemel ist mit kostbaren Steinen verziert.«

»Das alles hat ihm der Kaiser zugestanden. Warum machst du dir also Sorgen?«

»Du weißt, wie warmherzig, freundlich und tapfer Belisar ist, wie ihn seine Soldaten lieben, wie ihn seine Söldner vergöttern und wie die Besiegten ihn achten. Und da …«

»Und da?«

»Und da sagen viele Leute in der Stadt, er gäbe einen sehr guten Kaiser ab. Dass er nur sein Heer fragen müsse, ob es mitmacht. Die Bevölkerung wäre darüber sehr glücklich. Man sagt, er wäre ein besserer Augustus als Justinian, denn den hättest du verhext. Das Volk hat Angst vor dir. Man munkelt von Geheimverliesen, von Folterungen und dass deine Feinde wie Tiere gehalten werden.« Er verstummte und senkte den Kopf.

»Und was antwortest du?«, fragte Theodora.

»Ich sage, du hast viel Mitgefühl für deine Feinde und schickst sie oft für ihr eigenes Seelenheil ins Kloster. Und dass alle Welt deine Liebe zu Gott dem Allmächtigen sehen kann, so viele Klöster, Alten- und Waisen- und Siechenheime, wie du baust. Ganz zu schweigen von den großzügigen Spenden an Kirchen und Mönche.«

»Du bekommst sechs goldene Solidi. Man hat mir berichtet, dass du eine Frau gefunden hast. Bist du glücklich?«

»Dank der Großzügigkeit Eurer Majestät führe ich jetzt ein ehrbares Leben.«

Im folgenden Frühling schickte Justinian Belisar nach Italien, dass er es zurückeroberte und Ostrom und Westrom wieder zum alten Römischen Reich vereinte. Theodora war erleichtert, der mögliche Thronräuber war jetzt in weiter Ferne, und sie war noch froher, als sie einen Brief von Antonina erhielt.

Palermo. Antonina an Ihre Majestät Theodora, Römische Kaiserin.

Allerteuerste Herrscherin, wir haben gerade Sizilien erobert und bereiten uns auf den weiteren Kampf gegen die Goten vor. Vorsichtshalber lasse ich die Post überwachen, ehe sie von dieser Insel nach Italien geht, denn die Spione, im Frieden schon eine Plage, sind in Kriegszeiten wie Sand am Meer. So habe ich erfahren, dass sich viele Orthodoxe über die Anwesenheit von Monophysiten in Konstantinopel aufregen und von Papst Agapet fordern, sich dorthin zu begeben und mit dem Kaiser zu disputieren. Du kannst also seinen Besuch erwarten.

Im Übrigen langweile ich mich hier schrecklich ohne Theodosius. Er weigert sich, zu uns zu stoßen, solange mein Sohn bei uns ist. Er hat Angst vor Photius, denn der kann ihn nicht ausstehen und würde ihn umbringen, nur um die Tugend seiner Mutter und Belisars Ehre zu retten. Alles dummes Zeug, aber ich bin todbetrübt. Ich beleidige meinen Sohn, demütige und ärgere ihn, nur damit er geht, aber der junge Mann hängt sehr an Belisar und will ihn nicht verlassen. Ich wäre Eurer Majestät sehr dankbar, wenn Sie seine sofortige Rückkehr fordern und Theodosius zum General abordnen würde, der ihn in seinem Stab gut gebrauchen könnte.

Gott behüte die Majestät. Deine sehr ergebene Antonina.

Theodora las den Brief ein zweites Mal. Aufmerksam, erleichtert. Was Belisar anging, so lief alles gut. Doch der angekündigte Besuch des Papstes machte ihr zu schaffen. Wollte er etwa das heikle religiöse Gleichgewicht stören, das sie und Justinian erreicht hatten? Agapet war ein Greis, die Patriarchen Anthemius und Severus wortgewaltiger, und mit Versprechungen und Gold würde man auch einen Papst überzeuen können.

Doch es kam anders. Eines schönen Märzabends traf er ein und war sehr rüstig und energisch. Er bat schon für den nächsten Tag um eine offizielle Audienz beim Kaiser. Vorher begab er sich in den Daphne-Palast und segnete die Kaiserin. Die empfing ihn freundlich, gaukelte ihm eine Kirche, ein Siechenhaus, ein Hospiz vor, um ihn zu einer gütlichen

Einigung und zu Duldsamkeit zu bewegen. Papst Agapet hielt es nicht für nötig, darüber mit einer Ketzerin zu reden, und versicherte ihr lediglich, die Probleme würden bei der offiziellen Audienz besprochen.

Im Morgengrauen legten die Würdenträger eilig ihre Staatsroben an, Leibwachen liefen durch Gänge und baten um Stille, und im Weihrauch-duftenden Thronsaal versammelten sich der Patriarch, die Bischöfe und Diakone, die hohen Staatsdiener, der Kaiser und seine Kammerherren. Endlich nahm der Papst, ein kleiner, gedrungener Weströmer mit ergrauendem Haar, gebieterisch auf einem goldenen Thron Platz, und Justinian fiel vor ihm auf die Knie, dass er ihn segnete.

Agapet war in einem von Goten beherrschten Land aufgewachsen und kannte weder das verfeinerte oströmische Zeremoniell noch die Unterwürfigkeit, mit der man den Augustus anzureden hatte, und so sagte er ohne Umschweife: »Als Nachfolger Petri bereiten mir die theologischen Abweichungen in Konstantinopel Sorgen. Ich fordere den Kaiser auf, die Ketzermönche nicht länger zu dulden, denn hier finden sie Zuflucht und freie Glaubensausübung. Zur Bereinigung der unklaren Situation soll Anthemius, der Patriarch von Konstantinopel, seine Orthodoxie beweisen und auf das Evangelium schwören, dass Christus zwei Wesen in sich vereint, ein göttliches und ein menschliches.«

Der gebieterische Ton überraschte, ja entsetzte die Anwesenden und ein Bischof ergriff das Wort, gemahnte an die Vorrechte des Erhabenen: »In der Heiligen Kirche darf nichts gegen den Willen und die Befehle des Kaisers geschehen.«

310

»Und was will der Kaiser?«, fragte Agapet.

»Dass du meine Meinung teilst«, antwortete Justinian trocken. »Und vergiss nicht, dass Meine Majestät von Gott dazu ausersehen ist, die Welt zu regieren, so wie das Auge zum Körper gehört, dass es ihn leite. Und zwischen Gott und der Majestät gibt es keine Mittler.«

»Aber die Zustimmung des Nachfolgers Petri ist auch erforderlich.«

»Der Nachfolger Petri muss zugeben, dass die Monophysiten in letzter Zeit nicht mehr so engstirnig denken«, beharrte Justinian, »und das hat sehr zum Seelenfrieden der Menschen beigetragen.«

Der Papst versteifte sich jedoch auf seine Meinung. »Die Überzeugungen der Monophysiten sind so vielfarbig wie ein Regenbogen. Das hat man in Alexandria während des bedauerlichen Aufstandes und der nicht minder bedauerlichen von dir angeordneten Unterdrückung sehen können. Die Einheit der Kirche lässt sich nicht mittels Abweichungen und Annäherungen herstellen. Das Konzil von Chalkedon hat die orthodoxen Dogmen genau formuliert, und daran muss man sich halten.«

Jetzt unterbrach ihn Patriarch Anthemius. »Es gibt viele Auslegungen des Geheimnisses Christi. Warum dürfen wir an Herz und Geist so beschränkten Menschen uns ihm nicht jeder auf seine eigene Weise nähern?«

»Die Kirche ist keine Herberge, in die jeder sein eigenes Essen mitbringt«, sagte der Papst aufgebracht. »Konzile mit den versammelten Bischöfen aus allen Städten entscheiden über den Weg der Wahrheit für die gesamte Kirche. Und jetzt frage ich dich: Du, Patriarch von Konstantinopel, erkennst du den rechten Glauben an, so wie er im Konzil von Chalkedon fest gelegt wurde?«

Anthemius sah wortlos erst den Kaiser, dann den Papst an.

»Bedeutet dein Schweigen, dass du ein Abweichler bist?«, fragte Agapet ungeduldig.

»Ich möchte zu Gott beten, ehe ich dir antworte.«

Zwei Leibwachen traten vor und führten Anthemius beiseite und in die Kirche. Im Raum herrschte drückendes Schweigen. Justinian trommelte mit den Fingern auf die Lehne, der Papst lächelte heiter, er schien sich nichts aus den Folgen seiner Aufforderung zu machen, er war überzeugt, dass er im Recht war.

Anthemius kam zurück, er war sehr blass und schlug ein Kreuz. »Ich schwöre bei Gott dem Allmächtigen, dass ich zu den Lehren von Severus, dem ehemaligen Patriarchen von Antiochia stehe.«

»Dann bist du nicht mehr Patriarch der Ostkirche«, antwortete der Papst ungerührt, »und morgen setze ich den orthodoxen Priester Menas an deine Stelle.«

Dann stand er auf, segnete die Versammelten und ging, gefolgt von einem langen Zug Geistlicher.

Justinian unterwarf sich den päpstlichen Befehlen. Dieser brüske Umschwung in der Religionspolitik, diese plötzliche Unterwerfung unter den Nachfolger Petri lösten Überraschung und beträchtliche Aufregung aus. Theodora war hin- und hergerissen zwischen ihrem Mann und ihrer geistlichen Familie. Und dann starb Papst Agapet plötzlich, und die Aufregung wurde so groß, dass man ein Konzil in Konstantinopel einberief.

Auf dieses Konzil setzte die Augusta ihre ganze Hoffnung. Falls Duldsamkeit und Versöhnung erreicht werden konnten, bedeutete das einen langen Religionsfrieden für das Römische Reich. Falls nicht … Sie wagte kaum zu denken, dass es wieder Verfolgungen geben könnte. Und so war sie völlig benommen, als sie hörte, was das Konzil beschlossen hatte, und ließ es sich mehrere Male vorlesen.

»Durch Gottes Weisheit inspiriert, erklären die auf dem Konzil von Konstantinopel im neunten Jahr der Regierung Justinians versammelten Bischöfe die Exkommunikation der Ketzer und aller monophysitischen Mönche, die in die Hauptstadt und ihre Umgebung eingedrungen sind. Sie belegen Anthemius, Severus, Zooras mit dem Kirchenbann und streichen ihre Namen in der Liste der Katholiken.«

Als man auseinander ging, so berichtete der Abgesandte, psalmodierten die Bischöfe: »Lang lebe der Kaiser! Lang lebe der Patriarch! Der Bannfluch über Zooras, Severus, Anthemius! Lasst uns Zooras' Schlupfloch ausräuchern! Lasst uns die Schlupfwinkel der Ketzer niederbrennen! Der christliche Glaube triumphiert!«

Ein völliger Schiffbruch.

Theodora stürmte in Justinians Gemächer, wo er wie üblich vor den Audienzen vor seinem Hausaltar betete.

Er sah sie an und hob die Hand. »Ich weiß schon, was du sagen willst, aber ich werde mich an die Beschlüsse des Konzils halten. Ich werde anordnen, dass sich Monophysiten nicht mehr in den großen Städten des Reiches niederlassen dürfen. Severus' Schriften werden verbrannt und die Ketzer werden in allen östlichen Provinzen wieder verfolgt. Selbst in Ägypten«, setzte er leiser hinzu. »Belisar ist gerade in Rom eingezogen«, fuhr er dann fort. »Ich erobere Italien zurück, ich erneuere das Römische Weltreich. Ich bin also im Osten wie im Westen der Beschützer des katholischen Glaubens, der Apostel Christi, ich kann mich nicht vom Nachfolger Petri lossagen und den Beschlüssen eines Konzils nicht gehorchen.«

Entschieden verweigerte er sich jeder weiteren Diskussion und seine Frau gab nach. Sie würde später darüber nachdenken, erst einmal musste sie ihre Freunde retten.

»Ich verstehe deine Gründe«, sagte sie. Das musste reichen. Im Frauengemach ließ sie Severus rufen.

»Mein teurer Vater, ich kann nur noch dein Leben retten. Gehe heute Abend zum Bukoleum-Hafen hinunter, dort erwartet dich ein Schiff, das dich nach Ägypten bringt. Es tut mir Leid, dass sich unsere Wege so trennen.«

»Ich bin auf dein Drängen gekommen«, sagte Severus, »aber ohne große Hoffnungen, denn ich habe niemals geglaubt, dass dieser Kaiser den Orthodoxen Zugeständnisse abringen würde. Ich freue mich, dass ich dich wieder gesehen habe, und werde zu Gott beten, dass er dich behüte. Lebe wohl, mein Kind.«

Theodora hielt die Tränen zurück, als der »Fels Christi« ging. Dann diktierte sie eine Botschaft an Zooras und riet ihm, sofort mit den Mönchen seines Klosters nach Syrien aufzubrechen, und bat Uranius, sie mit ein paar Prätorianern bis Galatien zu begleiten.

Nach dem Abendessen schickte sie ihre Dienerinnen und Eunuchen fort, ließ Anthemius rufen und empfing ihn in ihrem Schlafgemach.

»Mein lieber Freund«, sagte sie, »dein Leben ist in Gefahr. Wenn du willst, kann ich dir zur Flucht verhelfen. Aber du bist betagt, und die Reise könnte zu anstrengend für dich werden. Wenn du möchtest, verstecke ich dich in den Frauengemächern an einem Ort, den nur ich, Narses und der Diener hier kennen. Dort bleibst du, bis sich die Aufregung gelegt hat.«

»Ich danke der Majestät«, sagte Anthemius. »Ich will nur noch zu Gott beten und brauche nichts als einen Hausaltar.«

»Mehr nicht?«

»Doch, ich könnte noch Ikonen, Kerzen und fromme Bücher gebrauchen.«

»Die sollst du bekommen.«

»Was wird aus meinen Brüdern im Hormisdas-Kloster?«

»Ich verlange von Justinian, dass sie im Kloster bleiben dürfen, wenn sie zurückgezogen leben und nicht in die Stadt gehen. Der fromme Maras in seiner Hütte ist nicht mit dem Kirchenbann belegt worden und dürfte nicht verfolgt werden.«

Theodora war sehr bedrückt, doch Anthemius blieb gelassen.

»Majestät, mache dir nicht zu viel Sorgen. Gottes Wege sind unerforschlich und, wie du weißt«, setzte er mit einem Augenzwinkern hinzu, »dienen Märtyrer stets der höheren Ehre Gottes.«

Zwei Tage später suchte man vergebens nach den Schützlingen der Erhabenen und musste sich damit zufrieden geben, Severus' Schriften auf dem Augusteum zu Füßen der neuen riesigen Statue Justinians zu verbrennen, der dort hoch zu Ross auf einer Porphyrsäule stand.

Und wieder musste die Kaiserin Rauch atmen, Rauch, der ihr sagte, dass ihre Macht Grenzen hatte. Doch dieses Mal hielt ihr Mann nicht zu ihr. Er kümmerte sich nur noch um seine ehrgeizigen Pläne für ein neues Römisches Weltreich und für eine dazu passende Religionspolitik und redete lieber mit Johannes von Kappadokien – ihrem Feind! Sie wusste jedoch, Justinians zärtlicher Liebe tat das keinen Abbruch. Aber es ging nicht mehr um Liebe, denn es gab kein geliebtes Kind, keine Menschenmenge, die sie bezaubern musste und keinen anderen Mann. Es ging um die Macht.

Doch wenn sie eine Politik gegen den Willen des Kaisers verfolgte, musste sie paradoxerweise mit ihm einer Meinung sein, weil sie ohne ihn keine Macht hatte.

Er hatte die ersten Stunden der Nacht in ihrem Bett verbracht und wollte gerade als »Palastgeist« zu einem seiner langen Spaziergänge aufbrechen, als Theodora sagte:

»Wir Majestäten mussten uns heute vor dem Nachfolger Petri verneigen, aber warum kehren wir die Situation nicht einfach um?«

»Liebes, was willst du damit sagen?«

»Dass der Papst uns gehorcht und nicht wir ihm.«

Justinian musterte seine Frau ratlos und verwundert.

»Woran denkst du?«

»Es muss doch ein neuer Papst gewählt werden, und wir können jetzt einen vorschlagen, der den Monophysiten wohl gesonnen ist.«

Justinian zögerte, einerseits wollte er sich nicht länger mit Rom streiten, andererseits wollte er seiner Frau einen Gefallen tun. Er dachte kurz nach. »Ich lasse dir freie Hand für deinen Plan, aber du bekommst keine offizielle Unterstützung, denn das Ganze ist mir zu abhängig vom Zufall. Im

316

Grunde genommen denke auch ich, dass die Kirche dem Staat untertan sein sollte, Hauptsache, du regelst die Sache sehr diskret, damit es keine Gegenwehr gibt. Bis das jedoch gelungen ist, muss ich den Orthodoxen Achtung verschaffen und die Ketzer verfolgen.«

Da der Kaiser ihren Plan abgesegnet hatte, machte sich Theodora sofort an die Durchführung.

Kapitel neunzehn

Ehe sich Theodora in Machenschaften zur Ernennung des neuen Papstes stürzte, sorgte sie für die Liebe des Volkes, denn wer Macht ausüben will, muss möglichst viele Menschen hinter sich bringen. Ihre schlichte Frömmigkeit, ihre schauspielerische Begabung, ihre theologischen Kenntnisse, ihr Ehrgeiz, all kam ihr jetzt gut zupass. Sie ließ also die von Konstantin erbaute Kirche der Heiligen Apostel, eine sehr baufällige Basilika, erneuern.

Zusätzlich musste sie klarstellen, dass das Konzil von Konstantinopel für sie zwar eine Niederlage bedeutete, sie jedoch nichts an Macht und Ruf verloren hatte. Sie ging also mit einer Kerze in der Hand und einem Gefolge von dreitausend Personen zum vierten Hügel, der sich für den Bau einer so gewaltigen Basilika eignete. Anthemius von Tralles und Isidorus der Jüngere planten einen Bau in Form eines griechischen Kreuzes mit fünf Kuppeln, eine Kuppel in der Mitte und die anderen vier am Ende jedes Kreuzesbalkens.

Der Bauplatz selbst war zwar wenig geeignet, weil er unfern des Lykos-Baches gelegen war, doch Anthemius von Tralles zog mit einem Stock um die Ruinen des altehrwürdigen Gebäudes die Umrisse des künftigen Gebäudes in den Sand. Als er fertig war, ertönte die Silberorgel, und der Patriarch segnete den Ort.

»Ich bete zu Gott, dass Er durch diese Kirche gegenwärtiger in den Herzen der Römer wird und dass Er uns unsere fromme Herrscherin Theodora noch lange erhält.«

Ringsum stiegen Jubelrufe zum Himmel.

Auch wenn sich Theodora ganz ihrer Kirche widmete, suchte sie doch noch immer nach dem Mann, der sich als Papst einsetzen ließe. Er musste einerseits glaubwürdig für die Kirche, andererseits der Kaiserin für seine Ernennung dankbar sein. Ihre Wahl fiel letztendlich auf Diakon Vigilius, einen Nuntius aus Rom in Konstantinopel und außerordentlich ehrgeizig. Sie empfing ihn zusammen mit Narses und einem Schreiber.

Der Gottesmann warf sich nicht zu Boden, sondern verneigte sich so ungemein selbstsicher wie jeder, der aus einer Senatorenfamilie stammte. Hatte er etwa Wind von den Absichten der Erhabenen bekommen oder erriet er sie während der Unterhaltung?

»Vigilius, ich habe dich rufen lassen, weil ich über einen Plan in Zusammenhang mit den Beschlüssen des Konzils von Konstantinopel nachdenke.«

»Ich finde sie sehr ungerecht und falsch«, sagte Vigilius bedächtig. »Ungerecht, weil die Frömmigkeit der monophysitischen Mönche auch die verhärtetsten Herzen anrührt, falsch, weil sie schreckliche Verfolgungen bewirken. Niemand zweifelt daran, dass Papst Agapet schon krank war und die Folgen seines Starrsinns nicht mehr richtig abschätzen konnte.«

»Ich denke, der Inhaber des Heiligen Stuhles hatte keine andere Wahl«, sagte die Kaiserin lauernd.

»Das glaube ich nicht. Man kann eine tolerantere Politik verfolgen, ohne die Heilige und Apostolische Kirche infrage zu stellen.«

»Und wie könnte das nach den kürzlichen Beschlüssen des Konzils von Konstantinopel noch möglich sein?« Jetzt spielte Theodora die Arglose.

»Konzile sind nicht in Stein gemeißelt und dieses war nicht das erste.«

Und als die Kaiserin nichts sagte, wurde er deutlicher. »Mir scheint, ein Papst ist gut beraten, wenn er sich vor wichtigen Entscheidungen nicht nur mit den Orthodoxen berät, sondern auch mit so herausragenden Denkern wie Severus.«

»Dann würde er doch den Kirchenbann riskieren, oder?«

»Soll er sich etwa selbst damit belegen? Nur der Kaiser hätte das Recht, ihn an seinen Plänen zu hindern.«

»So hatte ich das noch gar nicht gesehen«, meinte die Erhabene. »Darüber muss ich nachdenken.«

»Ich werde alles tun, was die Majestät wünscht«, sagte Vigilius und schlug aus Angst vor einer falschen Antwort jede Vorsicht in den Wind.

»Ich danke dir für deine Treue und werde dich in meine Überlegungen einbeziehen.«

Als Vigilius gegangen war, sagte Theodora zufrieden: »Der gibt einen Papst ab, wie ich ihn brauche.«

»Ja«, gab Narses zurück, »ein Mann, der sein Fähnlein nach dem Wind hängt. Und was machst du, wenn der Wind dreht?«

»Dann ist er noch immer da, wohin ich ihn gesetzt habe. Er ist ehrgeizig und käuflich und wird mir zweifellos treu ergeben sein.«

Narses war noch immer nicht überzeugt. »Manchmal folgen auch ehrgeizige Menschen ihren Überzeugungen und fordern Unabhängigkeit, weil sie sich für Mittler zwischen Gott und den Menschen halten.«

»Hast du nicht gemerkt, wie er vor mir gekrochen ist? Der hat kein Gewissen, keine feste Überzeugung, aber er ist klug und machthungrig. Er wird uns gut dienen.«

»Er wird dir dienen, solange er Deine Majestät braucht. Und noch eines: Ich glaube, dass jeder Mensch von einem Tag auf den anderen tugendhaft werden kann.«

»Lieber Freund«, sagte Theodora nachdenklich, »manchmal glaubst du mehr an das Gute im Menschen als ich. Vielleicht hat mich die Macht so skeptisch gemacht.« Und dann etwas ärgerlich: »Im Augenblick geht es gar nicht darum, ob mich Vigilius eines schönen Tages verraten wird, sondern darum, wie ich ihn zum Papst mache.«

Sie rief ihren Schreiber und diktierte:

Die Römische Kaiserin Theodora an General Belisar und seine Gattin Antonina im zehnten Jahr der Regierung Justinians.

Geliebte Patrizier! Ich freue mich, dass Ihr in Rom eingezogen seid und mir vielleicht eine dringende Bitte erfüllen könnt. Nach dem niederschmetternden Konzil von Konstantinopel, das meine lange und beharrliche Arbeit für Religionsfrieden vernichtet hat, haben die Verfolgungen in den Provinzen bis hin nach Ägypten erneut begonnen. Manchmal werden auf öffentlichen Plätzen Dinge getan, die selbst Heiden abstoßen, so zahlreich sind die brennenden Scheiterhaufen.

Eine Situation wie diese darf nicht von Dauer sein. Daher muss ein Papst auf den Heiligen Stuhl, der wie Wir Religionsfrieden im Kaiserreich will. Der Augustus ist zu sehr mit der Eroberung Italiens beschäftigt und hat keine Zeit, sich persönlich damit zu befassen. Ich zähle also auf Euch, dass Ihr diese Ernennung betreibt. Diakon Vigilius wird Euch diesen Brief als vorgesehener nächster Nachfolger Petri überbringen. Ich zähle darauf, dass Ihr Euch eifrig für seine schnelle Wahl einsetzt. Gott behüte Euch. Kaiserin Theodora.

»Ich weiß«, sagte sie zu Narses, »du magst das Paar nicht, aber es ist nützlich. Politik hat nichts mit Herz zu tun.«

»Im Gegenteil, ich finde, Politik richtet sich sehr oft nach aufgewühlten weiblichen Herzen.«

Theodora war nicht nach Scherzen zumute.

»Vergiss nicht, dass auch du einer Frau sehr viel verdankst«, gab sie trocken zurück.

Ein paar Wochen später erhielt Theodora folgenden Brief:

Rom. Antonina an die Römische Kaiserin.

Meine allerteuerste Herrscherin! Im vergangenen Monat hat sich vieles in Rom ereignet. Nach dem Tod von Papst Agapet hat der König der Ostgoten Silverus wählen lassen, ein Mann, der die Beziehungen zwischen Barbaren und Kaiser anscheinend mit leichter Hand regelt. Und weil Silverus uns seine Treue beweisen wollte, hat er unserem Heer den Einzug in Rom ermöglicht, wo wir nun in einem Palast auf dem Pincio wohnen. Vigilius kommt zu spät. Ich warte auf Anweisungen Deiner Majestät. Deine treue Antonina.

Theodora hatte bereits einen Fehlschlag ihrer Religionspolitik hingenommen, einen weiteren akzeptierte sie nicht. Ohne Justinian einzuweihen, diktierte sie auf der Stelle:

Konstantinopel. Die Römische Kaiserin Theodora an General Belisar und seine Gattin Antonina.

Geliebte Patrizier! Der Religionsfrieden muss wieder hergestellt werden, daher müsst Ihr von Papst Silverus verlangen, dass er den monophysitischen Priestern die erforderlichen Genehmigungen erteilt und die *von mir berufenen und fortgejagten Patriarchen wieder einsetzt. Sollte Silverus sich meinen ausdrücklichen Befehlen widersetzen, so sucht falsche Zeugen, die ihn des Verrats am Kaiser und der Verschwörung mit den Goten bezichtigen. Dann seid Ihr im Recht, wenn Ihr ihn enthebt und an seiner Stelle Vigilius einsetzt, denn der ist der kaiserlichen Sache treu. Ich rechne auf Eure ergebene Mitarbeit. Gott behüte Euch.*

Theodora.

Zwei Monate vergingen ohne Nachrichten aus Rom. Hatte Belisar ihre Aufforderung etwa missachtet? Hatte sich Antonina lieber mit den Goten und dem Papst verbündet? Und so öffnete Theodora denn ängstlich und aufgeregt eine weitere Botschaft ihrer engsten Freundin.

Rom. Antonina an Kaiserin Theodora. Im Frühling des zehnten Jahres der Herrschaft Justinians.

Allerteuerste Herrscherin. Belisar hat die Befehle Deiner Majestät ausgeführt, allerdings nicht ohne Schwierigkeiten. Er hatte Skrupel, denn er ist ein aufrechter Mensch und wollte keinen Papst absetzen, der seinem Heer Einlass in Rom verschafft hat. Und Silverus hat sich gewehrt und uns zum Handeln gezwungen. Er hatte sich auf dem Aventin verschanzt, unsere Leibwache musste ihn suchen und zu uns auf den Pincio bringen lassen. Ich habe zu ihm gesagt:

»Heiligkeit, du willst die kaiserliche Politik einfach nicht begreifen, also bist du von jetzt an Mönch.«

Er wirkte benommen, sagte, dass sei gegen das Gesetz, doch ein Diakon hat ihm das Pallium abgenommen, ihn in ein Nachbarzimmer geführt und ihm eine Mönchskutte angezogen. Drei Soldaten haben ihn dann zur Insel Pontinus gebracht. Gemäß Deinen Wünschen ist Vigilius am neunundzwanzigsten März gegen den Widerstand der römischen Geistlichkeit als Papst eingesetzt worden. Wir haben Deine Befehle also mit der geforderten Schnelligkeit ausgeführt.

Das Barbarenheer hat den Belagerungsring geschlossen, viele Römer hungern. Aber Belisar siegt in den meisten Gefechten, und wir hoffen, dass wir die Belagerung durch Verhandlungen beenden können.

Deine ergebene Antonina.

Der Kaiser war entgeistert, doch Narses machte ihm klar, wie schwierig eine Wiedereinsetzung von Silverus werden würde. Antonina lieferte Silverus an Vigilius aus und der schickte seinen Vorgänger auf eine unwirtliche Insel, wo er dann schmählich verhungerte.

»Du siehst also«, sagte Theodora zum Großkämmerer, »alles ist, wie ich es mir wünsche.«

»Mit Verlaub, Majestät, ich finde deinen ehrgeizigen Starrsinn bedauerlich.«

Theodora wollte schon scherzhaft reagieren, aber Narses fuhr unerbittlich fort: »Ich habe keinerlei Zutrauen zu diesem Vigilius, der verspricht doch alles, nur um seine eigene Sache zu fördern, und er versteht sich sehr gut darauf, seine niedere Gesinnung und seinen persönlichen Ehrgeiz zu verbergen. Die Majestät hat sich schon einmal in einem Mann getäuscht. Der Patriarch, den ich Alexandria nach langen Monaten des Bürgerkrieges aufzwingen musste, macht, was er will!«

»Er wird schon noch gehorchen.«

»Das würde mich sehr wundern. Aber das Schlimmste ist, du hast den Kaiser aufgeschreckt, und der lässt sich jetzt von orthodoxen Fanatikern zu Verfolgungen anstacheln.«

Theodora hob die Hand, wollte ihn unterbrechen, doch Narses redete unbeirrt weiter: »Zum Schluss lass dir gesagt sein, dass Johannes von Kappadokien Justinian pausenlos in

den Ohren liegt, du hättest deine Rechte als Kaiserin überschritten, ein Beispiel für Ungehorsam gegeben und die kaiserliche Autoritiät beschädigt.«

»Ich danke dir für diese Information«, gab sie kühl zurück.
»Es wird Zeit, dass ich mich um ihn kümmere. Und jetzt verlasse mich, ich will ins Bad.«

Narses ging bekümmert. Wie üblich hatte er aus seinem
Herzen keine Mördergrube gemacht, aber er wollte es sich
mit Theodora auch nicht verderben.

Doch die Römer vergaßen Theodora und den neuen Papst
schnell, sie interessierten sich nur für eines, nämlich den Bau
der Hagia Sophia. Ob Christ oder Heide, ob Hungerleider
oder Mächtiger, jeder staunte über die prächtige Kuppel und
man erzählte sich viel über die Wunder im Inneren. Und
man lobte Justinians niemals erlahmendes Interesse, weil
dieser Tag für Tag die Baustelle besuchte, manchmal sogar
mehrmals täglich, denn schließlich sollte das prächtige Gebäude in nicht einmal fünf Jahren erstehen.

Die Einweihung der riesigen Kirche fand an einem Sonntag im Dezember zwei Tage nach Weihnachten statt. Und
schon eine Woche vorher erlebte Narses seinen Herrn mehr
als ausgelassen.

Am siebenundzwanzigsten Dezember fünfhundertsieben-
unddreißig stand Justinian noch früher auf als gewöhnlich,
wollte den Tag heraufdämmern sehen, denn die Sonne musste bei dem Fest mitspielen. Und das strahlende Gestirn tat
ihm den Gefallen, war stolz darauf, dass es die schönste Kirche der Christenheit schimmern lassen durfte, und hüllte
sich nicht in Wolken.

Narses zog seine Staatschlamys aus Goldtuch an, die Kammerherren kleideten den Kaiser in drei Tuniken, damit er nicht fror, setzten ihm die Krone aufs Haupt und legten ihm den Purpurumhang um. Würdenträger hasteten durch die Wandelgänge, holten ihre Staatsroben. Eine Stunde später überquerte ein glänzender Zug mit vergoldeten Schilden, Helmen, Stäben, Ketten, Gürteln, roten Federbüschen und vielfarbigen Seiden das Augusteum.

Vor der Hagia Sophia stand Narses einen Schritt hinter dem Kaiser und strahlte. Vor ihm erhob sich die Basilika wie eine Mittlerin zwischen Himmel und Erde, ihre hohen Säulen waren im Boden verwurzelt und die Kuppel ragte bis ins Reich Gottes. Ganz kurz verspürte der Eunuch ein wahrhaft vollkommenes Glück. Sein Glaube, seine Ergebenheit dem kaiserlichen Paar gegenüber, seine Freude an Archiven – die Hagia Sophia war sicher eine der eindrucksvollsten Errungenschaften dieser Kaiserzeit –, all das vereinte sich zu einem Augenblick von außergewöhnlicher Eindringlichkeit.

Das erste Portal, das so genannte Schöne Portal, öffnete sich auf das Atrium der Schönen Quelle, und hier blieb der Kaiser stehen. Die Gewölbe waren mit Mosaiken geschmückt, die Wände aus Marmor. In der Vorhalle der Basilika bauten Diener mit Vorhängen ein Mitatorium, hinter dem Narses Justinian die Krone abnahm, denn in der Kirche war allein Gott der Herr. Dann ging der Erhabene zum Patriarchen, der ihn auf der Schwelle zum Kirchenschiff erwartete und ihn in das Heiligtum führte. Dort übermannte Justinian die Begeisterung für sein eigenes Werk und er stürmte allen voran unter die Kuppel und rief: »Lob und Ehre sei Gott in der Höhe, der mich für würdig erachtet hat, ein solches Werk zu schaffen. O Salomo, ich habe dich übertroffen.«

Der Patriarch zeigte seine Missbilligung nur verstohlen, Narses musste im Stillen lachen und überlegte, ob der Kaiser, wenn er sich auf Salomo berief, an den reichen und weisen König Israels dachte, der in Jerusalem den biblischen Tempel bauen ließ, oder an Anicia Juliana, die ihn und Theodora mit den Goldbehängen in ihrer Kirche hatte demütigen wollen.

Nach diesem unerwarteten Zwischenfall wurde es wieder feierlich. Und als der Eunuch in die Basilika einzog, konnte er bei so viel Schönheit die Tränen kaum zurückhalten. Er wusste nicht, was er mehr bewundern sollte: das Licht, das durch vierzig offene Fenster unten an der Kuppel fiel, oder die zahlreichen Öffnungen in den dicken Wänden oder die Gewölbe mit den Goldmosaiken und den zierlichen Ornamenten oder den vielfarbigen Marmor auf Mauern und Fußboden. Es war des Staunens kein Ende.

»Heilige Muttergottes«, flüsterte er, »schütze diese Kirche noch viele Jahrhunderte. Möge sie niemals wie der erste Tempel Israels zerstört werden.«

Der Patriarch geleitete den Kaiser ins Allerheiligste und der legte seine Spende in einem Seidenbeutel auf das goldbestickte Altartuch. Dann ging der Erhabene zum Hausaltar in einer Seitenkapelle rechts vom Allerheiligsten, dort gesellte sich Narses zu ihm. Justinian war völlig durcheinander vor Stolz und Freude.

»Wir schenken der Hagia Sophia in der Umgebung von Konstantinopel einhundertfünfundsechzig Güter und au-

ßerdem sollen sich fünfhundert Geistliche um dieses Welt-
wunder kümmern.«

Narses wollte schon antworten, doch da sah er, dass die
Miene seines Herrn noch fröhlicher wurde, denn jetzt kam
die Kaiserin in einem violetten, pelzgefütterten Umhang,
trat durch die Königliche Pforte und küsste das Evangelium,
das ihr ein Bischof hinhielt. Und in all dem hellen Licht, dem
glänzenden Gold strahlte die Augusta vor Glück noch mehr
als gewöhnlich, ja, sie wirkte fast überirdisch. Justinian hatte
sie gebeten, die Baustelle der Hagia Sophia nicht mehr auf-
zusuchen, weil er sie überraschen wollte, und das war ihm
gelungen! Alle Kapitelle der Marmorsäulen hatten ein Me-
daillon mit den Initialen Theodoras und Justinians. Und als
sie auf das Allerheiligste zuschritt, betrachtete sie hingerissen die Medaillons, die künftigen Christen im Westen wie
im Osten nicht nur ihren Namen und die Liebe des Kaisers
anschaulich machten, sondern auch ihre Macht.

Oben an der hölzernen Wendeltreppe waren dann die Kapitelle, die sie verewigten, und nun ging Theodora zu ihrem
Platz auf der größten westlichen Empore gegenüber dem
Altar. Ihre Hofdamen scharten sich um sie und auf der nördlichen Empore versammelten sich die Ehefrauen der Männer, die unten im Kirchenschiff standen.

Theodora war zu bewegt, um der Messe aufmerksam zu
folgen, aber sie richtete den Blick auf Justinian, der ganz im
Hintergrund rechts stand, ein Mensch, nichts als ein
Mensch, und trotzdem hatte er dieses Wunder geschaffen!
In den ersten Reihen erblickte sie Johannes von Kappadokien, der wie gewohnt heidnische Gedichte vor sich hin
murmelte, und den treuen Narses. Wie war er doch an sei-

nen Aufgaben gewachsen, dieser weise, kluge, aufrichtige Mann, der nichts anderes wollte, als seinem Herren dienen!

Sie staunte nicht mehr wie bei ihrer Krönung, denn unter ihr Staunen hatte sich damals ein wenig Rachsucht gemischt. Was bedeutete ihr jetzt noch diese Menschenmenge. Hauptsache, sie verhielt sich ruhig. Ihr Ehrgeiz galt von nun an nur noch Religion oder Politik, Macht und Glauben.

Nach der Verwandlung traten die Männer zu Justinian und gaben ihm den Bruderkuss, die Frauen empfingen den der Kaiserin. Als der Zug schimmernd näher kam, fiel Theodora das Bild ein, das sie sich als kleines Mädchen gemacht hatte: ein Zug von Gerechten, die zu Gott hochschwebten.

Die Messe war gelesen, und der Kaiser zog sich in das Speisezimmer seiner Gemächer in der Hagia Sophia zu einer kleinen Stärkung vor der Kommunion zurück, Theodora stieg die Treppe hinunter, trat durch die kleine Tür und ging zum Heiligen Brunnen. Den Brunnenrand mochte sie besonders, weil sich Christus bei seiner Unterhaltung mit der Sünderin auf einen ähnlichen gestützt hatte; sie empfand noch immer großes Mitleid mit missbrauchten Mädchen und Frauen.

Am Abend gab es ein üppiges Festmahl im Saal der Neunzehn Klinen. Theodora und Justinian waren auf der Estrade von den höchsten Würdenträgern umgeben: Narses, Tribonianus, der Spendenpräfekt, der Präfekt der Ställe, der Präfekt der Leibwache und Johannes von Kappadokien. Die goldenen Teller, die seidenen Wandbehänge, die Mosaiken, alles schimmerte und leuchtete. Theodora und Justinian warfen sich verständnisinnige Blicke zu, er strahlte vor Freude, weil er seine Gemahlin mit seiner Kirche so hatte beeindrucken können, sie strahlte vor Liebe zu einem Kaiser und vor Dankbarkeit für die Macht, die er ihr verlieh. Trotz der vielen Menschen, die sie umgaben, spürten sie ihre Zweisamkeit, waren vereint in diesem Triumph, und beide brannten vor Ungeduld, ganz allein zu sein.

Endlich war das Mahl zu Ende. Während der Nachspeise traten Musikanten auf und besangen die Geburt Jesu. Und auf einmal sagte Johannes von Kappadokien: »Diese Musik ist ein wenig langweilig. Wie wäre es mit einer kleinen Abwechslung, einem Schauspiel oder einer Pantomime? Die Majestät ist doch bestimmt meiner Meinung.«

»Die Majestät ist der Meinung, dass sich der Himmel mehr über fröhliche Komödianten freut als über ungläubige Seelen. Der Finanzpräfekt ist doch bestimmt meiner Meinung.«

Der Kappadokier hatte sie jäh daran erinnert, wie sehr er sie verachtete, und das schmälerte dieses wunderbare Fest. Er hatte sie gekränkt, ihre Ehe gestört, ihr Ansehen im Palast und in der Stadt beschmutzt. Es wurde Zeit, dass sie dem Ganzen ein Ende machte.

Kapitel zwanzig

Johannes von Kappadokien ging nun regelrecht zum Angriff auf die Kaiserin über und verunglimpfte sie methodisch bei Justinian.

Als sie sich eines Abends wieder einmal einen unerquicklichen Bericht in dieser Sache hatte anhören müssen, kam sie wutentbrannt in den Wohnraum der Frauengemächer, wo Hofdamen und Dienerinnen bei Kuchen und Obstsaft saßen. Die Frauen spürten ihren Zorn und verstummten.

»Jemand ist ihr auf die Zehen getreten«, murmelte Indaro.

»Heute Abend«, sagte Theodora, »wird mein Gemahl bei mir speisen. Ich möchte, dass ihr ihn mit Musik empfangt, danach könnt ihr euch zurückziehen.«

»Sie braucht ihn noch immer, er ist ihre letzte Zuflucht«, flüsterte Indaro.

»Frauenschicksal. Ohne unsere Ehemänner sind wir nichts, und die müssen wir pausenlos verführen, damit sie uns gehorchen«, meinte die träge Chrysimallo. »Irgendwie ist die Ehe anstrengender als das Kurtisanenleben. Und langweiliger. Immer nur Saturninus.«

»Ein Ehemann ist nun mal hinderlich bei anderen Eroberungen«, sagte Indaro.

»Ich liebe meinen Mann. Ich bin wie die Kaiserin. Du merkst ja, wie besorgt sie immer um ihn ist.«

»Ich merke vor allem die Vorteile.«

Abends putzte sich Theodora für das Essen mit Justinian prächtig heraus. Perlen machten ihr Gesicht weicher und ihre schwarzen Augen noch strahlender. Erst plauderten sie über Chosroes' Verrat, dann ging Theodora zu Belisars italienischen Siegen über und schnitt damit ein Thema an, das ihm am Herzen lag.

»Diese Siege kommen sehr unerwartet, das Heer hatte ja doch Tausende von Kranken.«

Justinian wunderte sich.

»Johannes von Kappadokien«, sagte Theodora jetzt, »hat den Soldaten für die Überfahrt halb verschimmeltes Brot mitgegeben, wollte sich an ihrem Essen bereichern.«

Als Justinian den Namen seines Präfekten hörte, wusste er, was kam, und so unterbrach er sie schnell. »Du bist doch viel zu klug, du kannst doch nicht an das Sprichwort glauben: ›Kappadokier sind von Natur aus schlecht; gib ihnen Raum, und sie werden noch schlechter; zeige ihnen Geld, und sie werden abscheulich.‹ Das ist bei Johannes nicht der Fall und das weißt du sehr wohl.«

»Deine Güte und dein Wohlwollen machen dich einfach blind. In genau diesem Augenblick beschneidet der Präfekt den Sold der Soldaten, die Pensionen der Beamten, erhebt Steuern auf Getreide und wird am Ende mit diesen abscheulichen Methoden einen neuen Volksaufstand auslösen.«

»Liebste, alle reden nur Gutes über Johannes und sind froh über seine Verwaltungsreformen.«

»Auch die, die er in den Gefängnissen foltern lässt?«

»Solche Freveltaten kann ich mir in einem christlichen Reich nicht vorstellen und es betrübt mich, dass du so widerwärtigem Klatsch dein Ohr leihst.« Aber er spürte den Zorn seiner Frau und setzte hinzu: »Das Eherne Haus ist jetzt fertig, es fehlen nur noch die Mosaiken. Wir beiden sollen dort beim Empfang der besiegten Könige Afrikas und bald auch der Italiens zusammen mit der Beute dargestellt werden. Was hältst du davon?«

Theodora konnte nie genug von lobenden Bildern und Inschriften bekommen. Der Gedanke stimmte sie milder, und die Unterhaltung wandte sich der Lage der Frauen zu, ein Thema, bei dem das Kaiserpaar einer Meinung war: Man musste nicht nur für das Los der Freudenmädchen etwas tun, sondern auch für das der Ehefrauen und Witwen.

»In meiner nächsten Verordnung steht noch einmal, dass Ehen nicht nur aufgrund der Mitgift geschlossen werden dürfen, sondern dass die Verlobten auch damit einverstanden sein müssen. Und dass Entführung, ganz gleich, ob Freie oder Sklavin, mit dem sofortigen Tod bestraft wird.«

Justinian kannte die Gesetze und erläuterte ihr: »Ich habe vor, einem Mann, der seine Frau beim Ehebruch ertappt, das Recht zuzugestehen, den Liebhaber zu töten, nicht jedoch seine Frau. Ehebruch soll kein Grund für Scheidung sein, denn man muss die Ehe stärken. Und in der Verordnung steht noch einmal, dass keine Frau zur Prostitution oder Schauspielerei gezwungen werden darf, wenn sie es nicht selbst will.«

»Bedenke bitte auch die Witwen, Waisen und Kranken, die man ja ganz rechtmäßig betrügen kann!«

Justinian sah seine Frau gerührt an und ergriff ihre Hände. »Bestimmt, du meine hervorragende und weise Herrscherin. Ich danke Gott jeden Tag, dass er dich an meine Seite gestellt hat.«

Theodora genoss zwar die kostbaren Augenblicke, wenn Justinian ihr ganz gehörte, zu anderer Zeit aber kannte sie nur noch ein Ziel: Der Kappadokier musste vernichtet werden. Bei ihrem Mann darauf zu bestehen, brachte gar nichts, also war es ihre Sache allein. Wer würde weichen müssen, Johannes oder sie? Laut Narses brauchte Justinian sie beide. Und Justinian mochte Johannes sehr. Und sie, ja, sie war eifersüchtig, weil er so großen Einfluss auf den Augustus hatte. Manchmal hasste sie den Kappadokier auf eine geradezu sinnliche Weise, genoss es, sich seine Ermordung vorzustellen, einen langen und qualvollen Todeskampf, doch das wäre ein politischer Fehler. Und dann wieder erschrak sie vor ihren Gewaltphantasien, durchquerte die Gärten des Palastes, musste sich von den Mönchen im Hormisdas-Palast segnen lassen und ihnen Geschenke bringen in der Hoffnung, dass diese und deren Gebete sie in den Augen des Herrn von ihren bösen Gedanken reinwaschen würden.

Das beruhigte zwar, aber trotzdem plante sie weiter ihren Rachefeldzug. In der jetzigen Situation gab es für den Kaiser keinen Grund, den Präfekten zu entfernen. Wenn er anderen Sinnes werden sollte, musste ihr etwas einfallen.

Und so ließ sie Herais, das ehemalige Freudenmädchen aus dem Bordell der alten Hurenmutter, in ihr Schlafgemach rufen. Die immer etwas traurige junge Frau verbeugte sich.

»Herais, keine meiner Dienerinnen ist so zurückhaltend

wie du, denn du verlässt das Frauengemach nie. Und weil dich niemand kennt, möchte ich dich um einen für dich vielleicht unangenehmen Gefallen bitten.«

Herais wurde rot und verbeugte sich noch einmal. »Ich will nichts weiter, als der Majestät dienen.«

»Ich muss wissen, was Johannes von Kappadokien heimlich in seinen Privatgemächern treibt. Du bist mutig und vorsichtig und eignest dich hervorragend für diese Aufgabe. Der Gärtner, der sich um die Zitronenbäume kümmert, wird dir dabei helfen. Er ist einer meiner Spione im Palast des Kappadokiers. Du wirst gut bezahlt und kannst danach gern Konstantinopel verlassen, dir ein Haus kaufen und dir einen Mann suchen.«

»Gott segne Eure Majestät für ihre Güte.«

»Morgen holt dich der Gärtner ab und bringt dich zum Großkämmerer des Präfekten. Gib dich unterwürfig und rede nicht viel. Nein, stumm ist besser. Du bist stumm.«

Einige Zeit später ging Theodora mit einem Gefolge aus Priestern, Hofdamen und Beamten zur Kirche des Heiligen Sergius und Heiligen Bacchus in der Nähe des Hormisdas-Palastes. Auf der Schwelle blieb sie kurz stehen und las an einem Pfeiler: *Gott, wir bitten Dich, gib Theodora mehr Macht, denn sie ist von Dir gekrönt und sehr fromm und kümmert sich um alles, was auf dieser Welt gut ist.*

Etwas weiter rechts erblickte sie im Halbdunkel eine verstörte Herais. Theodora winkte sie zu sich.

»Wir treffen uns um vier Uhr im Hormisdas-Kloster.«

Dann wandte sie sich der Schar der wartenden Priester zu.

In der Abenddämmerung dieses frischen Herbsttages strahlte die Sonne das asiatische Ufer an und ließ das Meer schimmern, doch alle Schönheit dieser Welt konnte die verschreckte Herais nicht beruhigen.

»Lass uns zuerst zu den Mönchen gehen, damit sie für unsere Seelen beten«, sagte Theodora sanft.

Sie überreichte ihre Gaben, kniete vor den Mönchen nieder und lauschte anderen, die ihr von Severus' traurigem, elenden Tod berichteten.

Dann setzte sich Theodora mit Herais in eine Zelle. »Hier kann uns niemand hören. Was ist beim Präfekten passiert?«

»Er ist ein Dämon. Die Majestät kann sich nicht vorstellen, wie schlecht er ist. Er läuft herum wie ein Irrer und droht mit den schlimmsten Grausamkeiten. Ich habe gedacht, ich sehe den leibhaftigen Satan. Grässlich!«

»Beruhige dich. Ich verstehe gar nichts. Sprich langsam und deutlich.«

Herais seufzte ein-, zweimal tief und berichtete weiter. »Seine Exzellenz trinkt und isst wie ein Verrückter und die Hälfte erbricht er dann auf die Teller der Frauen ringsum und drückt ihre Schenkel auseinander.«

Theodora hatte kein Interesse an diesen Spielen, auch wenn sie barbarisch waren. »Weiter!«

»Danach geht der riesige Mann die Treppe hoch, eine wunderschöne Treppe mit Mosaiken und Lampen mit Diamanten, so was Schönes habe ich noch nie gesehen. Nicht mal im Kaiserpalast.«

»Und dann?«

»Dann geht er misstrauisch an seinen vierzig Soldaten vorbei, die vor seinem Schlafzimmer Wache stehen, überzeugt sich, dass kein Fremder darunter ist, und wiederholt: ›Hütet euch vor der Satanstochter. Vielleicht will sie mich heute Nacht ermorden. Sie hat schon einen Papst abgesetzt, der ist jetzt tot, und nun will sie mich erwürgen.‹ Dann ruft er mich. ›Herais!‹ Ich gehe zu ihm, und er befiehlt: ›Geh du voran in mein Schlafzimmer. Wenn sich hinter der Tür ein Verbrecher versteckt, bringt er dich zuerst um.‹ Und lacht und lacht und erbricht noch mehr Essen. Wenn wir im Zimmer sind, fragt er: ›Ist jemand drinnen?‹ Ich schüttele den Kopf, denn ich soll ja stumm sein. Er wirft mir einen durchdringenden Blick zu. ›Wenn du gelogen hast, lasse ich dich umbringen!‹

Dann sieht er hinter Wandbehängen, Fensterbehängen nach, macht Truhen auf und schiebt Kissen hin und her.

›Herais, schlage meine Bettdecke auf, ich will sehen, ob sich dort jemand mit einem Dolch versteckt.‹ Endlich legt er sich hin und schläft. Manchmal wacht er mitten in der Nacht auf und schreit: ›Zu Hilfe! Zu Hilfe! Sie ermordet mich!‹

Bei Vollmond lässt er einen Zauberer aus einer Sekte kommen, die sich dem Satanskult widmet, und der behauptet – hier schlug Herais ein Kreuz – ›dass er der wahre ältere Sohn Gottes ist‹. Der Zauberer kommt um Mitternacht zusammen mit einem widerlichen kleinen Mann mit rotem Gesicht und einer kleinen Truhe mit einem Abbild des Teufels und dazu noch Kerzen, die er dann anzündet. Und vor dieser scheußlichen Ikone schwenkt der Zauberer ein Weihrauchgefäß und murmelt Worte in einer Sprache, die ich nicht verstehe. Dann schreibt er einen Namen auf eine Bleitafel. Ich kann nicht lesen, aber ich glaube, es ist der Name

Deiner Majestät. Diese Tafel legt er auf einen großen Goldteller, und dann holt der Mann mit dem roten Gesicht ein Fläschchen mit Blut hervor. ›Ist das auch Blut von einem Neugeborenen?‹, sorgt sich seine Exzellenz. ›Ja. Von einem Kleinkind, das vor den Bädern ausgesetzt wurde.‹ Nun gießt der Zauberer das Blut auf die Tafel mit dem Namen Deiner Majestät und sagt: ›Auf dass das Blut des weiblichen Dämons, der Kaiserin Theodora, aus ihrem Körper fließe und Satan ihre Seele mitnehme.‹ Darauf tropft er einen Tropfen Blut in Johannes' Mund, und der antwortet: ›So soll es sein. Möge der Saten seine Kreatur, diese Ausgeburt der Hölle, mitnehmen.‹«

Herais schwieg und unterdrückte einen Schluchzer. Die Augusta wischte ihr eine Träne von der Wange.

»Ich danke dir, mein Kind. Ich muss dich bitten, noch ein Weilchen bei Johannes zu bleiben, danach kehrst du in den Palast zurück.«

Theodora zog einen Ring für das junge Mädchen vom Finger, doch die wollte ihn nicht annehmen.

»Ich brauche ein kleines Kreuz, das mich beschützt.«

»Der Gärtner wird dir eines bringen. Du darfst jetzt gehen.«

Theodora war abergläubisch, daher bekam sie Angst vor dem bösen Zauber, und nur der Segen der Mönche konnte diese Angst allmählich beschwichtigen. Außerdem lieferte ihr Herais' Bericht keinen Grund, um den steinreichen und mächtigen Präfekten zu verbannen. Natürlich war Zauberei im Kaiserreich verboten und wurde mit öffentlichem Auspeitschen bestraft, aber Justinian würde niemals nachfor

338

schen, wie sein heidnischer Finanzpräfekt seine Nächte verbrachte.

Es machte der Augusta schwer zu schaffen, dass sie so ohn-
mächtig war. Ihr Mann stellte sich absichtlich blind und taub
und setzte sein Vertrauen in den Kappadokier. Das machte
sie mehr als wütend und diese Wut nagte an ihrem Herzen.
Justinian war manchmal wie ein Bronzetor, an dem sie sich
den Kopf einrennen konnte.

Eines Abend jedoch sah sie endlich einen Silberstreifen
am Horizont. In der Nacht war Herais, begleitet von dem
Gärtner, gekommen. Das junge Mädchen wirkte nicht mehr
ganz so verstört.

»Du siehst etwas wohler aus«, meinte Theodora.

»Sie gewöhnt sich an diesen abartigen Menschen«, erklärte der Gärtner. »In der Schatzkammer ist jetzt ein Koch
zum Rechnungsführer ernannt, weil der ihm ein Perlhuhn
mit Meeresfrüchten aufgetischt …«

»Lass mich erzählen«, unterbrach Herais. »Der Präfekt
will Augustus werden und den Platz des Kaisers einnehmen.
Hat die Majestät bedacht, dass …«

»Ich habe bedacht … Weiter.«

»Ein Wahrsager hat ihm versprochen, dass er Kaiser wird
und die Staatschlamys des Augustus tragen wird. Seitdem
finden in seinem Schlafgemach geheime Zeremonien statt.
Er kleidet sich wie ein Hoher Priester, hüllt sich in Duftwol-
ken und fleht die Dämonen an: ›O Ihr Dämonen der Hölle,
die ich anbete, Ihr heidnischen, ungerechterweise vergesse-
nen Götter, nehmt dieses Lamm als Opfer an. Gebt mir die
Macht, Justinian zu stürzen, seine Frau ins Gefängnis zu werfen und mich auf den Thron zu setzen. Falls Justinian mich

daran hindert, werfe ich ihn in den Bosporus zu all den Heiden, die er hat hinrichten lassen. Meiner Wahl steht nichts im Wege, denn die Unfruchtbare hat keinen Erben geboren.‹ Und dann hat er so schrecklich laut gelacht. ›Und wenn ich Kaiser bin, soll diese Ausgeburt der Hölle in meinen Verliesen verschmachten, und ich sehe jeden Tag zu, wie ihr Stolz dahinschwindet und sie mich um Wasser und Brot anbettelt. Und ich als Augustus werde es ihr verweigern!‹

Und er hat den Zauberer noch einmal gefragt: ›Ist es ganz sicher, dass ich Augustus werde?‹ Und der Zauberer hat geantwortet: ›Wer an meinen Worten zweifelt, ist verflucht. Ergreife also die erste sich bietende Gelegenheit, überschreite die Schwelle und blicke nicht zurück.‹«

Alle schwiegen, dann sagte Herais: »Ich soll ihn jetzt auf seinen Reisen in die Provinz begleiten, er will nämlich, dass jeder den künftigen Erwählten Gottes kennen lernt. Was soll ich tun?«

»Begleite ihn noch eine gewisse Zeit, aber bitte nicht zu lange. Ich danke euch beiden für euer Kommen. Geht nun still und leise zurück.«

Theodora freute sich unbändig. Zwei Worte gaben den Ausschlag und ihr einen Ansatzpunkt: … Augustus … Unfruchtbar …

Augustus: Er wollte Kaiser werden. Wer die Wünsche des Feindes kennt, hat schon halb gewonnen. Man musste ihn nur noch anlocken. Unfruchtbar: Dieses schmerzliche Wort, das sie in den Augen der Würdenträger, der Höflinge, ja selbst in denen des Kaisers las, dieses eine Wort wies ihr den Weg. Johannes von Kappadokien hatte eine Tochter, die er abgöttisch liebte. Sie hieß Euphemia wie die letzte Kaiserin und würde der Köder sein, mit dem sie die Beute fing.

Eine schwierige Partie, die sie da spielte, aber in ihrem Kopf bereits fertig. Die Umstände waren günstig: Belisar hatte gerade Ravenna eingenommen und würde bald in Konstantinopel eintreffen. Sie würde Antonina und ihre Liebeleien schützen, und die würde ihr wiederum nichts abschlagen können und ihr beim Sturz des Präfekten behilflich sein.

Das Kaiserpaar erwartete die Rückkehr des Heeres aus Italien mit einiger Besorgnis, denn der siegreiche General war sehr beliebt. Belisar und seine siebentausend Söldner – zahlreiche Goten hatten sich den Vandalen, Persern, Mauren und Arabern angeschlossen – stolzierten durch die Stadt, als gehörte sie ihnen.

Narses ärgerte sich auch über diese triumphale Rückkehr. Im vergangenen Jahr hatte man ihn für ein paar Monate als General nach Italien abgeordnet, vor allem zur Überwachung Belisars. Doch das Doppelkommando hatte ihnen eine schmähliche Niederlage beschert, Narses wurde sofort in die Hauptstadt zurückgerufen und er war recht verbittert. Er war nicht das geworden, was er am liebsten sein wollte: Ein guter General und von seinen Soldaten geachtet und bewundert.

Und schlimmer noch nach diesem Schiffbruch: Belisar siegte nach Narses' Abzug aufs Neue. Er mochte Belisar einfach nicht, und noch weniger mochte er den jungen Theodosius, einen Gefolgsmann Belisars, der mit dessen Frau schlief. Dabei hatte Antonina durchaus ihre Qualitäten. Sie war mutig und klug, aber auch schlau, gerissen und todbringend, während seine Theodora sich damit begnügte, ihre Feinde in die Verbannung oder ins Kloster zu schicken.

Im Thronsaal fühlte sich Theodosius, inzwischen Verwalter im Hause Belisars, anscheinend fehl am Platz. Zweifellos bedrückten ihn die Ehre und die Reichtümer, die er der Liebesgunst einer Frau und nicht seiner Begabung verdankte – er war nämlich weder besonders mutig noch sonst irgendwie bemerkenswert. Er hielt den Kopf gesenkt und schämte sich seines großen und unverdienten Glücks.

Belisar warf sich zu Boden, um die Purpurschuhe zu küssen, und der Kaiser ließ ihn lange in dieser unbequemen Haltung liegen, bis die Leibwache den Sieger aufhob.

Seine Majestät, Justinian, von jetzt an Kaiser der Römer, Vandalen und Goten, beglückwünschte ihn nicht, bedankte sich auch nicht, sondern schickte ihn sofort wieder an die Front. »Wie du bereits weißt, mein teurer Patrizier, hat Chosroes, der Perserkönig, den ewigen Frieden gebrochen, hat den Tigris überschritten und bedroht die Grenzstädte. In Antiochia hat er ungezügelt plündern und abschlachten lassen, die dreißigtausend Überlebenden sind jetzt als Sklaven in seinem Land. Die Majestät schickt dich also zur Verstärkung der Verteidiger dorthin. Vorher aber musst du mir schwören, dass du niemals nach dem Thron streben wirst.«

Belisar war sehr verwundert, und da er keineswegs den Ehrgeiz hatte, Nachfolger der Apostel zu werden, antwortete er ohne zu zögern: »Ich schwöre bei dem Allmächtigen, den frommen und heiligen Majestäten, Justinian und seiner hochverehrten Gemahlin Theodora, treu zu sein und niemals nach dem Thron zu streben.«

Justinian lächelte schmal und wandte sich dann an den besiegten König. »Und du, Witigis, du wirst ehrenhaft behandelt, und deine Familie kann in Frieden und Sicherheit leben.«

Zum ersten Mal kam sich Narses vom Kaiser irgendwie hintergangen vor. Und weil er seine zwiespältigen Gefühle in den Griff bekommen wollte, nahm er sich ein Pferd und brach zu einem langen Ritt auf.

Zwei Tage später wartete Theodora auf Antonina, als Melone hereinstürmte, sich zu Boden warf und ohne ihre Erlaubnis zu sprechen herausplatzte: »Majestät, du hast mich mit der Überwachung von Belisars Palast beauftragt. Also, da herrscht helle Aufregung. Alle laufen mit Jammermiene herum, aber keiner sagt, was los ist. Ich kann noch so viele Follis anbieten, keiner nimmt sie. Und da habe ich mir gesagt: ›Melone, dieses eine Mal musst du deine Beine benutzen, auch wenn sie noch so kurz sind. Hier werden gefährliche Komplotte geschmiedet, und die musst du aufdecken.‹ Ich habe zwar vor Angst geschlottert, bin aber trotzdem auf einen Baum dicht am Fenster des ersten Stocks geklettert und habe für dich – für Deine Majestät wage ich eben alles – mein Leben riskiert und bin auf den Balkon gesprungen. Da habe ich dann Antonina mit zerzaustem Haar, rot geweintem Gesicht und verquollenen Augen gesehen – ach, ist die alt, wie alt ist sie eigentlich?«

»Sechsundfünfzig. Was hat sie gesagt?«

»Sie hat geschrien: ›Er ist weg! Er ist weg! Ein so ergebener, ein so nützlicher Freund. Was soll nur aus mir werden? Ich habe keine Freude mehr am Leben.‹

Der arme General hat mir Leid getan. Ein so mächtiger, so bewunderter General, dem alle gern gehorchen, und ist so unglücklich wegen des Liebhabers seiner Frau! Der Ärmste hat versucht, sie zu trösten. ›Er kommt schon wieder, keine Bange. Vielleicht ist er krank.‹ Und sie hat gekreischt: ›Krank? Dann bringe mich an sein Lager, ich will ihn pflegen, ihn gesund machen. Ich lasse Ärzte aus der ganzen Welt kommen.‹

Und dann hat man ihr einen Brief gebracht, auf den hat sie sich gestürzt, hat ihn gelesen und noch einmal gelesen und hat gesagt: ›Er ist ins Kloster gegangen. Er will ein frommes Leben führen. O Herr, erbarme dich!‹ Dann hat sie sich aufs Bett geworfen, und ich bin heruntergeklettert, weil ich dir das mitteilen wollte.«

Theodora lachte schallend. »Ins Kloster! Ob Theodosius mit geschorenem Schädel wohl noch so ansehnlich ist? Auf so etwas wäre ich nie gekommen. Melone, ich bin zufrieden mit dir. Geh, der Kammerherr wird dir Gold geben. Sag, ist deine Frau noch immer nett?«

»Ein Fischer mit einem Netz voller Fische könnte nicht glücklicher sein als ich. Aber falls sie mich betrügen sollte, die Schlampe, muss sie auf der Stelle das Haus verlassen. Und so ein Theater wie bei der Frau des Generals, das gibt es bei mir bestimmt nicht.«

Eine Woche später bat Belisar, vom kaiserlichen Paar privat empfangen zu werden, und wurde zu einem Essen in kleinem Kreis geladen. Kaiser und Kaiserin hatten beide ausnehmend gute Laune, weil Belisars Ehesegen schief hing und er niedergedrückt war.

Theodora ließ sich Essen und Wein als Einzige schme-

344

cken. Justinian aß wenig und Belisar ebenso, weil er Kummer hatte. Endlich brachte er seine Bitte unbeholfen vor.

»Theodosius, der Verwalter meines Hauses, ist ins Kloster gegangen. Aber meine Frau und ich brauchen seine kundige Hilfe. Ob die Majestäten ihn freundlicherweise bitten würden, wieder in unseren Dienst zu treten?«

»Wir werden uns darum kümmern«, sagte Theodora. »Mach dir keine Sorgen, wenn du wieder an die Front gehst, du musst beim Kampf gegen die Perser den Kopf frei haben. Deine Frau bleibt noch ein paar Wochen bei mir. Ich weiß, dass du ohne sie nicht leben kannst, aber ich brauche sie eine gewisse Zeit hier.«

»Ich danke den Majestäten für ihre Güte.«

Nun hatte jeder gesagt, was er sagen wollte, und die Unterhaltung kehrte zu den Persern und Chosroes zurück, der den Städten westlich des Tigris nur die Wahl zwischen einem großen Lösegeld oder Plünderung ließ.

Als Belisar wieder an der Front war und Antonina in der Stadt bei ihrem Liebhaber, wollte die Kaiserin endlich die Schlacht gegen den Kappadokier gewinnen. Jetzt hatte sie ihn in der Zange, denn zum einen wollte er Augustus werden, zum anderen liebte er seine Tochter abgöttisch.

Euphemia war ein argloses Kind. Antonina lud das junge Mädchen in ihren Palast ein und zeigte ihr die Schätze, die sie aus Afrika und Italien mitgebracht hatte. Euphemia war so begeistert, dass sie weitere Einladungen gern annahm.

Und bei einem ihrer Besuche beklagte sich Antonina dann über die Undankbarkeit des Kaisers und Euphemia fragte, ob das wohl Theodoras Schuld sei. Sie konnte die Augusta nämlich nicht leiden, weil die ihren Vater nicht mochte.

Antonina witterte ihre Chance und schilderte der Zwölfjährigen das kaiserliche Paar als so hochfahrend und undankbar, dass Euphemia fragte: »Ihr habt doch ein Heer zu
eurer Verfügung, warum nehmt ihr diese schändliche Behandlung so einfach hin?«

Heureka!, der Fisch hatte angebissen.

»Eine Revolution ausschließlich im Feld kann nicht klappen, dazu braucht man einen Verbündeten in der Stadt, das
Militär muss sich nämlich auf einen Politiker stützen können. Ach, wenn dein Vater doch dieser Verbündete wäre,
dann hätten wir leichtes Spiel und könnten mit Gottes Hilfe
dieses abscheuliche Paar vom Thron stoßen.«

Zwei Tage später teilte ihr eine begeisterte Euphemia mit:
»Dein Vorschlag kommt zur rechten Zeit. Du wirst es nicht
glauben, aber Wahrsager haben meinem Vater erst kürzlich
prophezeit, dass er Augustus wird. Er möchte dich in den
nächsten Tagen unbedingt aufsuchen.«

Antonina und Theodora berieten sich und beschlossen,
dass diese Begegnung am besten in einer Villa Belisars – statt
in Konstantinopel – stattfand.

Theodora berichtete Justinian von der Verschwörung, doch
der lachte nur. Theodora wich und wankte nicht, da wurde
er böse.

»Ich nehme es nicht mehr lange hin, dass man einen Mann
verleumdet, der mein vollstes Vertrauen genießt.«

»Schließen wir ein Abkommen. Zu Tag und Stunde der
Begegnung zwischen Antonina und Johannes von Kappado-

kien schickst du zwei treue Männer dorthin, nämlich Narses und Uranius, den Prätorianerpräfekten, und wir warten, was die uns berichten. Sollte ich mich irren, so verspreche ich, seine Exzellenz nie mehr zu kritisieren.«

»Falls mich dieser treue Diener verrät«, sagte der Kaiser leise, »dürfen Narses und Uranius ihn auf der Stelle umbringen, denn dann ertrage ich seinen Anblick nicht mehr.«

Zwei Tage später überquerten Narses und Uranius das Marmarameer in Richtung Chalkedonien. Belisars Haus stand abgeschieden auf einem mit Pinien und Zypressen bewachsenen Hügel. Ein Soldat bewachte das Haus. Antonina ließ die Pferde in den Stall bringen und führte ihre Gäste auf eine Lichtung inmitten von Tamarisken.

Dort versteckten sich Narses und Uranius im dichten Gebüsch. Der Morgen verging, kein Besucher kam, doch dann hörte man in der Stille Räderknarren auf steinigen Wegen und Pferdehufe.

»Er hat Soldaten mitgebracht«, flüsterte Uranius.

Narses zog das Schwert aus der Scheide, Uranius packte seine Axt.

»Ich freue mich, dich zu sehen«, sagte Antonina.

»Ich hatte eine Falle befürchtet«, sagte der Kappadokier und sah sich um.

»Unsere Vorsicht hat die Spione des Kaisers verwirrt, und dabei wimmelt es nur so von ihnen. Aber verlieren wir keine Zeit. Willst du Belisar helfen, diesen ungerechten und tyrannischen Augustus zu stürzen?«

»Und was springt dabei für mich heraus?«

»Die Kaiserwürde. Belisar ist Soldat und will weiter nichts als die Privilegien und Vorteile, die ihm wegen seiner Siege zustehen. Du weißt, wie Justinian ihn behandelt!«

»Er wird bekommen, was er verdient.«

»Der Aufstand beginnt im Heer.« Antonina nahm jetzt kein Blatt mehr vor den Mund. »Aber wir müssen sicher sein, dass du die Revolte hier sofort unterstützt. Mein Mann ist ein hervorragender Soldat, aber kein Politiker. Er braucht dich. Hilfst du ihm?«

»Ich schwöre es.«

Herrisch reichte sie ihm eine Bibel.

Er legte die Hand auf das heilige Buch. »Ich schwöre auf das Evangelium, dass ich alles in meiner Macht Stehende tun werde, damit Justinian mithilfe Belisars und seines Heeres abgesetzt wird.«

Der Kappadokier war zwar Heide, aber die Sache war klar, und Narses und Uranius stürzten sich mit der Waffe in der Hand auf den Lügner und Betrüger.

Der Dicke begriff blitzschnell und schrie: »Zu Hilfe! Zu Hilfe!«

Und schon stürzte ein Dutzend Leibwachen auf die Lichtung und griff den Eunuchen und Uranius an. Nach ein paar Minuten Waffengeklirr rief Antonina: »Haltet ein! Der Präfekt hat sich aus dem Staub gemacht.«

Alle hielten mit hocherhobener Waffe inne, glaubten an eine List. Doch als am Verschwinden des Präfekten kein Zweifel mehr bestand, flüchteten auch die Leibwachen. Es hatte keinen Zweck, sie zu verfolgen, außerdem war Uranius am Arm verwundet.

»Ist nicht schlimm. Im Hippodrom hat es bösere Wunden

gegeben«, sagte der ehemalige Wagenlenker mit einem Lächeln.

»Kehren wir also nach Hause zurück«, sagte Narses verdrießlich.

Aber er war erleichtert, als er noch am selben Abend im Frauengemach erfuhr, dass sich der Kappadokier in die Hagia Sophia geflüchtet hatte.

Er versteckt sich, der Dummkopf, dachte er. Erstaunlich, dass man ein so kaltes Herz so erschrecken kann. Er ist entlarvt.

Aber der Kaiser wollte noch immer nicht an Verrat glauben.

Theodora wurde wütend: »Warum traust du den Beweisen nicht? Du hast sowohl die Falle als auch seine Motive und Absichten gekannt, du weißt, er ist hingegangen und hat geschworen, dich vom Thron zu stoßen, und zu allem Überfluss versteckt er sich auch noch vor deinem Zorn, und da willst daraus nicht den Schluss ziehen, dass er dich verrät?«

»Gott ist mein Zeuge, aber manchmal kommen selbst die Besten vom Weg ab.«

»Er ist nicht vom Weg abgekommen. Er verfolgt sein Ziel unnachgiebig, er will Augustus werden, so wie es ihm die Wahrsager prophezeit haben.«

Justinian wiederholte leise und wie betäubt: »Ich kann es nicht glauben, ich kann es nicht glauben.«

»Muss man dich, damit du glaubst, erst im Verlies an den Füßen aufhängen und zu Tode peitschen?«

»Er hat mein volles Vertrauen gehabt«, sagte Justinian entsetzt.

»Reue bringt nichts, du musst durchgreifen. Wie könntest du einen Thronräuber als Präfekten halten? Was sollen deine Würdenträger denken? Dass man dich bedrohen kann und dafür nicht bestraft wird? Dass in Wirklichkeit Johannes von Kappadokien regiert und du keine Macht über ihn hast? Man wird klatschen, man wird lachen, man wird dich in allen Provinzen des Reiches verachten, ja in allen Ländern der Erde.«

»Gut«, sagte Justinian mit etwas festerer Stimme. »Ich setze den Präfekten ab und ziehe sein gewaltiges Vermögen ein. Morgen wird er kurz geschoren und ins Kloster gesteckt.«

Obwohl die Kirche Flüchtlinge schützte, lieferte sie den Präfekten aus, und er wurde auf der Stelle mit dem Schiff fortgebracht.

Die Kaiserin ernannte nun einen Syrer namens Petrus Barsymes zum Finanzpräfekten, der war zwar auch nicht viel besser als sein Vorgänger, aber Justinian schätzte seinen hellen Kopf – zudem war er der Augusta völlig ergeben.

Der Sturz ihren größten Feindes und die Einsetzung ihres Günstlings verschafften Theodora weniger Erleichterung, als sie gedacht hatte. Über all den Kämpfen hatte sie ihren kindlichen Charme verloren, was Narses sehr betrübte.

»Warum bist du so ängstlich?«, fragte er während eines Mittagsmahls. »Du hast alles erreicht, was du wolltest.«

»Nicht alles, nein. Ich bin gefährdet, ich muss ständig kämpfen, damit man mich achtet und mir gehorcht.«

»Aber du wirst doch geachtet, geliebt und man gehorcht dir. Erinnerst du dich noch an Timotheus? Er hatte vor deiner Besitzgier Angst und sagte dir, dass nur Gott allein deine Wünsche erfüllen kann.«

Da wechselte sie den Ton, ergriff Narses' Hände und lächelte. »Armer Freund, ich mache dir so viel Sorgen. Du hast Recht, ich darf mich wirklich nur auf Gott verlassen. Aber er ist so fern, so fern. Ich baue ihm Kirchen und Armenhäuser, ich wache im Reich über die guten Sitten, und er überantwortet mich meinen Feinden!«

Kapitel einundzwanzig

Zu Beginn von Justinians fünfzehntem Regierungsjahr bekam es Theodora mit der Angst zu tun, General Belisar könne sich ihrem Griff entziehen. Ein Spion berichtete, sein Stiefsohn Photius habe ihm die Augen geöffnet, er wisse nun, wie offen und dreist ihn seine Frau betrüge.

Das gab Theodora an Antonina weiter. »Was wirst du tun? Bleibst du lieber hier oder willst du deinen Mann zurückerobern?«

»Ich reise mit Verlaub der Majestät zu ihm, besänftige seinen Zorn und bestrafe Photius, wie er es verdient.«

»Und wenn du nicht willkommen bist?«

»Anfänglich bestimmt«, sagte Antonina lachend, »aber das dauert nicht lange.«

»Und was wird in dieser Zeit aus Theodosius?«

»Im Palast kann er nicht bleiben, aber er kann in das Kloster in Ephesus zurückkehren und dort auf mich warten.«

»Nimm dich gut in Acht. Ich möchte nicht, dass dir etwas zustößt.«

»Was sollte mir schon zustoßen, solange ich den Schutz der Majestät genieße.«

Im Frühling berichtete ein staubbedeckter Reiter, dass Belisar auf persischem Gebiet zur Begrüßung seiner Frau umgekehrt sei.

Eine Woche später brachte ein Bote einen Brief.

Allerteuerste Herrscherin. Mein Mann hat mich sehr übel empfangen und mich im Haus eingesperrt. Ich werde Tag und Nacht bewacht und kann nicht zu Theodosius reisen. Meinetwegen befürchte ich nichts, denn Belisar liebt mich, auch wenn er mich in einem Anfall von Wahnsinn umbringen wollte. Aber ich habe schreckliche Angst um meinen Liebsten. Er ist in Ephesus, in dem Kloster neben der Johannes-Kirche. Ich flehe Dich an, rette ihn, er hat doch auf der ganzen Welt nur mich und Dich. Antonina.

»Und das gewaltige Vermögen, das er bei diesem Paar verdient hat«, sagte Theodora mehr zu sich selbst.

Doch Theodosius war für die Kaiserin unauffindbar, bis man erfuhr, dass der zarte, elegante Photius ihn an einen geheimen Ort hatte bringen lassen. Nun folterte man Photius in den Palastverliesen, aber er schwieg eisern. Als echter Sohn seiner Mutter gelang ihm die Flucht in die Hagia Sophia, doch die Geistlichkeit lieferte auch diesen Flüchtling kurzerhand an die Kaiserin aus.

Während Photius im Verlies schmachtete, kehrten Antonina und Belisar nach Konstantinopel zurück. Theodora empfing das Paar ohne Narses.

»Belisar, ich möchte, dass du dich mit deiner Frau aussöhnst. Sie hat dir auf Feldzügen geholfen, hat dich immer gegenüber dem Kaiser verteidigt. Und du weißt, wie heilig meinem Gemahl und mir das Sakrament der Ehe ist.«

»Er ist nicht wirklich böse. Er weiß sehr wohl, dass uns nichts trennen kann«, sagte Antonina, ergriff die Hand ihres Mannes und schenkte ihm ein zärtliches Lächeln.

Endlich machte Belisar den Mund auf. »Meine teure Gattin hat Recht. Ich kann nicht ohne sie leben, und dir bin ich auch treu ergeben.«

Theodora lächelte, als das Paar gehen wollte. »Bleib, Antonina. Ich habe dir noch etwas zu sagen.«

Als Belisar den Raum verlassen hatte, sagte Antonina: »Belisar fürchtet die Majestät.«

»Früher hat man mich geliebt, ohne mich zu fürchten, heute fürchtet man mich, ohne mich zu lieben. Ich hätte gern beides, aber vom Ende her betrachtet ist Furcht beständiger als Liebe.«

»Viele Menschen lieben und achten dich.«

»Ich habe dich aus einem anderen Grund gebeten, hier zu bleiben. Gestern ist mir ein herrliches Schmuckstück in die Hände gefallen. Wenn du es sehen willst, teure Patrizierin, ich zeige es dir gern.«

Antonina blickte begierig.

»Gehen wir ins Frauengemach«, sagte die Kaiserin und erhob sich.

In den Privatgemächern öffnete sich eine Tür, ein Kammerherr trat ein, gefolgt von … Theodosius! Antonina verschlug es die Sprache, dann warf sie sich der Kaiserin zu Füßen. »Meine Wohltäterin, meine Herrscherin, meine Retterin, ich werde dir ewig dankbar sein.«

»Es war sehr schwierig, ihn zu finden. Du kannst ihn jetzt nach Herzenslust sehen, aber eines lass dir gesagt sein, er bleibt im Palast.«

Den Liebenden blieb nicht viel Zeit, denn ein paar Monate später starb Theodosius an der Ruhr und Antonina kehrte mit Belisar an die persische Front zurück. Auf der asiatischen Seite Konstantinopels starb der Mönch Maras an einer seltsamen Krankheit, die mit Kopfschmerzen und hohem Fieber begann, gefolgt von Beulen am ganzen Körper. Eine riesige Prozession begleitete seine Beisetzung auf dem Friedhof im Vorort Sykes.

Die Krankheit gab es in Konstantinopel nicht zum ersten Mal, aber niemand machte sich ernstlich Sorgen. Natürlich wütete die Pest in Ägypten und im Süden Italiens, aber das war weit weg. Gott schlug unterschiedliche Orte mit dieser Krankheit, und seinen Willen konnten Menschen nicht ergründen.

Zu Beginn des Monats Mai – der Himmel war blau und es wehte ein lauer Wind – berichtete man im Palast von fünfzig Toten an einem Tag. Dann waren es hundert, tausend, fünftausend Menschen, die vom Morgengrauen bis zur Abenddämmerung ihre Seele aushauchten.

Und im Juni, als am Tag fünftausend Menschen starben, erkrankte auch der Kaiser und Theodora ordnete an, dass niemand außer Narses, den Kammerherren und dem Arzt davon wissen durfte.

Vom Tod umgeben, hatte Theodora zum ersten Mal seit langer Zeit wieder ein geradezu sinnliches Vergnügen an ihrer Umgebung, an der linden Luft, der raschelnden Seide, dem Bad, dem Wein, den Wohlgerüchen, dem Marmor, den Mosaiken.

Sie weigerte sich, den Tod ihres Mannes hinzunehmen, das Reich brauchte ihn zu sehr und Gott würde ihn nicht verlassen.

Da der Erhabene krank war, vertraute sie Petrus Barsymes die laufenden Regierungsgeschäfte an, unter der Bedingung, sich vorher mit ihr abzusprechen. Das schlimmste Problem waren jetzt die vielen Leichen. Wohin damit? Am Ende warf man sie ins Meer oder verscharrte sie in Massengräbern.

Die Krankheit des Kaisers blieb lange geheim, doch so mancher machte sich Gedanken über die Nachfolge. Ein Kaiser stirbt, aber das Reich lebt. Und die Kaiserin würde zusammen mit dem Senat den neuen Erhabenen wählen.

»Alles hofft oder fürchtet, dass ich Petrus Barsymes berufe«, sagte sie zu Narses, »aber noch ist der Kaiser nicht tot, nein, nein, ich weiß, Gott lässt ihn nicht im Stich.«

Einige Tage später lag der Kaiser still da, öffnete langsam seine Augen und versuchte ein mattes Lächeln. Da wusste Theodora, dass die beiden heiligen Ärzte vom Himmel herabgestiegen waren und ihn dem Tod entrissen hatten.

Ende August klang die Pest ab, wütete nun in Persien und der Kaiser ließ sofort angreifen. Die Feldherren, darunter auch Belisar, hatten Justinian schon für tot gehalten und dummerweise laut geäußert, sie würden keinen von Theodora gewählten Nachfolger hinnehmen.

Im Beisein von Justinian, Narses und Petrus Barsymes sagte Theodora zornig: »Ich habe immer gewusst, dass Belisar uns eines Tages verrät! Wie gut er seinen Ehrgeiz verborgen hat! Mit welcher Arglosigkeit er geschworen hat, niemals nach dem Thron zu streben! Und doch hat er nur auf

356

deine Beisetzung gelauert. Aber anstatt sich zu gedulden, dass ich als Kaiserin einen Nachfolger wähle und mir in meiner Trauer mit Rat und Tat zur Seite zu stehen, verwarf er meine Wahl schon im Vorfeld.«

»Lasst uns abwarten, ob sich der Bericht der Spione bestätigt«, meinte Narses beschwichtigend, »denn die verfolgen oft genug eigene Interessen. Was genau ist gesagt worden? Wer hat was gesagt? Wir sollten lieber ganz sichergehen.«

»Selbst wenn es nur ein Gerücht ist«, meinte Justinian, »es schmerzt meine Gemahlin. Wir können nicht dulden, dass man die Weisheit der Kaiserin infrage stellt.« Und zu Petrus Barsymes: »Morgen geht ein Brief an den Oberbefehlshaber des Ostens, ich berufe ihn auf der Stelle nach Konstantinopel zurück.«

Drei Wochen später wurde Belisar von Justinian frostig empfangen, der Oberbefehl wurde ihm genommen, Justinian zog seine Söldner und sein Vermögen ein und stürzte den berühmten Soldaten in Verwirrung und Verzweiflung. Antonina jedoch blieb Theodoras engste Freundin.

»Wie geht es heute deinem Mann?«, fragte Theodora eines Morgens.

»Schlecht. Er irrt niedergeschlagen in der Stadt umher. Die Einsamkeit bedrückt ihn. Aber geschieht ihm Recht, jetzt weiß er, wie es ist, wenn man jemanden einsperrt wie mich im letzten Jahr. Nur Leid macht Leid verständlich.«

»Glaubst du?«

»Ja. Belisar ist völlig verstört.«

»Wie Recht ich doch hatte, wenn ich den kleinsten Machtverlust gefürchtet habe! Ein außergewöhnlicher General, der von seinen Bediensteten verachtet wird! Wie tief würde ich wohl fallen, ich als Frau!«

»Niemand würde es wagen, die Majestät zu verachten. Deine Macht liegt in einem einzigen Blick.«

Theodora überhörte das Kompliment, und so fuhr ihre engste Vertraute fort: »Mein Mann hat Angst, der Kaiser könne ihn ermorden lassen.«

»Unsinn! Weiß er denn nicht, dass der Kaiser am Ende immer verzeiht? Denk an den Verräter, den Kappadokier, der lebt fern von hier ein Leben im Luxus. Natürlich bekommt dein Mann später seine Ehrentitel und einen Teil seines Vermögens zurück. Aber unter einer Bedingung …«

»Und die wäre?«

»Dass er diese Gnade dir verdankt.«

Antonina wusste nicht recht, worauf die Augusta abzielte, als diese einen Schreiber holen ließ und ihm mit einem Anflug von Bosheit diktierte:

Kaiserin Theodora an den Patrizier Belisar. Teuerster, Du weißt, was Du an uns verbrochen hast. Aber ich stehe bei Deiner Frau in großer Schuld und ihr zuliebe will ich Dir noch einmal verzeihen. Wisse, dass Du ihr Dein Leben verdankst; und Glück und Wohlstand wirst Du auch in Zukunft allein ihr verdanken. Wir werden sehen, wie Du Dich künftig ihr gegenüber verhältst.

Theodora

»Ein Brief wie der hier, und er ist mein Sklave«, meinte Antonina.

Und du bist meine Sklavin, dachte Theodora im Stillen, aber laut sagte sie: »Das lasse ich ihm morgen Abend über-

358

bringen. Man wird an eure Tür klopfen: ›Befehl der Kaiserin!‹ Du bist natürlich zu Hause und tust verschreckt. Er wird das Schlimmste befürchten ...«

»... und mir danken, dass ich ihm das Leben gerettet habe.«

Beide Frauen lachten schallend, sie hatten wahrlich Grund zur Zufriedenheit.

Kapitel zweiundzwanzig

Theodora hatte beinahe alle persönlichen Schlachten gewonnen. Der Kappadokier war ausgeschaltet, Belisar kämpfte sieglos gegen die Ostgoten und Justinians engste Berater waren ihre Günstlinge. Doch nun folgte auf die Pest die wirtschaftliche Katastrophe.

Die Krankheit hatte fast dreihunderttausend Einwohner dahingerafft und auf dem Land waren ganze Dörfer ausgerottet. Überall fehlte es an Menschen.

Die alten Feinde des Reiches nutzten dessen Schwäche natürlich schnell. Die Perser und die Länder rings um das Schwarze Meer und auf dem Balkan griffen die Römer an. Und auch die Blauen und Grünen ließen nach dem Waffenstillstand während der Pest ihren mörderischen Kampf neu aufleben. Aber Theodora hielt in guten wie in schlechten Zeiten zu ihrem Mann. Sie veranlasste Justinian zum Sparen, zur Neuordnung der Schatzkammer, zur besseren Nutzung der Finanzen. Die Aufgabe war so gewaltig, dass Theodora endgültig alles Mädchenhafte, alles Unschuldige verlor, was sie bisher ausgezeichnet hatte.

Die Stimmung war zwar gedrückt, aber es gab auch ausgelassene Momente, und Pothos' Rückkehr gehörte dazu.

»Majestät, empfange den Dicken, wir möchten endlich

einmal etwas Spaß haben«, sagte Indaro. »Er erinnert an die schönen Tage von früher.«

Seit der Flucht des Kaufmanns war so viel Zeit verflossen, dass Theodora nicht mehr böse auf ihn war.

Zwei Leibwachen warfen den Dicken, der noch dicker geworden war, zu Boden.

»Pothos, hast du alle Seide aus deinen Lagern verkauft und kehrst jetzt nach Konstantinopel zurück?«

»Majestät, wie grausam!«

»Wie grausam!«, wiederholte Indaro.

»Wie grausam!«, stimmte der Chor der Hofdamen ein.

Der gute Mann sah die vielen Frauen erschrocken an. »Wie kann man sich in solch einem Augenblick über einen armen, ruinierten Mann lustig machen?«

»Ruiniert? Ist das möglich?«, meinte Indaro.

»Ruiniert! Wie schrecklich!«, wiederholte der Chor.

Pothos fehlte noch immer jeglicher Humor.

»Was ist dir zugestoßen?«, fragte Theodora.

»Ich weiß nicht, ob … ob die Majestät auf dem Laufenden …«

»Ich bin über alles auf dem Laufenden.«

»Dann weißt du auch, dass der Finanzpräfekt, Petrus Barsymes, Geld sehen will …«

Der Chor stimmte wieder den Wechselgesang an. »Er will Geld sehen! O welch ein Schurke!«

Der Kaufmann lief vor Entrüstung hochrot an. »Petrus Barsymes hat ein Seidenmonopol eingerichtet und jetzt verkauft der Staat die kostbaren Stoffe direkt an die Werkstätten und uns armen Händlern, uns bleibt nichts … nichts als das Elend.«

»Er will Seide!«, sagte Indaro.

»Er will Seide!«

»Er soll sie bekommen«, entschied Theodora.

»Könnte die Majestät Petrus Barsymes bitten, mich in seine Dienste zu nehmen?«, hakte der gute Mann schnell nach.

Theodora flüsterte Indaro etwas zu und sagte dann laut: »Du sollst Seide bekommen.«

Und schon riss Indaro einen großen Vorhang aus Damastseide herunter, warf ihn Pothos zu, und alle Frauen stürzten sich auf ihn und wickelten ihn in den raschelnden Stoff. Dann befahl Theodora den Leibwachen: »Führt ihn zur Pforte des Ehernen Hauses.«

Als Theodora neunundvierzig wurde, verspürte sie von Zeit zu Zeit ziehende Schmerzen im Unterleib, die gingen wie sie kamen. Das beunruhigte sie nicht sonderlich – schließlich hatte sie schon die Pest überlebt. Aber sie war nicht mehr richtig gesund. Und der Schmerz nistete sich dauerhaft ein, was hieß, dass sie mit ihm leben musste. Das hier war ein neuer Feind und der erforderte eine andere Art von Mut, nämlich sich damit abzufinden, dass auch ihre Zeit begrenzt war.

Da fiel ihr Gelimer, der Vandalenkönig ein, der zu ihren Füßen ausgerufen hatte: »Eitel, alles ist eitel!« Und sie erinnerte sich an den Beutel mit Staub, den der Patriarch Justinian bei seiner Krönung überreicht hatte, damit er die letzte Bestimmung des Leibes nicht vergaß. Es war an der Zeit, ja, es war an der Zeit, sich in Gottes Hand zu geben.

Heimlich ließ sie den kaiserlichen Leibarzt und dazu einen namhaften syrischen Arzt rufen. Beide kannten das Übel und beide wussten, dass es keine Heilung gab.

»Könnt ihr mich gesund machen?«, fragte sie.

»Wir können es versuchen«, murmelte der eine.

Die Kaiserin musterte die beiden von oben herab. »Dann schwört mir jetzt vor Gott, dass ihr mich gesund machen könnt!«

Der herrische Ton, die gebotene Achtung vor der Kaiserin, nein, man durfte sie nicht hinters Licht führen.

»Verzeihung, Majestät, aber ich vermag nichts gegen deine Krankheit«, gestand der Syrer.

»Manchmal … wenn Gott gnädig ist …«, sagte sein Kollege zweifelnd.

»Wenn Gott gnädig ist – ihr jedoch könnt nichts ausrichten. Dann vertraue ich von Stund an auf die Gnade Gottes.«

Nun kam es der ehrgeizigen Kaiserin nur noch darauf an, in Würde zu sterben. Sie erinnerte sich an die letzten Lebensjahre Justins, an seine Hinfälligkeit und wie man ihn verlacht und verspottet hatte.

Noch einmal nahm sie gegen ihren letzten Feind alle Kraft zusammen. Nur nichts verraten, sich nur nichts anmerken lassen. Und so wurde jeder neue Tag eine neue Prüfung für sie: Aufstehen, zum Hormisdas-Kloster hochsteigen, außer Atem die Stufen zur Frauen-Empore der Hagia Sophia zählen.

Trotz ihrer schauspielerischen Begabung, die sie bis an die Schwelle ihrer Gruft tragen würde, erriet Narses, welche Schmerzen die Liebe seines Lebens aushalten musste.

Denn er konnte sehen, wie sich ihr Blick verschleierte, wie

ihr Schritt kaum merklich zögerte, wenn der Schmerz sie überfiel. Er wusste nicht, was er tun sollte: Musste er das Geheimnis der Augusta achten oder sollte er auf der ganzen Welt nach einem Arzt suchen, der sie heilen könnte?

Wenn ihn die Sorge um sie übermannte, stieg er auf die höchste Terrasse des Palastes und betrachtete den Horizont, der seit zwanzig Jahren seine Welt ausmachte. Seine Theodora würde sterben. Zu der Erkenntnis brauchte er keine Isadora die Lahme. Sie war seine Herrscherin und seine Gefährtin in Hoffnung und Trübsal, in Freud und in Leid und er würde jetzt lernen müssen, mit diesem schwarzen Loch in der Seele zu leben.

Eines Abends besuchte er sie nach dem Essen in ihrem Gemach. Sie lag bereits abgeschminkt im Bett und ihn fröstelte, als er ihre Blässe und die dunklen Ringe unter ihren Augen sah.

»Narses, mein Freund, ich gehe bald heim … Bald kann ich nicht mehr aufstehen, daher bitte ich dich um eine Arznei aus Mohn, die den Schmerz lindert. Ich habe in den letzten Monaten genug gelitten, mehr kann selbst Christus nicht verlangen.«

Narses antwortete nur mit einem Wimpernschlag, denn er musste die Tränen zurückdrängen.

»Und du versprichst mir, dass du dich nach meinem Tod um Justinian kümmerst. Er wird sehr betrübt sein. Hindere ihn daran, dass er zu viel Zeit bei mir verbringt, wenn er von meiner Krankheit erfährt. Nur zweimal am Tag um die gleiche Stunde, so kann Herais mich für seine Besuche zurechtmachen. Und gib nach meinem Tod gut auf ihn Acht.«

»Ich bleibe so lange, wie ich gebraucht werde. Danach verlasse ich den Palast. Ohne dich ist es mir hier zu laut.«

»Das Leben war interessanter und schwieriger, als wir früher einmal gedacht haben«, sagte Theodora mit einem schmalen Lächeln. »Ist der alte Skeptiker hier am Ende doch glücklich gewesen?«

»Ja. Ich bin gern in deiner Nähe. Aber ich wäre noch in diesem Leben gern mein eigener Herr.«

Die Kaiserin lächelte matt. »Du, den so viele Römer bewundern und beneiden, du läufst mit neunundsechzig Jahren tatsächlich immer noch hinter dir her? Beeile dich, auch deine Stunde hat bald geschlagen.« Sie schloss die Augen und schwieg lange, dann sagte sie: »Ich erwarte jetzt nichts mehr vom Leben. Nur Gott ist noch wichtig.«

»Du bist schon immer ungeduldig und unersättlich gewesen. Und jetzt willst du so schnell wie möglich zum Allmächtigen ...«

»Ich sehne mich sehr danach und fürchte mich davor. Es ist der wichtigste Augenblick meines Lebens.« Sie reichte ihm die schmale Hand. »Hilf mir, friedlich zu sterben, ich muss jetzt meine Seele für den Himmel schön machen, und der hat mir viel zu verzeihen. Und ich bitte Gott, dass er meinen Freund, meinen liebsten Freund beschützt.«

Narses legte ihre Hand wortlos an seine Wange, dann ging er. Er litt zwar, aber er lächelte doch im Stillen bei dem Gedanken, dass seine geliebte Herrscherin offensichtlich hoffte, auch Gott verführen zu können.

Anfang Juni, nach einem anstrengenden Besuch in der Kirche der Heiligen Apostel, ließ Theodora mitten in der

Nacht, als alles im Palast schlief, Anthemius, den monophysitischen Patriarchen holen, den sie seit zwölf Jahren in den Frauengemächern versteckte. Auf ihrer Brust lag ein Kreuz und ihr Gesicht war weiß wie Marmor.

Der sichtlich gealterte Anthemius trat an ihr Lager und sagte: »Gott segne dich, meine Tochter.«

Theodora konnte kaum noch sprechen. »Vater, hilf mir, in Frieden zu sterben, und nimm mir die Beichte ab.«

»Strenge dich nicht zu sehr an. Ein paar Worte genügen.«

»Timotheus hatte Recht, er hat meine Besitzgier gefürchtet … Und trotz allem bin ich mir treu geblieben.«

Sie sprach jetzt so leise, dass Anthemius sie kaum verstehen konnte, aber es reichte. Sie würde diese Welt reinen Herzens verlassen können.

Herais, die nach der Verbannung des Kappadokiers wieder im Palast arbeitete, kümmerte sich um Theodora. Sie schminkte und kleidete Theodora für jeden Besuch Justinians. Theodora sah den Kaiser von Tag zu Tag altern, und am letzten Tag sagte sie ganz leise: »Danke für alles, was du mir gegeben hast.«

Mit stockender Stimme erzählte er ihr von der Einweihung der Basilika in Ravenna und dass sie dort prächtig gekleidet inmitten ihrer Frauen und mit dem Kelch des Heiligen Sakramentes in der Hand auf einem Mosaik ihm gegenüber verewigt sei. Für sie hatte es nur Gott, den Kaiser und die Herrschergewalt gegeben, diesen dreien war sie immer treu geblieben und die waren nun dort vereint. Ein schwaches Lächeln huschte über ihre Züge, dankbar schloss sie die Augen und öffnete sie nie wieder.

Eine Stunde später verkündeten Kirchenglocken ihren Tod, die Blauen und Grünen hörten auf zu streiten und die Frauen legten Trauer an. Ob sie Theodora nun liebten, bewunderten oder verabscheuten, die Römer wussten, dass sie sich in einem untergehenden Weltreich auf den Mut und die Festigkeit ihrer Kaiserin hatten verlassen können.

Am nächsten Tag sah Narses in den Weihrauchwolken des Saals der Neunzehn Klinen den einbalsamierten Leichnam seiner Freundin zum letzten Mal. Theodora war nicht mehr, sie war im Himmel. Und nun betete er, betete mit aller Kraft und all seiner Liebe zur Jungfrau Maria und erklärte ihr, dass Theodora zwar hochfahrend gewesen sei, aber vielen auch viel gegeben hätte, vor allem aber ihm.

Der Kaiser trat völlig verzweifelt zu seiner Frau und schloss sein in Purpur gekleidetes und mit seiner Krone geschmücktes »Gottesgeschenk« ein letztes Mal in die Arme. Endlich riss er sich los, gab dem Zeremonienmeister ein Zeichen, und der sagte dreimal: »Mache dich auf den Weg, Erhabene, der König der Könige, der Herr der Herren ruft dich.«

Nun hoben Träger die goldene Bahre hoch, und dahinter formierte sich ein langer Zug von Bischöfen, Mönchen, Würdenträgern, Senatoren, Hofdamen, Leibwachen, Frauen in Schwarz und Männern in Staatsrobe.

Auf dem Weg zur Kirche der Heiligen Apostel drängten sich Menschen auf Türschwellen, Balkonen, Terrassen und weinten und schrieen ihren Schmerz hinaus.

Die fünf Kuppeln der Kirche schimmerten im Sonnenschein. Als die Prozession in die Kirche eingezogen war, zelebrierten der Papst und der Patriarch die Totenmesse. Und

dann trat der Zeremonienmeister aufs Neue an das Toten-
bett und rief wiederum dreimal: »Ruhe in Frieden, Erhabene, der König der Könige, der Herr der Herren ruft dich.«

Er nahm ihr die Krone ab und ersetzte sie durch ein Pur-
purband, dann hoben Träger die goldene Bahre in einen der
zwei Sarkophage aus grünem Marmor, in denen das Kaiserpaar im Tod wie im Leben vereint ruhen würde.

Narses fragte sich, um welche Kaiserin die Menge weinte,
denn sie hatte in einem einzigen Leben alles erlebt, was eine
Frau überhaupt erleben konnte. Und sie hatte Verführung,
Rache, Schmerz, Treue, Herrschergewalt und Frömmigkeit
gleichermaßen mutig angenommen. Die Frauen trauerten
um die Herrscherin, die ihre Rechte verteidigt hatte, die
Monophysiten um die Erhabene, die bis zum Ende für die
Aussöhnung zwischen Christen gekämpft hatte, die Einwohner der Stadt um eine große Kaiserin, die Älteren unter
ihnen um die Schauspielerin ihrer Jugendjahre. Und im
Himmel weinte man vielleicht um die Erhabene, die mit
ihrem Mann vorgelebt hatte, dass Mann und Frau gleich
sind.

Die ruhmbegierige Theodora starb ohne zu wissen, dass
die vier Pferde der *katishma* in kommenden Jahrhunderten auf
dem Markusplatz in Venedig den Frontgiebel einer Balisika
zieren würden, die man nach dem Vorbild der Kirche der
Heiligen Apostel baute und die in einem einzigen genialen
architektonischen Wurf ihr Leben zusammenfasste, das im
Hippodrom begonnen und im Lob Gottes geendet hatte.

Justinian regierte noch siebzehn Jahre und starb im Alter von
dreiundachtzig.